ullstein

Das Buch

Eher zufällig landet Jacob Tomsky nach seinem Philosophiestudium in der Welt der Luxushotels – und erlebt dort allerlei Bizarres, Kurioses, Peinliches, Lustiges. Seine in New Orleans und New York gesammelten Erfahrungen hat er zu einem bissigen und unterhaltsamen Bericht über die Branche verdichtet. Mit viel Sex, Drogen, Personalintrigen und dem täglichen Stress eines 24-Stunden-Betriebs.

Ein packender Einblick in die kuriose und aufreibende Hotelbranche – mit vielen wertvollen Tipps für jeden Reisenden: Wie man ein kostenloses Upgrade erhält oder am Abreisetag später auschecken kann, und was man tun sollte, um einfach nur nett und höflich behandelt zu werden.

Der Autor

Jacob Tomsky, 38, hat Philosophie studiert und die Hotelbranche zehn Jahre lang stoisch ertragen. Als gutaussehender, eloquenter und höflicher Mitarbeiter hat er sämtliche Stationen im Gastgewerbe durchlaufen – vom Parkservice und Kofferträger über Aushilfskoch und Rezeptionist bis hin zum Concierge, der für Stammgäste und ihre sehr speziellen Wünsche zuständig ist. Tomsky lebt in Brooklyn, New York.

Jacob Tomsky

WER EINCHECKT, HAT VERLOREN

Ein Hotelangestellter packt aus

Aus dem Amerikanischen
von
Nina Pallandt

Ullstein

Besuchen Sie uns im Internet:
www.ullstein-taschenbuch.de

MIX
Papier aus verantwortungsvollen Quellen
FSC® C083411

Ungekürzte Ausgabe im Ullstein Taschenbuch
1. Auflage August 2014

Titel der amerikanischen Originalausgabe: *Heads in Beds. A Reckless Memoir Of Hotels, Hustles, And So-Called Hospitality*
(Doubleday Publishing, New York)
Umschlaggestaltung: ZERO Werbeagentur, München
Titelabbildung: © FinePic®, München (Composingelement, Maus);
© Image Source / Getty Images (Hotelschlüssel, Türschild)
Satz: Pinkuin Satz und Datentechnik, Berlin
Gesetzt aus der DTL Dorian
Papier: Pamo Super von Arctic Paper Mochenwangen GmbH
Druck und Bindearbeiten: CPI books GmbH, Leck
Printed in Germany
ISBN 978-3-548-37553-3

Um Unschuldige und Schuldige gleichermaßen zu schützen, habe ich sämtliche real existierenden Hotels in ihre Einzelteile zerlegt und neu zusammengebaut, sämtliche Namen geändert und die Charaktereigenschaften der handelnden Personen geschreddert und anschließend neu kombiniert. Das Ergebnis ist ein Buch aus Versatzstücken, die sich nichtsdestotrotz zu einem authentischen Bild der Wirklichkeit zusammenfügen. Verdammt, ich habe sogar meinen *eigenen* Namen geändert.

PROLOG

»Willkommen in unserem Hause.
Was kann ich für Sie tun?«

Ich habe mehr als ein Jahrzehnt in der Hotelbranche gearbeitet. Ich habe Sie eingecheckt, ich habe Sie ausgecheckt, Sie mit den Räumlichkeiten vertraut gemacht, Ihnen einen Drink serviert, Ihren weißen Slip zwischen den zerwühlten Laken hervorgeklaubt, Ihren Wagen geparkt, habe das Essen probiert, das Sie sich aufs Zimmer bestellt hatten, Ihr Klo geputzt, Ihnen einen späten Check-out verweigert, habe Sie telefonisch geweckt, M&Ms aus Ihrer Minibar gefuttert, über Ihre Witze gelacht und Ihr Geld eingesteckt. Ich war jahrelang an vorderster Hotelfront, sprich an der Rezeption stationiert und kenne den ganzen Wahnsinn aus erster Hand.

Wie gerät jemand in die Schlangengrube der Gastlichkeit? Wie kommt es, dass auf fast jedem Gehaltsscheck, den ich in meinem Leben erhalten habe, der Name eines Hotels stand (und beinahe mein gesamtes Bargeld aus der Hand spendabler Gäste stammte)? Tja, man könnte es ein Versehen nennen. Stellen Sie sich vor, Sie wollen einen Zug ans andere Ende der Stadt nehmen, doch während die Bahnhöfe nacheinander an Ihnen vorbeihuschen, stellen Sie plötzlich fest, dass Sie längst außerhalb der Stadt sind, der Zug nicht hält und Ihnen nichts anderes übrigbleibt, als weiter mitzufahren, bis sich die Türen öffnen. Oder bis der Zug hält und Sie achtkantig rausgeschmissen werden.

Und nicht zu vergessen: Nach einer gewissen Anzahl von

Jahren in der Hotelbranche ist man einfach zu kaputt und verbraucht, um irgendetwas anderes auf die Reihe zu kriegen.

Ich komme aus einer Soldatenfamilie, Mutter bei der Navy, Vater bei den Marines. In meiner Kindheit hielten wir uns nie länger als zwei Jahre am selben Ort auf, dauernd zogen wir um, musste ich die Schule wechseln, wohnten wir vorübergehend in Hotels in L. A., Jacksonville, Asheville oder San Pedro, während meine Eltern wieder mal nach einer »festen Bleibe« suchten. Ich wuchs auf wie ein Kreisel, und als ich schließlich erwachsen war, drehte ich mich unablässig weiter, immer in Bewegung, stets auf dem nächsten Sprung.

Die Zwei-Jahres-Episoden meiner Kindheit erzeugten in mir das Gefühl, nirgends Wurzeln schlagen zu können, führten dazu, dass ich mir völlig verloren vorkam. Vielleicht war das auch der Grund, warum ich mich schließlich so hartnäckig meinem Philosophie-Studium widmete. Wieso ich auf diese Schnapsidee kam, kann ich mir immer noch nicht erklären. Hätte ich mich für Betriebswirtschaft entschieden, wäre ich heute wahrscheinlich fett im Geschäft. Tja, mit einem abgeschlossenen Studium der Philosophie sollte ich anderen Menschen vielleicht schlüssig auseinandersetzen können, warum selbiges keine komplette Zeitverschwendung ist. Aber das lernt man dabei leider nicht. Mein Abschluss war ein Stück wertloses Papier, und obendrein hatte ich wegen meiner Studienkredite auch noch jede Menge Schulden an der Backe.

Und so meinte jemand, irgendein Arschloch, ich solle es doch mal im Hotelgewerbe versuchen. Dort wäre man willens, meinen dubiosen Abschluss zu ignorieren, es gäbe ein nicht zu verachtendes Einstiegsgehalt, und nicht zu vergessen: Es wäre die ideale Karriere für einen *Traveler*. Tatsächlich liebe ich alles am Reisen: die neuen Menschen, die neuen Geräusche, die neuen Umgebungen, die Möglichkeit, einfach meine Klamotten zu packen und abzuhauen – selbst jetzt in diesem Augenblick rotiert mein innerer Kreisel, und obwohl ich gern in Brooklyn lebe, neigt er sich schon wieder bedrohlich zur Seite. Sobald er kippt, katapultiert er mich unweigerlich in die weite Welt hinaus. Außerdem findet man an jeder Straßenecke ein Hotel: Würden Sie mich kidnappen und mit verbundenen Augen aus einem Flieger werfen, würde ich garantiert auf einem Hotelparkplatz landen – und keine vierundzwanzig Stunden später einen Anzug tragen, den Gästen unter die Arme greifen, gutes Geld verdienen und mich nach Dienstschluss in der nächsten Bar mit Einheimischen anfreunden.

Hotels sind die Methadonkliniken der Reisesüchtigen. Und vielleicht gelingt es mir nur dann, wenigstens vorübergehend sesshaft zu werden, wenn ich einer Arbeit nachgehe, bei der alles um mich herum permanentem Wandel unterworfen ist. Warum also sollte ich mir nicht einfach eine Auszeit nehmen, es mir in einer Lobby meines Lebens bequem machen und der Welt dabei zusehen, wie sie sich *um mich* dreht?

Und genau das tat ich dann auch. Von New Orleans bis New York habe ich in Aberdutzenden von Hotels gearbeitet und kenne jedes Geheimnis der Beherbergungsindustrie. Aber da mir die Branche inzwischen schnuppe ist, werde ich aus dem Nähkästchen plaudern und Sie mit nie zuvor veröffentlichten Tipps versorgen, die besten Tricks inklusive. Sie wünschen einen späten Check-out? Ein kostenloses Upgrade? Es gibt ganz einfache Möglichkeiten (und die meisten davon sind sogar legal!), sich völlig stressfrei den einen oder anderen Vorteil zu verschaffen. Es geht um Details: was genau Sie unternehmen müssen, an wen Sie sich wenden, wie Sie Ihr Anliegen vorbringen und wie viel Trinkgeld Sie investieren sollten. Sie wollen einen Tag später anreisen, ohne dass Stornogebühren anfallen? Überhaupt kein Problem. Wollen Sie vielleicht einfach nur nett und höflich behandelt werden? Verstehe, lieber Gast. Aber immer mit der Ruhe, Sie Mimose … nehmen Sie meine Hand … gut … okay, und jetzt drücken Sie ein paar Dollar hinein … *sehr* gut, schönen Dank. So funktioniert das in unserem Business.

Und wenn alles gesagt ist, werden Sie genau wissen, wie der Hase in unserer Branche läuft, auch wenn Ihnen auch dann nicht unbedingt einleuchtet, warum Menschen wie ich das Spiel weiter mitspielen. Wie auch immer: Wenn ich Sie das nächste Mal an der Rezeption begrüße (und glauben Sie mir, so, wie ich in der Welt herumkomme, haben wir uns garantiert schon mal gesehen), werden Sie mich mit dem Kennerblick des wahren Insiders betrachten. Das vorliegende Buch wird Ihnen helfen, überall in den Genuss erstklassiger Serviceleistungen zu kommen – in jedem Hotel, jedem Betrieb, der damit Geld verdient, Reisenden ein Dach über dem Kopf zu bieten. In jedem Fall wird Ihnen die Lektüre dieses Buchs zum Vorteil gereichen, und sei es nur deshalb, weil ich beim nächsten Mal darauf verzichte, Ihr Gepäck ins Hinterzimmer zu tragen und wie ein Irrer darauf einzutreten.

Als Hotelangestellter bin ich überall und nirgends. Ich bin ein Mann ohne Namen – na ja, abgesehen von diesem bescheuerten Namensschildchen.

Okay, reden wir über Namen. Darüber, dass ich die Namen in diesem Buch geändert habe, um die Unschuldigen zu schützen. Reden wir darüber, wie unschuldig *ich* bin und wie viel Schutz *ich* benötige.

Ich heiße Jacob Tomsky. In der Hotelwelt aber werden wir alle mit unseren Nachnamen zuerst aufgeführt. Jacob Tomsky heißt dort Tomsky, Jacob. Und da es hier um Selbstschutz geht, wird Tomsky, Jacob im Rahmen dieses Buchs zu Thomas Jacobs. Viel Glück, kleiner Tommy Jacobs.

KAPITEL 1

Ich stehe an der St. Charles Avenue in New Orleans. Mein Studium liegt ein paar Monate hinter, so gut wie der gesamte Sommer noch vor mir. Es ist brüllend heiß in der prallen Sonne. Und genau dort stehe ich: mitten in der Sonne. Gleich neben unserem Kabuff. Den lieben langen Tag.

Ich habe mich als Parkplatzwächter und Parkhilfe bei Copeland's Restaurant verdingt, um endlich meinen kreditfinanzierten Studien-Schlendrian zu besiegen, aus dem Schoß der Alma Mater zu kriechen und auf eigenen Beinen zu stehen. Aufgrund meiner Ausbildung in der brotlosen Kunst der Philosophie folgerte ich messerscharf, dass mein Abschluss auf meinem ohnehin nicht sehr praxisorientierten Lebenslauf wohl eher lächerlich wirkte. Vielleicht sogar *abstoßend.* Der eine oder andere würde mich sicher für einen abgehobenen Schnösel halten. Aber irgendwo musste ich anfangen. Und so fing ich ganz unten an.

Dieser Job bringt es nicht. Warum nicht? Erstens, weil ich Autos parken, und zweitens, weil ich alle erhaltenen Trinkgelder wieder abgeben muss. Eigentlich hatte ich mir vorgestellt, ich würde am ersten Abend mit den Taschen voller Ein-Dollar-Noten durchs French Quarter ziehen; nicht, dass man in New Orleans überhaupt so viel Geld brauchte. Wie sich aber herausstellte, befindet sich neben dem Kästchen mit den Autoschlüsseln eine weitere Box, die wie ein hölzerner Tumor aussieht, mit einem Schlitz, in den wir die fein säuberlich gefalteten Geldscheine stecken sollen. Und zu besagter Box gehört eine Art menschlicher Tumor, der Schichtleiter nämlich, der unter einem Sonnenschirm an seinem Tisch sitzt und bereits zur Mittagszeit an einem eisgekühlten, höchstwahrscheinlich alkoholischen Drink nippt, der in seiner Hand schwitzt, aber auf ganz andere Weise als ich.

Ein Mittagsgast verlässt das Restaurant und reicht mir seinen Parkschein. Ich nehme seine Schlüssel aus dem Kasten und sprinte im Eiltempo los. Leider ist sein Wagen alles andere als leicht zu finden: Ich bin zwar als Parkhilfe angestellt, bloß dass es hier keinen Parkplatz gibt, weshalb wir – die Gäste wissen natürlich nichts davon – die Wagen einfach irgendwo an der Straße abstellen. Sobald das jeweilige Auto geparkt ist, steht es uns frei, eine kleine Karte auf die Rückseite des Tickets zu zeichnen, damit auch andere Mitarbeiter des Parkservice das Fahrzeug ausfindig machen können. Bei meinem Kollegen Chip sieht jedes Schatzkärtchen grundsätzlich so aus: #*. Weshalb man sich jedes Mal den Wolf sucht. Aber ich finde den Wagen, fahre damit vor, und als ich die Fahrertür aufstoße – die Klimaanlage lässt mir die Füße zu Eiszapfen gefrieren –, drückt mir der Kunde einen penibel gefalteten Geldschein in die Hand.

»Saumäßig heiß hier draußen, mein Junge. Das ist für dich. Bist ja gelaufen wie ein Weltmeister.«

Es ist ein Zwanzig-Dollar-Schein. Chip, der inzwischen an meiner Stelle neben dem Kabuff steht, nimmt Haltung an und salutiert, während er einen Blick auf den Schein zu erhaschen versucht. Ich trete an den Trinkgeld-Tumor und will den Schein gerade in den Schlitz stopfen, als Chip herausplatzt: »Nein. *Nein!* Was machst du da, Tommy? Du lässt es doch auch gern mal krachen, oder? Jetzt steck die Kohle schon ein. Das Geld gehört *dir*. Der Typ hat es doch selbst gesagt.«

»Das Geld gehört Copeland's firmeneigenem Parkservice«, lässt sich der wandelnde Tumor vernehmen und stellt seinen Daiquiri auf den Tisch zurück.

Mittels eines Autoschlüssels stopfe ich den Schein komplett in die Box und trete wieder hinaus zu Chip, mitten in die pralle Sonne. Der Schichtleiter lässt sich wieder in den Schatten zurücksinken.

»Ich bin echt zu alt für diesen Scheiß«, murmelt Chip. »Trinkgelder teilen? Vierzig Prozent gehen an die Geschäftsführung, bleiben sechzig für uns, verteilt auf zwanzig Jungs, und das per Scheck, abzüglich Steuern, und wer entscheidet darüber, was am Ende für uns rausspringt? Ein ausgewachsener Kerl, der allen Ernstes einen verdammten Damencocktail schlürft.« Er scheint mit sich selbst geredet zu haben, da er mich nun direkt anspricht: »Den Zwanziger steckt der Saftsack doch bestimmt selbst ein. Anständige Trinkgelder kriegt man hier ohnehin so gut wie nie. Weißt du, was ich gehört habe? Im Stadtzentrum eröffnet gerade ein neues Hotel. Purer *Luxus.*« Er spricht das Wort aus, als wäre es irgendwie mystisch und womöglich zu gut für seine Zunge. »Und die suchen noch Leute für den Parkservice. Jedenfalls gibt's da garantiert bessere Trinkgelder als in diesem Scheißladen.«

Mit breitem Lächeln nimmt Chip das Ticket eines weiteren Mittagsgasts entgegen und greift nach den Schlüsseln. »Ein beschissener Mazda, Alter«, flüstert er mir ins Ohr, ehe er sich wieder dem Kunden zuwendet: »Keine Sorge wegen der Hitze, Sir! Ihr Wagen kommt sofort, aber *pronto*!« Und schon wetzt er los. Es hat was Slapstickmäßiges, wie er mit schlenkernden Gliedmaßen um die Ecke flitzt.

In Rekordzeit fährt Chip mit dem Wagen vor. »Klimaanlage läuft, Sir! Und das Radio habe ich schön leise auf Classic-Rock gestellt.«

Der Kunde drückt ihm irgendetwas in die ausgestreckte Hand. Etwas, das Chip eine fette Grimasse ziehen lässt.

Chip bleibt stocksteif stehen, versperrt dem Kunden einen Moment lang den Weg, und als er die Hand wieder öffnet, blitzen zwei Vierteldollarmünzen in der Sonne.

Seine Stimme klingt heiser und gequetscht, als leide er plötzlich schlimmste körperliche Qualen. »Danke, ganz besonderen Dank, Sir.«

Er dreht sich leicht zur Seite und streckt die Hand aus. Die Münzen glänzen in der Sonne. Und dann befördert er die Münzen mit gezieltem Tritt auf die Straße. Sie fliegen in hohem Bogen über den Asphalt und landen im Gras auf dem Mittelstreifen, zwei Sekunden bevor eine Straßenbahn vorbeirattert.

Der Kunde steht da wie vom Donner gerührt. Verwirrung und Entsetzen spiegeln sich in seiner Miene. Chip kehrt uns den Rücken zu, überquert zielstrebig die St. Charles Avenue und klaubt die Münzen aus dem Gras, ehe er über die Schienen steigt und schließlich die Napoleon Avenue hinuntermarschiert, die direkt ins Stadtzentrum führt. Job, Restaurant, Schichtleiter, meine Wenigkeit: Alles lässt er schulterzuckend hinter sich.

Ich zog meine Schicht noch durch. Dann folgte ich seinem Ratschlag und kümmerte mich um den Hotel-Job.

Damals war es mir vielleicht nicht ganz bewusst, doch es war ein überaus prägender Moment, als ich miterlebte, wie Chip wegen einer scheinbaren Kleinigkeit die Nerven durchgingen. Unfassbar, dass jemand wegen eines miesen Trinkgelds derart ausflippt, dann aber das Kleingeld doch aus dem Dreck fischt, bevor er den Abgang macht. Ich konnte das nicht verstehen. *Noch* nicht.

* * *

Vorstellungsgespräch. So ziemlich jeder Bewerber wurde eingestellt. Jeder, der den Drogentest bestand.

Ich kam durch.

Chip nicht.

Das River Hotel, das zu einer Kette von Luxusabsteigen gehört, die sich so gut wie niemand leisten kann, befindet sich in der Chartres Street im Zentrum von New Orleans. In drei Wochen sollte das Hotel eröffnen, war aber nach wie vor im Bau. Dennoch stellten sie alles und jeden ein, ließen uns Livreen schneidern, und dann kam auch schon der erste Zahltag. Eine Woche zuvor hatte ich mein sauer verdientes Geld an einen Daiquiris schlürfenden Schwachkopf abdrücken müssen, und jetzt bekam ich einen Gehaltsscheck, obwohl ich noch keine Minute gearbeitet hatte. Richtig gutes Geld, und bis jetzt war niemandem das Wort »Parkhilfe« über die Lippen gekommen.

Nicht, dass sonst keine Worte gefallen wären. Offen gesagt liefen manche regelrecht in Endlosschleife: Service. Luxus. Ehrlichkeit. Loyalität. Opulenz. Dazu kamen Schlagwörter wie Kundenzufriedenheit oder Bedürfnispyramide und dann noch Tausend-Dollar-Formeln wie *kostbare Bettwäsche aus allerfeinstem ägyptischem Makosatin.*

Jeden Tag gab es Schulungen, die in den bereits fertiggestellten Konferenzräumen stattfanden. Auf den Tischen, die mit edelsten orientalischen Stöffchen gedeckt waren, standen eisgekühlte Karaffen mit Wasser. Damit konnten wir die Unmengen Gebäck hinunterspülen, die sie uns kredenzten. Sie wollten uns unbedingt verklickern, wie man die »unausgesprochenen Bedürfnisse eines Gastes« erkennt.

»Wenn jemand seinen Wagen braucht, muss man's ihm an den Augen ablesen. Am besten hält man den Parkschein schon in der Hand. Gibt garantiert 'nen Extradollar, kapiert?«

Das kam von ganz hinten. Ich drehte den Kopf, um einen Blick auf meine künftigen Kollegen zu erhaschen: drei schwarze Typen, deren Outfit nicht so ganz dem legeren Freizeitlook entsprach, in dem wir hier eigentlich erscheinen sollten.

»Tommy, können Sie uns ein Beispiel für den unausgesprochenen Wunsch eines Gastes nennen?«

Ich trug nicht mal ein Schildchen an der Brust. Diese Freaks hatten tatsächlich jeden einzelnen Namen auswendig gelernt.

»Also, Ma'am …«

»Sagen Sie ruhig Trish. Ich bin die Empfangschefin.«

»Ja, ähm, Trish …« Von hinten erklang gedämpftes Gackern. »Vielleicht eine Wagenwäsche, wenn das Auto von dem Gast dreckig ist?«

»Perfekt.«

»Moment«, ließ sich ein Kollege vernehmen. »Soll ich den Wagen dann in meine Waschanlage im neunten Bezirk fahren? Oder von zu Hause Münzen mitbringen?«

»Perry, richtig?«

»Ja, Perry.«

»Okay, Perry. Kommen Sie jederzeit zu mir, wenn Sie Geld für die Waschanlage brauchen, ein Reifen gewechselt werden muss oder Ihnen eine schöne CD einfällt, mit der wir unseren Gast erfreuen könnten.«

»Oh, klar, verstanden.«

* * *

Am Tag vor der Hoteleröffnung sperrten sie einen ganzen Block der Chartres Street ab (die übrigens »Char-ters« ausgesprochen wird, obwohl der Name klar französischen Ursprungs ist). Für die Parade wurden wir in Gruppen unterteilt, und unsere Vorgesetzten hielten große, edel aufgemachte

Schilder in die Höhe, auf denen die Namen unserer Abteilungen standen. Rezeption. Parkservice. Wäscheservice. Sales & Marketing. Pagen. Portiers. Kellner und Kellnerinnen. Und Zimmermädchen natürlich, die mit Abstand größte Gruppe, etwa hundertfünfzig schwarze Ladys, samt und sonders herausgeputzt, als wollten sie gemeinsam einen schicken Club besuchen. Wir Parkhilfen bildeten einen eher kleinen Haufen, schwiegen und ließen den Blick über das fertig renovierte Hotel schweifen.

Es herrschte feierliche Aufbruchstimmung. Dann durfte eine Abteilung nach der anderen das Hotel betreten. Wir eilten eine Treppe hinauf und defilierten an einer Reihe von Managern vorbei, die uns johlend beklatschten, als wären wir ein gottverdammtes Football-Team. Sie warfen mit Konfetti, klopften uns auf die Schultern und jubelten uns begeistert zu. Als wir schließlich in der zweiten Etage ankamen und in den großen Bankettsaal strömten, trug jeder von uns ein breites, begeisterungstrunkenes Lächeln im Gesicht. Und dieses Lächeln hielten wir, während wir dem Direktor die Hand schüttelten, der tatsächlich einen Lorbeerkranz trug. Als Gag, wenn ich es richtig gedeutet habe.

»Charles Daniels, mein Name. Nennen Sie mich Chuck.«

»Okay, na dann, hallo, Chuck«, sagte Perry, der vor mir stand, während Mr Daniels ein goldenes Schildchen mit dem Namen Perry von dem Tisch neben ihm nahm.

Mr Daniels ging nicht so weit, uns die Namensschildchen persönlich anzustecken, uns mit einer solchen Geste gleichsam zu salben für die großen Aufgaben, die da kommen würden. Doch waren wir mittlerweile derart verzückt, dass wir bereitwillig niedergekniet wären, um uns die Anstecknadel ins nackte Fleisch rammen zu lassen.

Und nachdem nun auch klar war, welcher Abteilung wir

angehörten, hingen wir erst mal zusammen an der Bar ab und lernten uns ein wenig besser kennen.

»Habt ihr euch den Direktor mal genau angesehen?«, fragte Walter. »Sieht mit seinem Lorbeerteil wie ein Sklavenhalter aus.«

»Nee, nee«, erwiderte Perry. »Chuck ist echt cool drauf. Jetzt lassen wir uns erst mal ordentlich was reinlaufen.« Dann nahm er einen tiefen Schluck aus seiner Flasche Heineken.

Alle lächelten. Alle waren gut drauf. Alle trugen ein Namensschildchen. Wir waren wie eine große verrückte Familie, und morgen würde das Hotel endlich eröffnet werden. Wir saßen alle in einem Boot, und nach zwei Wochen Servicetraining – inklusive zweier vollen Gehaltsschecks für *gar nichts* – brannte jeder Einzelne von uns darauf, die neuerworbenen Fähigkeiten einem echten Gast angedeihen zu lassen. Unsere Vorgesetzten hatten uns derart angespitzt, dass wir, wären echte Gäste zu jener Party erschienen, sie wie Serviceschakale nach allen Regeln der Kunst zu Tode bedient hätten.

Das Hotel vermittelte mir bereits ein Gefühl von Heimat und Zukunft. Alles wirkte so glamourös, die edlen Tischdecken, die Kerzenleuchter, die klebrigen Törtchen. Das Ambiente war einfach prächtig, und es ging mir runter wie Öl, Mitglied des Eröffnungsteams sein zu dürfen. In jenem Augenblick wurde mir klar, dass mich die permanenten Ortswechsel hierhergeführt hatten, in diesen Palast des Zeitweiligen, in dem ich endlich zur Ruhe kommen und Wurzeln schlagen konnte, während sich die Welt um mich drehte. Ich beobachtete Mr Daniels, während er sich durch den Saal bewegte. Jede Unterhaltung verstummte abrupt, sobald er sich unaufdringlich zu einer Gruppe gesellte. Diese Position wollte ich auch bekleiden. Das war ein Leben, in dem ich mich *einrichten* konnte. Und wenn ich mich meinem Job mit Hingabe und Würde widmete, die Lehren des Luxusservice ganz und gar verinnerlichte, würde mich diese neue Welt mit offenen Armen empfangen – so hatten sie es uns schließlich auch bei den Schulungen eingetrichtert. Ich wollte ein König der Hotellerie werden. Und nicht zuletzt war es *möglich*, zum King aufzurücken. An jenem Tag schwor ich mir, eines Tages Herr über mein eigenes kleines Imperium zu sein.

Zur Eröffnung erschien sogar der Bürgermeister. Er schritt die lange Reihe ab und schüttelte mir und meinen ebenso herausgeputzten Kollegen die Hand – nun ja, einigen klopfte er auch bloß die Schulter, je nach Abstammung. Dann kam das Publikum, und wir standen stolz und lächelnd bereit. Die Einheimischen strömten in die Bistro Lounge, flanierten durch die Lobby (heute sagt man auch: das Foyer), als befänden sie sich in einem Museum, betatschten die brandneuen Glastüren, hinterließen ihre Spuren auf allem, was eben noch jungfräulich und makellos gewesen war, und sauten im Restaurant die Tischdecken ein, während sie Suppe löffelten und Rotwein in sich hineinkippten.

Wir Parkhilfen drehten erst mal Däumchen. Breitbeinig standen wir da, Brust raus, Bauch rein, die Hände hinter dem Rücken, so wie es uns beigebracht worden war. Dann begannen wir unser Gewicht von einem Fuß auf den anderen zu verlagern. Dann wechselten wir verstohlen das eine oder andere Wort, und schließlich wandten wir den Kopf und unterhielten uns in normaler Lautstärke. Einer nach dem anderen ging zwischendurch ins Büro, um sein Handy zu checken. Alle außer Perry: Er blieb auf seinem Posten und schüttelte unablässig den Kopf, während wir anderen unruhiger und unruhiger wurden.

»Wir verdienen hier keinen müden Cent«, richtete Keith das Wort an Perry, der mehr oder weniger zu unserem Anführer geworden war. Nicht nur, weil er gute fünf Jahre älter war als wir anderen, es lag auch an seiner Gelassenheit, der Art, wie er seinen durchtrainierten Körper gerade hielt, an seinen so unendlich weißen Augen, seinem rabenschwarzen Gesicht und seiner gottverdammten Obercoolness.

»Mann, wir haben doch gerade erst angefangen. Jetzt krieg dich wieder ein, Keith.«

»Scheiße, ich brauch die Kohle. Die letzten zwei Wochen haben wir voll bezahlt bekommen, aber jetzt kriegen wir wegen der einkalkulierten Trinkgelder 'nen niedrigeren Stundensatz. Und bis jetzt ist noch kein einziger Wagen aufgetaucht!«

»Haltung annehmen. Da kommt Chuck.«

Der Aufforderung kamen wir sofort nach. Aber nicht nur wegen Perry. Mr Daniels besaß ein geradezu präsidiales Charisma. Ich *wollte* für ihn arbeiten. Wir fraßen ihm alle aus der Hand. Er trat durch die Lobbytüren auf die *porte cochère* (»scheißblöder Name für 'ne überdachte Einfahrt«) und schritt an uns vorbei, wobei er unsere Namen herunterspulte, als wären wir alte Kumpels von ihm. Dann aber hielt er inne, als hätte er irgendetwas vergessen, und drehte sich noch einmal zu uns um, während hinter ihm sanft die Fontäne in den Marmorbrunnen plätscherte.

»Tja, sieht so aus, als wären wir ein wenig überbesetzt. Gentlemen, es tut mir aufrichtig leid, aber bei der Eröffnung eines neuen Hauses lässt sich das leider nicht vermeiden. Die Leute wollen *sehen*, was wir hier an Personal auffahren, versteht ihr? Und dafür muss hier draußen eben eine ganze Mannschaft stehen, die bloß Däumchen dreht, sosehr ich das selbst bedaure. Den Leuten an der Rezeption kann das natürlich egal sein, die kassieren sowieso ihr festes Gehalt, während ihr auf Kundschaft und Trinkgelder angewiesen seid.

Hand aufs Herz, Leute. Es wird ein Weilchen dauern, bis wir uns hier richtig etabliert haben. Wie auch immer, wir haben schon einige größere Buchungen für Konferenzen und Partys, da können wir jeweils mit bestimmt hundertfünfzig Fahrzeugen pro Abend rechnen. Bis dahin kriegt ihr euren regulären Stundenlohn – na, wie klingt das? Außerdem wählen wir Ende des Monats einen Wagenmeister, Gehaltserhöhung inklusive. Also, Gentlemen, Kopf hoch. Übrigens, ihr seht phantastisch aus.« Er klopfte Keith auf den Arm und verschwand im Parkhaus.

»Starker Typ«, sagte Perry, verschränkte die Hände wieder hinter dem Rücken und sah lächelnd zu dem Brunnen auf der anderen Seite der Einfahrt hinüber.

Und natürlich wurde Perry einstimmig zum Wagenmeister gewählt.

Nach etwa einem Monat begannen sich Mr Daniels' Voraussagen zu bewahrheiten: Es kamen mehr und mehr Gäste, die uns ihre Luxuskarossen überließen und unsere Taschen mit Ein-Dollar-Noten füllten. Die Hautevolee von New Orleans spielte dabei ebenfalls eine Rolle – Bankette, Bälle und Wohltätigkeitsveranstaltungen sorgten für reichlich automobilen Andrang und entsprechend viele Wagen, die wir wieder aus dem Parkhaus holen mussten. Unser Lieblingsgast war ein älterer Herr, den wir den General nannten. Er wurde stets in einem kanariengelben Bentley vorgefahren, der unmöglich zu übersehen war, und dann wartete einer von uns neben dem Bentley, während der Portier den Wagenschlag öffnete. Der General, ein kurzsichtiger, schwerhöriger Greis, dessen zerknitterter Leinenanzug mit militärischen Orden behängt war (daher sein Name), reckte dann das Kinn und hielt durch seine Starbrille Ausschau nach jemandem, der ihm behilflich sein konnte. In seiner von Leberflecken übersäten Hand hielt er stets ein Bündel frischer, schweißfeuchter Zwei-Dollar-Noten. Trat dann der jeweilige Kollege an den Wagen, als wolle er ihn ins Parkhaus fahren (obwohl der Chauffeur uns eher gestattet hätte, auf seine Schuhe zu pinkeln, als irgendjemandem das Steuer des Bentley zu überlassen), kniff der General die Augen zusammen, murmelte irgendetwas Armeemäßiges und drückte ihm einen Zwei-Dollar-Schein in die Hand. Wir mussten lediglich so *tun*, als wollten wir ihm unter die Arme greifen, bloß einen Aufzugknopf drücken oder eine Tür aufhalten, und schon floss der Mammon. Obendrein sah er so schlecht, dass man ihm folgen und gleich noch ein paarmal die Hand aufhalten konnte.

Nicht, dass wir größere Taschen für all das viele Geld gebraucht hätten. Für den Job als Parkhilfe gilt nämlich vor allem eins: Er nervt.

Stellen Sie sich ein dunkles, stickiges Parkhaus mit zehn Decks vor, und das ohne Lift. Die Sommerhitze hängt einem wie eine fette feuchte Zunge im Nacken, während man auf Parkdeck 10 unterwegs ist, sich den Wolf schwitzt und wie ein Besessener auf die Schlüssel-Fernbedienung drückt, um das verdammte Auto zu finden. Dann hockt man sich hinters Steuer, macht sich erst mal mit den Knöpfen vertraut, Licht an, Klimaanlage an, Rückwärtsgang einlegen und so weiter. Und während einem die Klimaanlage brühwarme Luft ins schweißnasse Gesicht bläst und man die Kiste gerade aus der Parklücke setzt, brettert Keith im selben Augenblick mit 130 Sachen und kreischenden Reifen in einem Porsche heran – Scheiße, BREMSEN – während voll aufgedrehter Hip-Hop aus dem Radio die Parkhauswände erzittern lässt. Und jetzt bricht einem zusätzlich noch der kalte Angstschweiß aus, weil man um ein Haar zwei 75 000-Dollar-Karren geschrottet hätte, aber Gott sei Dank läuft jetzt die Klimaanlage, und wer weiß, vielleicht lohnt sich die Sache ja, immerhin handelt es sich um einen 500er Mercedes. Nun kreischen die Reifen *meines* Schlittens, weil ich wie ein Irrer um die Ecken kurve, die Abfahrtsrampen so affenzahnartig hinunterbrettere, dass mir der Magen in die Kniekehlen sackt. Auf den Geraden gehe ich voll aufs Gas, drehe die Vivaldi-Aufnahme noch weiter auf, weil mein rücksichtsloses Fahren durch diesen Sound geradezu geadelt wird, spüre, wie der Unterboden des Wagens über den Beton schrappt, und dann – SCHEISSE, IN DIE EISEN! –, und dann komme ich zum Stehen, Stoßstange an Stoßstange mit einem Cadillac Escalade, dessen Scheinwerferlicht mir in die Augen sticht wie bei einer Nahtoderfahrung. Perry sitzt hinter dem Steuer des Monstergeländewagens, lacht und zeigt mit dem Finger auf mich, während ich abrupt zurücksetze, möglich, dass der Benz sogar eine Schramme abbekommen hat, aber wohl nichts, was der Besitzer sofort bemerken wird. Perry hält neben mir und lässt die Scheibe herunter. »Hatte früher selbst so 'ne Kiste. Als ich noch gedealt habe. Und jetzt komm in die Gänge, Tommy, sonst sahnen Keith und Walter alles ab. Walter, der Sack, läuft immer mit drei Abholscheinen los. Aber da hat er sich mit dem Falschen eingelassen!« Ich lasse den Wagen ein wenig vorrollen, und dann gebe ich Gummi, lasse die Reifen durchdrehen, bevor ich die letzte Abfahrtsrampe mit fast fünfzig Sachen anfahre, dann auf zehn herunterbremse und schließlich sanft aus der dunklen Garage gleite, derart achtsam, dass mir sogar die Zeit bleibt, einen beruhigenden Blick zu meinem Kunden hinüberzuwerfen, der bereits mit besorgter Miene auf sein Vehikel wartet.

»Stets zu Diensten, Sir. Einen schönen Abend noch!«

»Hmm«, gibt er zurück und drängt sich an mir vorbei. Mit einem Trinkgeld will er mich ganz offensichtlich nicht beglücken, doch ich lächle und schließe sanft die Tür hinter ihm, während ich bereits einen Blick auf den nächsten Parkschein erhasche.

* * *

Eins steht definitiv fest, wenn's um miese Touren im Trinkgeld-Business geht: Nichts macht Vordrängler, Gig-Diebe und Trinkgeldabgreifer wütender, als wenn man die gleiche Nummer mit ihnen abzieht.

Ich weiß nicht, wer mit dem nächsten Abholschein an der Reihe war, Walter oder Keith. Ich hatte gerade großzügige zehn Dollar von einem Honda-Verfechter (kaum zu glauben) kassiert und musste erst mal anstehen. Walter nahm die nächsten Schlüssel an sich und marschierte in aller Ruhe zum Parkhaus. Im selben Augenblick rief Keith: »HEY!«, so laut, dass die Hoteleinfahrt erbebte und der Portier und Perry sowie ein paar Gäste, die auf ihre Karossen warteten, zu uns herübersahen. »ICH BIN DRAN, MOTHERFUCKER!« Und dann eilte Keith auch schon mit steifen Schritten hinter Walter her, der unbeirrt seinen Weg fortsetzte.

Perry wusste garantiert, was passieren würde. Wenn Sie mich fragen, griff er *absichtlich* nicht ein.

Als Keith direkt hinter Walter war, der keinerlei Anstalten machte, sich umzudrehen, packte er ihn mit beiden Händen am Hals. Offensichtlich wollte er ihn vor aller Augen von hinten erdrosseln. Walter wand sich in seinem Griff, wirbelte herum und packte Keith ebenfalls an der Kehle. »He, jetzt aber mal halblang«, sagte Perry, ohne aber auch nur einen Finger zu rühren. Die beiden rangen miteinander, gingen dabei zu Boden, drückten sich gegenseitig die Luftröhre zu und wälzten sich fluchend auf dem Asphalt, während die Gäste entsetzt zu ihnen hinüberstarrten.

In der folgenden Woche fingen zwei neue Parkhilfen bei uns an.

Ein paar Wochen später nahmen sie auch meinen Fuß vom Pedal. Aber nicht etwa, weil ich mich geprügelt oder sonst wie danebenbenommen hätte. Im Gegenteil: Meine positive Arbeitseinstellung, meine Ehrlichkeit, meine Abneigung gegen Gewalt und Drogen hatten offenbar einen vorteilhaften Eindruck in der Chefetage hinterlassen. Eines schönen Herbstnachmittags kam Trish zu uns herunter auf die schon recht kühle *porte cochère* und fragte mich, ob ich Interesse an einem Job am Empfang hätte.

Ich sagte zu.

Es war eine Beförderung, auf die ich mir wirklich etwas einbilden konnte. Vom Asphalt auf den roten Teppich. »Du hast es geschafft, Alter«, sagte Perry an meinem letzten Abend an der Parkfront. Er packte rustikal meinen Arm und lächelte so stolz, als wäre ich sein Sohnemann. Dann ließ er mich wieder los, musterte mich mit hartem Blick und sagte: »Aber vergiss nicht, wo du herkommst, Tommy.«

Ich hab's nie vergessen. Einmal Parkhilfe, immer Parkhilfe.

KAPITEL 2

Am Montagmorgen trafen wir uns zur Sieben-Uhr-Besprechung im Büro hinter dem Empfang. Ich stand im Kreis mit meinen neuen Kollegen und kam mir in meiner Parkservice-Uniform und den staubigen schwarzen Tennisschuhen wie ein Vollidiot vor. Alle schienen auf meine Treter zu glotzen. Keine Woche zuvor war ich auf Deck 8 durchs Parkhaus gerannt, um den nächsten Wagen zu holen, und hatte im Laufen irgendetwas aus dem Weg gekickt, das ich zu dem Zeitpunkt für einen alten Schuh hielt. Doch als ich der Flugbahn des braunen Objekts folgte, erkannte ich spätestens, als es sich ein paarmal auf dem Boden überschlug, dann aufrichtete und winselnd ans andere Ende des Parkdecks flüchtete, dass ich in Wahrheit eine Ratte durch die Luft katapultiert hatte. Und nun, während ich auf meine Schuhe hinunterblickte, lief es mir bei der Erinnerung an den fiesen Nager eiskalt den Rücken hinunter.

»Darf ich euch Tommy vorstellen?«, sagte Trish. »Seine Uniform wird noch geschneidert, daher bleibt er heute erst mal hier in den Katakomben und macht sich mit unserem System vertraut. Helft ihm bitte, falls er Fragen haben sollte.« Es war das erste Mal, dass mir der Ausdruck »Katakomben« zu Ohren kam. Damit sind die Büros und Korridore gemeint, die Lager und Lastenaufzüge, die weißgestrichenen Räume mit den Behältern für die Schmutzwäsche – eben jene Räumlichkeiten, in denen es keinen schimmernden Marmor, penibel gesaugte Orientteppiche, auf Hochglanz polierte Messinggeländer und Vasen mit frischen Schnittblumen gibt, die das Hotel pro Woche ein kleines Vermögen kosten. Dann ging Trish die Tagesordnung durch, ein Procedere, das mir in Fleisch und Blut übergehen sollte. Es wurden die Belegungszahlen verkündet, die Tagesevents besprochen und dann Vorschläge diskutiert, wie wir unseren Service noch verbessern könnten, so ähnlich wie bei den Schulungen, an denen wir vor der Hoteleröffnung teilgenommen hatten. Im Parkhaus waren solche Dinge komplett unter den Tisch gefallen, aber hier wurde Strategie ganz groß geschrieben. Und ich fand durchaus Geschmack daran.

Einer meiner neuen Kollegen erzählte zum Abschluss eine kleine Service-Story aus einem Schwesterhotel in Florida – irgendetwas von einem Mitarbeiter, der für den Hund eines Gastes ein Kauspielzeug gekauft hatte, worauf besagter Gast offenbar regelrecht in Freudentränen ausgebrochen war. Anschließend wünschte uns Trish einen wunderschönen Tag, und damit zerstreute sich die Crew. Die einen marschierten an die Rezeption, um den übermüdeten Nachtdienst abzulösen, die anderen gingen den Korridor hinunter an ihre Telefonanlagen. Und ich sollte, wie Trish mir währenddessen ausrichtete, auf einen Sprung beim Chef vorbeischauen.

»Setzen Sie sich doch«, sagte Mr Daniels und deutete auf einen mokkafarbenen Ledersessel vor seinem Schreibtisch. Dieselben Fauteuils standen auch in der Weinbar, die an die Lobby angrenzte. »Willkommen bei uns, mein Junge. Sie haben hervorragende Arbeit als Parkhilfe geleistet. Sie waren auch zugegen, als der *Parkhauswürger* zugeschlagen hat, nicht wahr? Da unten geht's manchmal scheißrau zur Sache, was?«

»Ja, Sir.« Mir gefiel sein salopper Umgangston, mit dem er die Situation entsteifte. Der Mann wusste genau, was er tat.

»Jetzt sind Sie jedenfalls an vorderster Front dabei. An der

Rezeption. Dem Gehirn unseres Hauses. Dort werden Sie alles von der Pike auf lernen, vom Check-in bis zum Check-out. Abrechnungssystem, Zimmerkategorien, Upgrades, Steuern, Bargeldhandling, VIPs – da kommt eine Menge auf Sie zu. Schon aufgeregt?«

»Und wie.«

»Gut. Ich habe selbst an der Rezeption angefangen. Und wenn man vorhat, vielleicht selbst mal General Manager eines Hotels zu werden – und glauben Sie mir, der Job ist phantastisch –, ist die Arbeit am Empfang die halbe Miete. Die andere Hälfte besteht daraus, das Haus in Schuss zu halten. Wenn man weiß, welches Zimmer das richtige für den jeweiligen Gast ist, und dafür gesorgt hat, dass besagtes Zimmer nur so blitzt vor Sauberkeit, kann man ein Hotel leiten, Punkt, aus. Aber ein *Luxus*hotel ist eine ganz andere Hausnummer. Luxus bedeutet mehr als Kronleuchter und scheußliche Ölgemälde mit Pferden an den Wänden. Luxus dreht sich um Service. Und genau diese Kunst sollen Sie hier erlernen, Tommy. Umsorgen Sie unsere Gäste, und sie werden es Ihnen danken. Wahrscheinlich halten Sie es für eine Lüge, dass jeder unserer Mitarbeiter auf ein fettes Budget zurückgreifen kann, um unsere Gäste jederzeit nach Strich und Faden zu verwöhnen? Tja, aber das ist die nackte Wahrheit. Machen Sie davon Gebrauch. Wir werden Sie in jeder Hinsicht unterstützen. Und jetzt schwingen Sie Ihren Arsch aus dem Sessel und machen Sie sich mit unserem Property-Management-System vertraut. Wer das System beherrscht, der beherrscht die Welt. Also los. Ich bin stolz auf Sie.«

Chuck ist echt cool drauf.

Ich ging wieder nach unten, durchquerte das Foyer und stieß die Tür zu den Katakomben auf, bereit, mich zu beweisen und meine Vision zu verwirklichen.

»Ich hoffe, ich muss von deinen Schuhen nicht auf deinen Grips schließen, Homey.«

Andy hatte bereits im Büro auf mich gewartet, und mit diesen Worten begann er mich in das Property-Management-System (kurz, ähm, PMS) einzuweisen. Es war ein bisschen seltsam, ein komplettes Hotel in ein Programm übersetzt zu sehen. Jede Etage, jedes Zimmer, jede Preiskategorie war aufgeführt, jedem Gast ein eigenes Profil zugeordnet. Ein Teil der Arbeit bestand darin, sich die Zimmercodes zu merken: KW = Keine Wanne, KB = Kleines Bad, KES = Kein Einbauschrank. Hier noch ein echter Bringer: NL = Nahe Lift. Oder ein anderer Gästefavorit: OA = Ohne Aussicht.

Andy ließ mich im Testmodus üben. Aus irgendeinem unerfindlichen Grund zeigte das Programm ein Datum aus dem Jahr 1983 an, und nun konnte ich Reservierungen eingeben, Zimmer zuweisen, Gäste von einem Zimmer auf ein anderes umbuchen, sie auschecken, Preise ändern und meinen fiktiven Gästen aus den achtziger Jahren nach allen Regeln der Kunst ihren Aufenthalt versauen.

»Okay, okay«, sagte Andy schließlich. »Das hast du jetzt drauf.« Er wirkte irgendwie enttäuscht. Vielleicht hatte er bereits vorgehabt, hinterher zu Trish zu gehen, die Tür hinter sich zu schließen und ihr in aller Vertraulichkeit zu stecken: »Also, mal ganz ehrlich, Trish, für unseren Parkfritzen ist das 'ne Nummer zu hoch.« Tja, aber daraus wurde leider nichts.

Anschließend führte er mich den Korridor entlang zur Telefonzentrale, während er mir unterwegs diesen Aspekt unseres Jobs erklärte. »In den meisten Hotels sind die Rezeptionisten bloß Rezeptionisten und die Telefonisten bloß Telefonisten. Bei uns ist das intelligenter geregelt: Die Telefonzentrale ist nämlich ausschließlich mit Empfangsmitarbeitern besetzt. Weißt du, warum das ein kluger Schachzug ist?«

»Hmm, liegt auf der Hand, oder? Wenn jemand die Null wählt und etwas vom Empfang will, muss die Zentrale den Anruf nicht erst weiterleiten. So kann der erste Ansprechpartner alles direkt in die Wege leiten. Alles eine Frage der Kommunikationsoptimierung.«

»Kommunikationsoptimierung? Wo hast du das denn her?«

»Habe ich an der Uni gelernt.«

»Oh, du hast studiert.« Frustriert nickte er mir zu.

Andy war ganz offensichtlich ein arrogantes Arschloch. Und genau deshalb hatten sie ihn wohl auch als Coach für die Empfangsmitarbeiter abgestellt, weil sich eben nur eine echte Arschgeige daran aufgeilt, den Oberlehrer raushängen zu lassen. Ihm ging regelrecht einer ab, wenn er anderen unter die Nase reiben konnte, wie wenig sie draufhatten. Und damit war er genau die richtige Wahl: Ich wurde sorgfältigst eingearbeitet.

»Und pass bloß auf, dass das rote Lämpchen blinkt, bevor du irgendwelchen Stuss von dir gibst, sonst kriegt das nämlich der Gast mit, der gerade dran ist. Also, immer ein Auge auf das rote Lämpchen, mein Freund, Regel Nummer eins bei unserem Telefonsystem.«

»Früher funktionierte das alles wie bei einer Vermittlung«, sagte Trish, die plötzlich im Türrahmen stand. Hübsch sah sie aus. »Da mussten sogar noch Kabel umgesteckt werden und so. Nicht, dass ich das noch selbst miterlebt hätte.«

»Äh, nein, Trish«, stammelte Andy. »Natürlich nicht.«

»Hat jemand eine Ahnung, was mit dieser Knalltüte hier los ist?«, fragte ich rhetorisch, aber durchaus mit innerlich blinkendem rotem Lämpchen und so.

»Dein Anzug ist fertig, Tommy. Und ab jetzt gilt: Parkhaus war gestern.«

Und sobald ich in meine neue Kluft schlüpfte, wurde ich

umgehend an den Empfang expediert und auf die Menschheit losgelassen.

Genauer gesagt, auf Mr Anderson. Den ersten Gast, den ich an der Rezeption begrüßen durfte. Ich erinnere mich ganz genau.

Leider ist das gelogen. In meiner Erinnerung verschwimmt unsere Begegnung ebenso wie die meisten anderen der fünf Millionen Gäste, die ich in meinem Leben eingecheckt habe.

Immerhin kann ich mich noch erinnern, wie nervös ich war. Andy stand hinter mir, während ich mich innerlich wappnete und auf das System starrte. Zimmercodes und Tastenkombinationen wirbelten durch meinen Kopf. Ich hoffte bloß, dass mir die richtigen Worte zur Begrüßung einfallen würden, wohlgemerkt in der richtigen Reihenfolge, ohne dass mir dabei der kalte Schweiß ausbrach.

Sanford der Portier bog um die Ecke. Hinter sich her zog er einen Gepäckwagen mit Messinggestänge, der bis oben hin vollgeladen war. Von allen Portiers war er mir der liebste. Er war so groß wie ein Bär, und wenn er einem zur Begrüßung die Pranke reichte und einen an sich zog, prallte man jedes Mal von seiner Plauze ab. Seine gesamten Trinkgelder gab er bei Foot Locker aus. »Tommy, ich besitze über fünfhundert Paar Sportschuhe. Und mein Sohn hat auch schon über fünfzig Paar. Ich habe ein ernsthaftes Schuhproblem, so viel steht fest.«

»Sieh mal einer an«, sagte er nun, als er mich hinter der Rezeption erspähte. »Und auch noch mit Krawatte! Du siehst stark aus, Junge.«

»Danke, Sanford«, sagte ich, und wir schüttelten uns die Hände. »Ich warte auf meinen ersten Gast.«

»Wenn man vom Teufel spricht«, erwiderte er und inspizierte einen der Kofferanhänger. »Heißt Anderson, der Typ.« Andy zog ob Sanfords Ausdrucksweise eine pikierte Miene, während der grinsend fortfuhr: »Mann, das muss ich Perry erzählen. Der wird seinen Augen nicht trauen. Glaub mir, wir sind echt stolz auf dich. He, da kommt der Typ schon.«

Sanford begann das Gepäck oberflächlich zurechtzurücken, während unser neuer Gast an die Rezeption trat. »Mr Anderson, mein Kollege Tommy übernimmt alles Weitere. Ich wünsche einen angenehmen Aufenthalt, Sir.«

»Danke. Guten Tag. Anderson, mein Name.«

Ich bekam nicht mal mit, dass Sanford ohne Trinkgeld abziehen musste. Ich hatte alle Hände voll damit zu tun, seine Reservierung aufzurufen und seine Kreditkarte durch den Schlitz zu ziehen, während ich eine Phrase nach der anderen absonderte. Zugegeben, meine Hände zitterten leicht, und meine Fingerspitzen waren ein bisschen feucht, aber ich bekam es trotzdem hin.

Erledigt. Er marschierte zum Aufzug, einen Pagen mit seinem Gepäck im Schlepptau. Ich hatte die Nummer geschaukelt, ganz locker, einfach so. Mein erster Check-in. In Gedanken widmete ich ihn Chuck Daniels.

Den nächsten widmete ich mir selbst. Der danach war für Perry. Dann kam einer für Trish, dann einer für Chip und all diejenigen, die es nicht geschafft hatten, und schließlich sogar einer für den menschlichen Tumor, warum nicht?. Der nächste war wieder für mich, dann kam einer für Louis Armstrong, danach einer für Andy und dann einer für die Ewigkeit.

Und alle anderen Check-ins danach?

Alles für die Kohle, Freunde.

Aber ich greife vor. Während meiner Zeit in New Orleans habe ich nämlich keine Minute des Geldes wegen gearbeitet. Sondern für meine Firma, meinen Chef. Und das hatte ich drauf wie kein Zweiter.

Die Rezeption ist tatsächlich das Gehirn eines Hotels. Nach

ein paar Monaten begann ich das Hotel als Puzzle zu begreifen, das sich aus Zimmern mit französischen Betten, Zimmern mit Luxusbadewannen und Zimmern mit Ausblick auf den Mississippi zusammensetzte. Und dann war da noch die geifernde, nervtötende Meute von 350 Neuankömmlingen, die allesamt ein Zimmer mit Doppelbett und Badewannen mit Ausblick auf den Mississippi haben wollten. Und ich hätte sie gern alle glücklich gemacht, aber in einem Hotel gibt es eben nicht nur Präsidentensuiten.

Im Service kommt es nicht darauf an, den Gästen gegenüber offen und ehrlich zu sein. Vielmehr darauf, Enttäuschungen zu vermeiden und eine Illusion der Perfektion zu kreieren. Und das geht so: Lügen. Lächeln. Überlisten. Schachern. Überzeugen. Lügen. Und wieder lächeln.

Ich lernte, Gäste nach Strich und Faden zu manipulieren, bis sie einsahen, dass sie gar nicht das wollten, was sie eigentlich gebucht hatten. Sie wollen ein französisches Bett? Nicht vielleicht doch lieber ein Doppelbett (SCHACHERN)? Ich frage nur, weil die Zimmer mit Doppelbetten grundsätzlich größer sind (LÜGE) – auf dem zweiten Bett können Sie dann zum Beispiel Ihre Sachen ausbreiten (ÜBERLISTEN) oder sich darauf ausruhen, und am Abend haben Sie trotzdem noch ein frisches Bett in der Hinterhand (ÜBERZEUGEN). Ja, natürlich habe ich ein Zimmer mit Doppelbett für Sie, Sir (LÄCHELN). Ich habe zu danken, gern geschehen (LÜGE). Einen angenehmen und stressfreien Aufenthalt, Sir (ERNEUT LÄCHELN). Und wieder haben wir einen zufriedenen Gast mehr, und am zufriedensten von allen bin ich selbst.

Ich beschäftigte mich mit dem PMS, bis ich es in- und auswendig kannte. Darüber hinaus machte ich mich bis ins kleinste Detail mit unserem Telefonservice vertraut – keine große Sache. In der Telefonzentrale war Abhängen angesagt. Mit

Headset ausstaffiert, lümmelte ich mich in meinem Drehstuhl und quatschte mit meinen Kollegen, wenn wir uns nicht gerade mit Papierbällchen bewarfen. Die Anrufe wurden reihum von uns entgegengenommen. Waren wir also zu viert, und ich hatte mich um das Anliegen eines Gasts gekümmert – der sich womöglich bloß erkundigen wollte, um welche Uhrzeit er sein Zimmer räumen musste –, kamen erst mal die Kollegen an die Reihe, so dass ich manchmal gute zehn Minuten Däumchen drehen durfte. Einmal brachte ich eine Stoppuhr mit, um zu checken, wie viel ich hier wirklich leistete, drückte aufs Knöpfchen, sobald mein Apparat klingelte, und stoppte wieder, sobald ich auflegte. Dann wartete ich, während ich von neuem Papierbällchen abschoss und mich in meinem Stuhl fläzte. Am Ende des Tages ergab meine Rechnung, dass ich, gemessen an meiner tatsächlichen Arbeitszeit, etwa 200 Dollar pro Stunde verdiente, also auf ein Jahresgehalt von 400000 Dollar gekommen wäre.

Kurioserweise waren wir auch für das hauseigene Pay-TV-System zuständig, das damals noch separat verwaltet wurde, und mussten uns dabei nicht zuletzt um die Stornierung von Aufträgen und die Rückbuchung von Gebühren kümmern.

»Schönen guten Tag, Sie sprechen mit Tommy Jacobs. Was kann ich für Sie tun?« Manchmal frage ich mich, wie oft diese verdammte Phrase im Lauf der Jahre wohl über meine Lippen gekommen ist. Würde man mir den Schädel aufmeißeln und mit einem Hotelkugelschreiber auf die richtige Stelle in meinem Sprachzentrum tippen, würde ich meine Telefonbegrüßung garantiert in Endlosschleife vor mich hin blubbern.

»Ähm, hier Zimmer 1205. Ich habe versehentlich ein Video abgerufen – könnten Sie den Auftrag stornieren?«

»Selbstverständlich, Sir.«

Schauen wir doch mal. Aha. *Asiatische Sekretärinnen hart ge-*

dehnt, zwei Minuten und sieben Sekunden gelaufen. Anscheinend hatte ihm schon der Vorspann gereicht.

Keine Sorge. Bei der heutigen Software können wir die Titel der Filme nicht mehr einsehen. Na gut, wir wissen, dass die neuesten Blockbuster 12,95 Dollar kosten, die Pornos zwei Dollar mehr. Die sexuellen Präferenzen aber bleiben für uns mittlerweile außen vor – was manchem Gast bestimmt entgegenkommt.

Das waren meine ersten Einblicke in das Leben fremder Menschen, ein Nebeneffekt meines Berufs, der mir erst später wirklich bewusst werden sollte und der für die Voyeure in unserem Business einen nicht zu unterschätzenden Bonus darstellt. Sie wollen wissen, wie die Leute wirklich ticken? Wie sie sich aufführen, wenn es ihnen völlig schnurz ist, was andere von ihnen denken könnten? Fragen Sie einfach am Empfang nach. Oder gleich die Mitarbeiter, die von solchen Gästen wie Sklaven behandelt werden. Genau das sind wir nämlich: eine Armee von Sklaven, die im Zimmerpreis enthalten sind.

Trotzdem fand ich es lehrreich, das Leben mit den Augen eines Menschen zu sehen, der sich rund um die Uhr um das Wohlergehen anderer kümmert, ohne groß wahrgenommen zu werden. Von César Ritz, dem »König der Hoteliers und Hotelier der Könige«, stammt der Ausspruch: »Gäste lieben guten Service, nur diskret muss er sein.« Wenn also ein Kunde unfreundlich wurde und herumschnauzte, kümmerte ich mich auf der Stelle um sein Anliegen, ganz Entgegenkommen und Effizienz. Wollte ein Gast mit mir Freundschaft schließen, mich duzen und mir von einem Straßenkünstler erzählen, den er am Vorabend auf der Bourbon Street gesehen hatte, stützte ich die Ellbogen auf den Empfangstresen und lauschte lächelnd seiner Schilderung, die ich am Tag zuvor bereits von einem anderen Gast gehört hatte.

Ich war ein Mann für alle Fälle. Stets für alle da. Tadellos gekleidet. Im Service unschlagbar. Überstunden: sowieso und immer gerne.

Ich lernte, meinen Ärger stets hinunterzuschlucken.

Ich lernte, alles auf meine Kappe zu nehmen. Mit einem Lächeln, versteht sich.

Im Winter herrschte saisonbedingt etwas weniger Betrieb. Es gab immer noch reichlich zu tun, doch fand ich nun die Zeit, meine Kommunikation mit den Gästen zu verfeinern und das System zu meistern. Als der Frühling kam und sich der schwere Duft der Blumen über den Gestank des French Quarter legte, bereiteten wir uns auf New Orleans' größtes Touristen-Event vor: den Mardi Gras.

Nichts wird generell so missverstanden wie der Mardi Gras. Im Allgemeinen verbinden die Leute mit diesem Ereignis … nun ja, Titten. Bunte Glasperlen und Titten. Aber genauso gut könnte man behaupten, dass sich in ganz Manhattan ausschließlich notgeile Investmentfuzzis herumtreiben, bloß weil es an der Upper East Side jede Menge von ihnen gibt. Zwar gibt es durchaus reichlich Brüste zu sehen, doch die nackten Tatsachen beschränken sich letztlich auf eine einzige Straße des French Quarter. Ansonsten ist der Mardi Gras ein Fest, wie es schöner nicht sein könnte, ein Spaß für die ganze Familie (und an diesem Tag gehört jeder zur Familie). Zusammen bestaunt man die Paraden, feiert das Leben und nimmt sich endlich mal eine Auszeit von der Arbeit – Drinks inklusive.

»Na, Tommy, wie wär's mit 'nem kleinen Besäufnis?«, fragte Gordon, einer unserer Pagen, ein echter Südstaaten-Gentleman, hochgewachsen, hager, aufreizend schwul und so ziemlich der netteste Kerl, den man sich vorstellen kann.

»Ich trinke keinen Alkohol.«

»Also, *ich* brauche jedenfalls 'nen Drink. Bei dem Job kann man sich doch nur die Kugel geben.« Das kam von Mark, einem anderen Pagen: schwarz, blutjung und permanent unzufrieden mit seiner Arbeit. Die fürstliche Bezahlung allein reichte ihm nicht. Offenbar fühlte er sich wie ein Mensch zweiter Klasse, wenn er anderen ihre Klamotten hinterhertragen musste. Als Page kann man gutes Geld verdienen, und die meisten Leute würden dafür noch ganz andere Sachen auf sich nehmen, doch Mark empfand seinen Job jeden Tag erneut als abgrundtiefe Schmach. »Toller Job«, wie es Holden Caulfield seinerzeit formuliert hat. »Die Koffer von anderen Leuten schleppen und darauf warten, dass einem jemand ein paar Cent in die Hand drückt.«

Wir nahmen die Namensschildchen ab, wechselten unsere Klamotten, verließen das Hotel durch den Personalausgang, und schon standen wir mitten im French Quarter. Da das Mardi-Gras-Wochenende unmittelbar bevorstand, gab es kaum jemanden, der nicht schwer mit Perlenketten behängt war, selbst die Obdachlosen hatten sich herausgeputzt. Ein Aspekt, der ebenfalls nur selten erwähnt wird: Die fröhlichen bunten Kugeln machten uns alle gleich, nahmen uns Rang und Namen, den heiligen Ernst, mit dem wir sonst unserer Arbeit nachkamen.

Zusammen mit fünf Pagen, Sanford dem Portier und drei Kollegen vom Empfang betrat ich die Alibi-Bar, eine Kneipe am westlichen Rand des French Quarter, die vor allem von Angestellten aus der Dienstleistungsbranche frequentiert wurde.

Getränke: saubillig.

Kundschaft: die meisten mit Namensschildchen und / oder Schürzen (Kellner aus feinen Restaurants, die Videopoker spielten, rauchten, Tequila kippten und das Beste aus ihren Viertelstundenpausen zu machen versuchten).

»Was nimmst du, Tommy?«, fragte Sanford.

»Bloß ein Mineralwasser. Ich trinke keinen Alk.«

»Wie? Schon immer?«

»Leute, die nicht trinken, tun mir leid«, ließ sich Gordon vernehmen. »Wer säuft, hat einfach mehr vom Leben. Hat Frank Sinatra gesagt.«

»Früher hab ich schon ab und an mal einen getankt. Als ich auf der Highschool war.«

»Echt? Und was?«

»Whiskey.«

»Jack?«

»Genau.«

»Na also. Lisa, Süße, vier Heineken, fünf Abita Amber und einen Jack für meinen Kumpel hier. Cooler Typ, sag ich dir.«

Ein paar Sekündchen später stand der Whiskey auch schon vor mir. Mir blieb nur eine Option. Cheers, Leute, und dann lief mir der Brand scharf und warm die Kehle hinunter.

»Das darf ja wohl nicht wahr sein«, sagte Perry, der gerade hereingekommen war. »War das 'n erwachsener Drink oder bloß 'ne Limo?« Er nahm auf dem Hocker neben mir Platz, während die Barkeeperin bereits zwei Flaschen Heineken öffnete und sie vor ihn auf den Tresen stellte. Er musste ihr nicht mal einen Blick zuwerfen.

»Hossa«, keuchte ich. Mein Gaumen brannte immer noch wie Hölle.

»Na, dann trinkste jetzt auch einen mit mir.« Dann wurde mir auch schon der nächste Whiskey serviert, und ich kippte ihn prompt, um Perry nicht zu enttäuschen.

Was soll's, schließlich war Mardi Gras.

Später hockte ich dann, schwer angetrunken, an der Ecke Carondelet und Canal Street, wartete auf das Rattern der Straßenbahn, die mich nach Hause bringen würde, sah zu, wie das Sonnenlicht aus den Straßen wich, während die Stadt in der

Nacht versank und das wahre New Orleans zum Vorschein kam: die Musik, die permanente Feierei, der Essengeruch aus den Restaurants, der über die Bierpfützen auf den Straßen wehte, Prostituierte, Clubs mit DJs, lärmige Schwulenbars, versiffte Stripschuppen, frei herumlaufende Irre, Studenten, die in Mülltonnen göbelten, wie Supermärkte beleuchtete Daiquiri-Bars mit waschmaschinengroßen Mixern, in denen Daiquiris jeder nur erdenklichen Farbe kreisten, einsame Trompeter, Frauen, die sich weinend an Männern in Anzügen festkrallten, Porträtmaler, Bettler, Punks mit Hunden, Stepp tanzende Kids, auf deren Köpfen sich Speichenräder drehten, der goldene Cowboy, der reglos auf einem Getränkekasten stand, den goldenen Colt auf ein Kind in der Menge gerichtet, Wahrsager, verrückte Prediger, vor sich hin murmelnde Schwachmaten, Schlägertypen, pockennarbige Bürschchen, die nach Fickfleisch sabberten, Disco-Tussen in silbernen Röckchen, Pferdedroschken, sich im Rinnstein stapelnde Plastikbecher, Jazzcombos, die mit Rock-'n'-Roll-Cover-Bands wetteiferten, Mörder, Trickbetrüger, Hippies, die allen möglichen Ramsch verkauften, Zaubershows, Leute auf Einrädern, Flugschaben, so groß wie Dynamitstangen, furchtlose Ratten, Transvestiten, Grüppchen von besoffenen Geschäftsleuten, Schlampen, die auf offenen Balkonen Schwänze lutschten, berittene Cops, die von ihren Gäulen in großzügige Dekolletés glotzten, Autofahrer, die sich im Schritttempo den Weg durch die Menschenmassen auf der Bourbon Street bahnten, während der Pöbel ihnen Drinks über die Motorhauben schüttete oder die nackten Hintern an die Scheiben presste, Kneipen, deren Wände vor Gelächter bebten, zugedröhnte Girls mit Kunststoffschläuchen, in denen sich neonfarbene Modedrinks befanden, Rausschmeißer, die dürre weiße Burschen am Kragen auf die Straße schleiften, Studentinnen, die sich tröstend in den Armen hielten, nachdem sie ihren Tequila erbrochen hatten, Passanten, die schwankten, stolperten, auf den Asphalt stürzten und vor Lachen nicht mehr aufstehen konnten, Urinrinnsale, die von Häuserecken über den Gehsteig liefen, Bräute mit schmutzigen Kleidern, Männer in G-Strings, räudige Hunde, bunte Tierluftballons, Camcorder, rund um die Uhr geöffnete Billigläden, dunkeläugige Stripperinnen, betrunkene Radfahrer, Schwärme von Termiten, die Straßenlaternen wie Nebel umgaben, Bauchredner mit ihren Puppen, Biker, Leute, die auf Briefkästen hockten, Kaffee mit Chicorée, Soulsänger, arme Schweine ohne Schuhe, überall sah man sie, die Besoffenen, die Seligen, die Schwachköpfe, die Verlierer, die Arschlöcher, die Mistkerle, die Vollpfosten, die Komiker, die Heiligen, die Gebrochenen, die Betuchten, die Schmarotzer, die Vergessenen, und die Frühlingsluft war geschwängert mit jedem nur vorstellbaren Geruch, den eine solche Stadt hervorbringen konnte.

* * *

Nachdem meine makellose Leber den Whiskey abgebaut hatte, als hätte ich bloß ein paar Gläschen Wasser getrunken, erwachte ich am nächsten Morgen frisch und ausgeruht, bereit, während des Mardi Gras an der Gästefront mein Bestes zu geben. Es gab jede Menge zu tun, dazu reichlich Sonderschichten; eine ganze Reihe von Kollegen mit weniger gut in Schuss gehaltenen Lebern hütete zu Hause das Bett, andere meldeten sich krank, um ihre Lieblingsparaden nicht zu verpassen. Oder um selbst auf einem Wagen zu sein – sogar *Perry* machte blau, um bei der Zulu-Parade mitmischen zu können. Er versprach, mir eine bemalte Kokosnuss vom Umzugswagen zu reichen, falls ich ihn ausfindig machen könnte, was mir jedoch nicht gelang, weil ich Doppelschichten durchzog, damit der Empfang wenigstens einigermaßen ausreichend besetzt war.

An der Rezeption herrschte Hochbetrieb. Trinkgelder lehnte ich ab, um nicht zuletzt mir selbst zu beweisen, wie engagiert ich war. Was? Ich lehnte Trinkgelder ab? Ich weiß, noch vor nicht allzu langer Zeit hatte ich mich über den hölzernen Tumor beschwert, doch wenn ich nun einen Gast persönlich zum Lift eskortierte und dieser sich mit einer Fünf-Dollar-Note erkenntlich zeigen wollte, verneigte ich mich und sagte nur: »Nein danke, das ist doch selbstverständlich«, woraufhin ihm oder ihr vor Verblüffung der Mund offen stand. Aber so ein Gast bleibt lebenslang ein treuer Kunde. Tja, und was bringt mir das? Hmm ... nichts. Wie auch immer, bereitwillig kam ich unserer Dienstanweisung nach, Gästen den Weg nicht zu zeigen, sondern sie grundsätzlich zu begleiten. Selbiges Procedere ist übrigens nicht nur in Hotels üblich: Wenn Sie in einem Kaufhaus wie Nordstroms nach der Damenschuhabteilung fragen, wird man Sie wie ein Blindenhund ans Ziel führen.

Aber natürlich lief beileibe nicht immer alles nach Plan. Ich sollte schon bald herausfinden, was alles schiefgehen konnte.

Und selbstredend erinnere ich mich an meinen ersten Gast, den ich in ein anderes Hotel verfrachten musste – bei dem bloßen Gedanken an solche Situationen läuft es Hotelmanagern und Empfangsmitarbeitern eiskalt den Rücken hinunter. Usus ist nämlich, dass Hotels ihr Zimmerkontingent regelmäßig überbuchen. Die durchschnittliche Ausfallquote (Gäste, die in letzter Sekunde ihre Buchung stornieren oder einfach überhaupt nicht kommen) liegt bei 10 Prozent. Entsprechend sind Verkaufsabteilung und Reservierung angehalten, das Haus auf 110 Prozent zuzubuchen, damit die Bude trotz zu erwartender Stornierungen und Ausfälle bis unters Dach gefüllt ist.

Wenn jedes einzelne Bett belegt ist, kann man das zu Recht als optimale Auslastung bezeichnen. Passt alles zusammen, sind abends um elf noch fünf Zimmer frei, aber noch zehn Gäste überfällig, und wenn man am nächsten Morgen zum Dienst erscheint und nachfragt, erhält man zur Antwort:

»Voll ausgebucht!«

»Echt? Ohne Scheiß?«

Was aber passiert, wenn das Zahlenspiel nicht aufgeht? Tja, dann muss ein Gast dran glauben – und mit einem anderen Hotel vorliebnehmen.

Geriete ich selbst in eine solche Situation – insbesondere angesichts meiner momentanen Gehaltsklasse –, hätte ich ganz und gar nichts dagegen einzuwenden. Stellen wir uns das Ganze mal vor: Ich habe also Hotel A gebucht, aber die Verantwortlichen haben Mist gebaut und ihren Laden überbucht. Gegen fünf Uhr nachmittags hat das Management den Schlamassel bemerkt, vergleichbare Hotels in der Gegend kontaktiert und Zimmer reservieren lassen. Na schön, Hotel A hat sich nicht gerade mit Ruhm bekleckert, aber dafür übernehmen sie die Kosten für meine Übernachtung inklusive Steuer (plus ein Telefonat, ist das nicht süß?) und bezahlen natürlich auch den Transport, selbst wenn sich das andere Hotel nur ein paar Häuser weiter befindet.

Als ich einmal während des Marathon-Wochenendes in Boston war und in meinem Hotel einchecken wollte, erbleichte die junge Frau am Empfang, als ich meinen Namen nannte. »Oh, Mr Jacobs«, stammelte sie. »Einen Moment bitte, ich bin sofort zurück.« Kurz darauf trat irgendein Management-Heini (leicht zu erkennen: teurer Anzug, feine Krawatte, Nachname auf dem Namensschildchen) aus dem Büro hinter der Rezeption. In den Händen hielt er ein zusammengefaltetes Blatt Papier und musterte mich mit so düsterer Miene, als handele es sich dabei um den Totenschein meiner Großmutter. Doch ich wusste bereits, was er da in den Fingern hatte: das Schreiben, mit dem ich am Empfang vorstellig werden sollte. Dem Empfang von Hotel B, das sie als Ausweichquartier für mich vorgesehen hatten.

»Kein Platz mehr?«, fragte ich grinsend. »Ab in eine andere Hütte?« Jetzt waren sie komplett von der Rolle. Sie glotzten mich an, als hätten sie es mit einem Geistesgestörten zu tun.

»Ähm, nun ja, äh …«

»Bleiben Sie locker. Ich arbeite selbst in einem Hotel.« Sofort wich alle Besorgnis und Betretenheit aus ihren Gesichtern. Obendrein drückten sie mir sogar noch zwanzig Dollar fürs Taxi in die Hand. Ich ging zu Fuß. So sparte ich die dreihundertfünfzig Dollar für das Zimmer, und mit dem Zwanziger bezahlte ich die Cocktails an der Hotelbar. Nun ja, *einen* Cocktail; Hotel B war einfach schweineteuer.

Wie auch immer, so reagiert jemand in meiner finanziellen Lage. Aber die beklommenen Blicke der Empfangsmitarbeiter hatten durchaus ihren Grund.

Weil es da nämlich noch die Kantonisten gibt, die einen Affentanz sondergleichen aufführen. Ungläubig starren sie einen an. Manche fangen allen Ernstes an zu *weinen*. Nie, nie in ihrem Leben sei jemals so mit ihnen umgesprungen worden, was für eine bodenlose Frechheit! Und während sie sich in Rage reden, sitzt man direkt in der ersten Reihe.

»In Ihrem Etablissement bin ich definitiv zum letzten Mal gewesen!«

Unfassbar: Diese Leute haben gerade fünfhundert Dollar gespart und sind *außer sich vor Wut*.

Und irgendwann kam auch mein erstes Mal. Allerdings mit recht kurzem Vorspiel und ziemlich reduzierten Streicheleinheiten.

»Es tut mir aufrichtig leid, dass wir Ihnen Unannehmlichkeiten bereiten müssen, Mr Umagawa, aber wir haben bereits ein Ausweichquartier im Ritz-Carlton für Sie reserviert. Das Hotel befindet sich nur vier Blocks entfernt, und selbstverständlich übernehmen wir auch die vollen Unterbringungskosten.«

»Nein. *Nein.* NEIN! Wir haben Vertrag. Und Vertrag sein bindend!«

Im selben Moment begann seine Frau mich lauthals anzukeifen. Mein Kollege Andy, der mit mir zusammen Dienst am Empfang hatte, bekam alles aus nächster Nähe mit. Der Vorfall machte bald als Anekdote die Runde, und alle naselang musste Andy in der Personalcafeteria davon erzählen.

»Und dann fängt die Kuh an zu schreien, und wie! Halb auf Japanisch, halb auf Englisch, bis sie bloß noch einen Satz von sich gibt: ›Dann schlafen wir hier auf dem Boden! HIER AUF DEM BODEN! JA, AUF DEM BODEN!‹ Ihr Alter hyperventiliert vor Wut, aber dann hebt er plötzlich die Hand, damit sie endlich das Maul hält, und dann fängt er wieder mit seinem Vertrag an, er hätte 'nen gültigen *Vertrack*, und Tommy guckt total belämmert aus der Wäsche, während die beiden gemeinsam wie die Furien auf ihn einbrüllen: ›VERTRACK! SCHLAFEN HIER! VERTRACK SEIN BINDEND! AUF DEM BODEN!‹«

Als Trish schließlich aus ihrem Büro kam und das Erbärmliche aus nächster Nähe erlebte, beruhigte sie die beiden und organisierte ihnen ein Zimmer. In *unserem* Hotel.

Möglich, dass Sie mir selbst schon mal auf diese Tour gekommen sind, ich habe den Sermon jedenfalls schon tausendmal gehört: »Wie, Sie wollen mir erzählen, dass in diesem Hotel kein einziges Zimmer mehr frei ist? Wir haben noch nicht mal fünf Uhr nachmittags, und Sie wollen mir ernsthaft weismachen, in diesem verdammten Saftladen wäre kein einziges Zimmer verfügbar? Hören Sie bloß auf, mich zu verscheißern – Tommy.«

Haben Sie's bemerkt – die kurze Pause, die Art, wie er meinen vom Schildchen abgelesenen Namen angehängt hat? Was für ein Armleuchter. Wie schon erwähnt, in meinem Job bekommt man nur allzu genau vor Augen geführt, wie es zwischen Herren und Knechten läuft. Aber unser fiktiver Gast hat recht. Ich habe nämlich satte fünfundzwanzig freie Zimmer in der Hinterhand. Warum also wird Arschloch A nach Hotel B verschoben?

Dafür gibt es reichlich Gründe:

1. Er hat über Expedia zum Supersonderbilligtarif gebucht, ist also einfach nicht besonders wichtig.
2. Wir haben nachgesehen: Er ist noch nie zuvor bei uns abgestiegen und kommt womöglich sowieso nie wieder, egal wie lautstark er uns für die Zumutung verfluchen mag.
3. Er hat das Zimmer bloß für eine Nacht gebucht. Bei zwei Nächten wird es schon schwieriger, da wir ihn am nächsten Tag zurückholen müssten – und auf die Leidensmiene, mit der er uns dann auf die Nüsse gehen wird, können wir getrost verzichten.
4. Weil er sich wie eine Arschgeige aufführt. Klar, ich könnte einlenken: »Ich verstehe, Sir. Wäre es in Ordnung, wenn ich Sie in einem Doppelzimmer unterbringe – selbstverständlich ohne Aufpreis.« Aber das kann er vergessen. So wie er mir quer über den Tresen geifert. Und vor Obszönitäten nicht zurückschreckt.

»Das war auf jeden Fall das letzte Mal, dass ich Ihren Scheißladen beehrt habe – das ist Ihnen doch hoffentlich klar, oder?«

»Du kannst mich mal, fick dich ins Knie, und auf Nimmerwiedersehen«, sagte ich in Gedanken. Laut sagte ich: »Es tut mir außerordentlich leid, Sir. Ich kann mich an dieser Stelle nur persönlich bei Ihnen entschuldigen, und ich versichere Ihnen, dass wir beim nächsten Mal ein ganz besonderes Augenmerk auf Ihre Reservierung haben werden und Sie ein besonders komfortables Zimmer bekommen.« (Alles Blabla. Als würden wir uns noch mal mit einem Schwachkopf abgeben, der uns gegenüber den Rotzlöffel gegeben hat.)

Jedes Mal, wenn ich jemanden umquartieren musste, war das ein echter Alptraum für mich. Schließlich wollte ich den Gästen einen angenehmen Aufenthalt bereiten, ich war sogar bereit, auf mein Trinkgeld zu verzichten, und nun standen sie vor mir und keiften mich an. Es war das nackte Grauen.

Aber ich hatte ja keine Ahnung. Ein paar Jahre später, in einer anderen Stadt, verschob ich einmal fünfzehn Gäste zur selben Zeit. Und ich fing so an: »ALSO, ICH BITTE UM RUHE! HÖREN SIE MIR JETZT BITTE ZU!«

Tatsache war, dass es in unserem Luxushotel noch relativ ruhig zuging, aber damals fehlte mir der Vergleich. Vielleicht lag es auch daran, dass das warme Klima einen besänftigenden Einfluss auf unsere Gäste hatte.

Auch der eine oder andere Prominente stieg bei uns ab. So kam es zu meinen ersten Begegnungen mit Stars – wenn man denn von »Begegnungen« sprechen will.

»He, Paul McCartney ist zusammen mit Clarence auf der Bühne«, platzte Gordon mit weit aufgerissenen Augen heraus. »Wow, die spielen Beatles-Songs!«

»Kann jemand mal kurz für mich übernehmen?« Ich ging um den Empfangstresen herum und durch die Lobby in die Bistro Lounge. Wir hatten natürlich alle mitbekommen, wie Paul McCartney durch die Lobby marschiert war (ebenso wenig zu übersehen wie ein kanariengelber Bentley), und uns war klar, dass er wahrscheinlich erst mal einen Drink im Bistro nehmen und unseren Trompeter Clarence begutachten würde, einen lokalen Musiker aus dem neunten Bezirk, der bei uns jeden Abend mit seiner Jazz-Combo auftrat. Clarence war durchaus dem einen oder anderen Jazzfreak aufgefallen und bekam gute Kritiken in der *Times-Picayune.* Also, Paul wird von der Mucke regelrecht magnetisch angezogen und hockt sich an einen der Tische, um sich den Set anzuhören. Und jetzt steht er bereits auf der Bühne, um mit Clarence und seinen Jungs Beatles-Klassiker zum Besten zu geben? Unverkennbar drang seine Stimme an meine Ohren, während ich mich der Bistro Lounge näherte. In der Tür stand bereits ein regelrechter Pulk von Kollegen, doch dann trat mir John, der stellvertretende Empfangschef, in den Weg. »Der nächste Mitarbeiter, der das Bistro zu betreten versucht, ist seinen Job los. Tommy, ich werde nicht eine Sekunde zögern, dich fristlos zu feuern. Geh an deine Arbeit, aber *pronto!*« Ich ließ mich nicht lange bitten. Anschließend verhielten wir uns am Empfang so leise wie möglich, um die Musik aus der Lounge hören zu können.

John war stocksauer auf mich. Gerade mir, sagte er, hätte klar sein müssen, dass unser prominenter Gast, der ohnehin jede Menge Schaulustige anzog, nicht auch noch von Hotelangestellten belästigt werden wollte. Er hatte natürlich recht, aber wann kriegt man schon mal … Na gut, er hatte recht.

Während der nächsten zwei Wochen ließ mich John deutlich spüren, dass er persönlich von mir enttäuscht war. Allerdings arbeiteten wir auch nur noch jene zwei Wochen zusammen. Wie sich herausstellte, ging es in unserer Hotelkette zu wie bei der Army. Sie versetzten ihn nämlich an den Empfang eines Hotels in Cleveland (autsch!) und dann auch noch meine süße Trish nach Ägypten, die dort bei der Eröffnung einer neuen Luxushütte federführend sein sollte (*autsch!*). Kaum hatten wir den Laden hier einigermaßen im Griff, schoben sie unser halbes Team ab. Der neue Empfangschef hieß Chris Bourne, war um einiges älter als Trish, hatte aber leider nur halb so viel in der Birne. Und Andy ging der Verlust von John und Trish besonders zu Herzen.

Inzwischen hatte ich herausgefunden, dass er eigentlich gar kein so übler Typ war. Keine Frage, er konnte einem schwer auf die Nerven gehen, doch zumindest hatte er noch keinen Versuch unternommen, einen Kollegen zu erdrosseln. Außerdem hatte er durchaus Sinn für Humor.

Die Stimmung am Empfang war jetzt, nach einem Jahr, erheblich lockerer, und wir nahmen nicht mehr jede Kleinigkeit bierernst. An einem Dienstag, kurz nach Mittag, fand eine Feueralarmprobe statt, und während die Sirenen heulten, trat ein sichtlich beunruhigter älterer Herr zu uns an den Empfangstresen.

»Was ist denn los? Brennt es irgendwo?«

»Ein Brand?«, erwiderte Andy. »Nein, Sir.«

»Ja, aber was hat das alles zu bedeuten?«

»Ähm, nun ja, Sir ... SIE SIND UNSER MILLIONSTER GAST!! HERZLICHEN GLÜCKWUNSCH! IHR AUFENTHALT BEI UNS IST SELBSTVERSTÄNDLICH GRATIS!!!«

Obendrein entwickelte Andy eine neue Technik, um aufgebrachte Gäste zu besänftigen. Am Empfang hat man dauernd mit wutschnaubenden Kunden zu tun. Man kann versuchen, beschwichtigend auf sie einzuwirken, läuft dabei aber Gefahr, sie nur noch mehr auf die Palme zu bringen. Man kann einen auf selbstbewusst machen, die Schultern straffen und dem jeweiligen Gast versichern, dass man sich des Problems umgehend annehmen wird, doch das kann ziemlich unsympathisch rüberkommen. Also entwickelte Andy eine experimentelle Methode, die im Großen und Ganzen daraus bestand, einfach einen draufzusetzen, wenn ein rotgesichtiger Gast mit geschwollenen Stirnadern vor ihm stand.

»Ich bin gerade vom Mittagessen zurückgekommen, und mein Zimmer ist *immer noch nicht* aufgeräumt! Passiert das heute vielleicht noch mal? Oder hat hier niemand Lust zu *arbeiten?*«

»WAS?!«, presste Andy zwischen zusammengebissenen Zähnen hervor. »Das DARF JA WOHL NICHT WAHR SEIN, SIR. VERDAMMTE SCH... ALSO, SO LÄUFT DAS HIER BESTIMMT NICHT! Glauben Sie mir, Sir, jetzt ist ein für alle Mal SCHLUSS MIT LUSTIG! DAS VERANTWORTLICHE ZIMMERMÄDCHEN KANN SICH NOCH HEUTE NACH EINEM NEUEN JOB UMSEHEN!«, brüllte er, schlug mit der Faust auf den Empfangstresen und riss das Telefon aus der Station.

Damit nahm er dem Zeterer sämtlichen Wind aus den Segeln. Der Typ hob abwehrend die Hände. »Nein, nein, so schlimm ist es nun auch wieder nicht. Kann mein Zimmer nicht einfach jetzt aufgeräumt werden?«

Es gibt tausend Möglichkeiten, sich zu beschweren, tausend Möglichkeiten, Probleme aus der Welt zu schaffen. Würde ich Ihnen in dieser Hinsicht raten, einem Angestellten die Hölle heißzumachen? In tausend Jahren nicht.

Ich würde Ihnen Folgendes raten: Versuchen Sie zuallererst, möglichst präzise darzulegen, wo der Schuh drückt (Ihnen wurde ein höherer Tarif berechnet als zugesagt / Ein Page hat sich gegenüber Ihrer Frau danebenbenommen / Jemand hat den Pizzakarton in Ihrem Badezimmer entsorgt, obwohl noch ein letztes Stück Pizza übrig war). Dann wäre es hilfreich, wenn Sie die von Ihnen favorisierte Problemlösung spezifizieren könnten (Ich will das Zimmer zum ursprünglichen Buchungspreis / Knöpfen Sie sich den Pagen vor / Teufel auch, vergessen Sie endlich das verdammte Stück Pizza!). Und obwohl der Empfang durchaus die richtige Adresse für Ihre Klagen ist, ob Sie sich nun in persona oder telefonisch beschweren, sollten Sie sich stets bewusst sein, dass Ihre Probleme nicht von den Leuten am Empfang verursacht worden sind. Also: Schildern Sie Ihr Anliegen, lassen Sie hören, wie man Ihr Problem beheben könnte, und dann fragen Sie, in wessen Zuständigkeitsbereich es fällt, etwa: »Kann mir der Geschäftsführer vielleicht weiterhelfen – oder das Housekeeping?« Wunderbare, sinnvolle Fragen, die Sie mit Sicherheit weiterbringen. In den meisten Fällen wird Ihnen der jeweilige Empfangsmitarbeiter schnell weiterhelfen können oder zumindest als Mittler fungieren und den Grund Ihres Unmuts an die Zuständigen weiterleiten. Sie wollen sichergehen, dass der von Ihnen angesprochene Empfangsmitarbeiter sich tatsächlich um Ihr Anliegen kümmern wird, statt bloß zu nicken und die Sache umgehend wieder zu vergessen? Werfen Sie einen Blick auf sein Namensschildchen, das lässt ihm garantiert den Arsch auf Grundeis gehen. Sie müssen keine Drohungen ausstoßen oder unfreundlich werden. Es reicht ein beiläufiges »Besten Dank. Ich erkundige mich dann später noch mal, ob alles geklappt hat. Tommy, richtig?« Ich werde Ihnen jeden Wunsch erfüllen, verlassen Sie sich drauf.

Nur lassen Sie Ihre Wut außen vor, so stinksauer Sie auch sein mögen. Vergessen Sie nicht, dass wir uns in einem Hotel befinden; niemand hat etwas persönlich gegen Sie. Also, hier eine kleine Faustregel, die das Leben ungemein erleichtert: Ein kultivierter Mensch sollte seinen Frust tunlichst nicht an Leuten auslassen, die gar nichts damit zu tun haben.

Aber wird es Sie weiterbringen, wenn Sie den Mann am Empfang zur Schnecke machen? Nun ja, wahrscheinlich. Auch wenn der schimpfende Gast mächtig zurückgerudert war, nachdem Andy noch lauter geschimpft hatte, rief er trotzdem anschließend beim Housekeeping an, damit das beanstandete Zimmer schleunigst auf Vordermann gebracht wurde. In jenem Augenblick trat Mark, unser jüngster Page, aus dem Aufzug. Mit gesenktem Kopf stand er mitten in der Lobby und starrte auf seine Schuhe. Zwei Minuten zuvor hatte ich ihn nach oben in eine Luxussuite geschickt, damit er einer Familie beim Auschecken half, doch nun stand er wieder hier unten und atmete schwer, den Blick auf den Marmorboden gerichtet.

»Mark, was ist los? Alles okay?«

»Ich halte das nicht mehr aus. Ich bin nach oben gefahren und habe angeklopft. Und dann öffnet ein kleines weißes Mädchen, so etwa zehn Jahre alt, herausgeputzt mit so 'nem schicken Modekleidchen. Ich frage, ob ich das Gepäck schon mal runterbringen soll, und in dem Moment dreht sich die Kleine um und ruft: ›Mommy, Mommy, der Diener ist da!‹«

»Und dann?«, fragte Gordon.

»Ich bin gegangen. Ich bin doch kein Diener. Das war's, Gordon. Tommy, ich kündige.« Er nahm sein Namensschild ab und legte es auf den Empfangstresen. »Sorry, Jungs. Macht's gut. Schöne Grüße an Chuck, sagt ihm, dass es mir leidtut.«

Keine Stunde später wollte Chuck mich sprechen. Ich nahm ihm gegenüber in dem Ledersessel Platz, auf dem ich schon einmal gesessen hatte.

»Tommy, Tommy, Tommy.«

»Chuck, Chuck, Chuck.«

»Gut gekontert. Tja, und wie läuft's so?«

»Inwiefern, Sir?«

»Na, auf Ihrem neuen Posten.«

»Ich glaube, ich mache mich ganz gut am Empfang. Ich gebe mein Bestes, Sir.«

»Und wie stehen Sie zu unserem Business an sich? Könnten

Sie sich vorstellen, in der Hotellerie Karriere zu machen?« Irgendwie wirkte er abgelenkt, schraubte unablässig an einem Hotelkugelschreiber herum.

»Ja, Sir.«

»Ich vertraue Ihnen, Tommy. Und ich würde Ihnen gern ein Angebot machen. Am Empfang ist jedenfalls Schluss für Sie. Wie mir zu Ohren gekommen ist, lassen Sie es da unten mittlerweile genauso locker angehen wie die anderen … von wegen blöde Witzchen und so.«

»Oh, ich hoffe, ich habe niemanden …«

»Keine Sorge, das ist ganz normal. Der Job ist Ihnen einfach eine Nummer zu klein geworden. Also, wir haben momentan zwei freie Arbeitsplätze – Sie müssen nur entscheiden, welchen Sie wollen, Tommy. Sie haben sicher mitbekommen, dass gerade eine Stelle als Page frei geworden ist. Sie könnten sofort loslegen, Sie haben es ja sowieso drauf mit den Gästen. Oder …«

»Oder?«

»Oder Sie werden unser neuer Housekeeping Manager für die Spätschicht. Planung, Koordination, Logistik und so weiter und so fort. Hundertfünfzig Mitarbeiter, also schon die etwas größere Nummer.«

»…«

Will heißen: Mir blieb der Mund offen stehen.

Aber ich hatte mich nicht verhört. Er wollte mich zum Abteilungsleiter befördern. Meine Gedanken schweiften zurück zur Eröffnungsparty unseres Hotels. Ich hatte es bereits ziemlich weit gebracht, und nun war ich im Begriff, gleich mehrere Sprossen auf der Rangleiter zu überspringen. Wenn ich den Job als Housekeeping Manager erst mal eine Zeitlang gemacht hatte, konnte ich vielleicht in einem kleineren Haus als Empfangschef einsteigen – ein Klacks nach all dem, was ich hier schon erlebt hatte. Danach würde ich vielleicht irgendwo als Housekeeping Director reüssieren, dann an anderer Stelle zum Director Sales & Rooms aufrücken und irgendwann als stellvertretender Hoteldirektor alle Fäden in der Hand haben. Spätestens in zehn Jahren würde ich dann selbst im Chefsessel sitzen und persönlich die Geschicke eines Hotels von ganz oben lenken – in einer Stadt meiner Wahl, klare Sache.

»Gut, reden wir übers Geld. Als Housekeeping Manager sind Sie jeden Tag mindestens zehn Stunden im Dienst und beziehen ein festes Gehalt. Rein stundenlohntechnisch gesehen würden Sie weniger verdienen als jetzt. Für Ihre Anzüge müssen Sie selbst aufkommen. Der Job ist körperlich belastend, und bei so viel Personal gibt es immer wieder mal Theater – kurz gesagt, eine echte Herausforderung. Als Page würden Sie Ihre Bezüge verdoppeln und weiterhin die üblichen Acht-Stunden-Schichten schieben. Und das Beste: Sie tragen null Verantwortung.«

»Sie meinen, ich soll die Stelle als Page nehmen?«

»Falls Sie sich dafür entscheiden, werden Sie nie wieder etwas anderes tun. Traurig, aber wahr. Zeigen Sie mir einen Zwanzigjährigen, der als Page anfängt, und ich zeige Ihnen einen siebzigjährigen Pagen, der vor fünfzig Jahren angefangen hat. Man gewöhnt sich an die Kohle, und jeder weitere Schritt auf der Karriereleiter hat finanzielle Einbußen zur Folge. Und wer will das schon in Kauf nehmen?«

»Housekeeping«, sagte ich. »Ich kriege das hin. Ich würde den Job gern übernehmen.«

»Prima, mein Lieber.« Er schlug mit der flachen Hand auf den Schreibtisch. »Dann sind Sie soeben zum Manager befördert worden. Tja, es wird sich eine ganze Menge ändern für Sie. Nicht nur unser Verhältnis, auch Ihre Kollegen werden Sie mit ganz anderen Augen sehen. Jede Wette, dass Sie Ihre

Entscheidung noch bereuen werden, Tommy. Also, Montagmorgen um neun findet unser Manager-Meeting im River-View-Konferenzraum statt. Erscheinen Sie bitte im Anzug. Packen wir's an.«

KAPITEL 3

»*Hört mir gut zu, verdammt noch mal*«, zischte Chuck die versammelte Mannschaft im Konferenzraum an. »Unsere Belegzahlen gehen rapide in den Keller. Wir *kacken ab*, und warum? Hat jemand eine Ahnung, warum? Weil es in der ganzen Stadt nur einen einzigen anderen Laden gibt, wo die Zimmerpreise noch höher sind, und zwar im New Orleans Charity Hospital. Also, Sales & Marketing: Wir müssen die Preise senken. Weil wir AUF GÄSTE ANGEWIESEN SIND! SONST KÖNNT IHR DEMNÄCHST EUREM ALTEN KOLLEGEN JOHN IN CLEVELAND GESELLSCHAFT LEISTEN! Ist das so weit klar?«

Heiliger Strohsack. Mr Daniels war auf hundertachtzig. Und niemanden schien es besonders zu überraschen. Er hielt inne und sah zum Fenster hinaus. Der Konferenzraum befand sich in der vierzehnten Etage, hoch über den anderen Gebäuden des French Quarter, hinter denen sich der Mississippi wie ein fettes braunes Band dahinschlängelte.

»Übrigens«, fuhr Chuck in ruhigerem Ton fort, den Blick nach wie vor aus dem Fenster gerichtet. »Das ist Tommy Jacobs, der neue Housekeeping Manager für die Spätschicht. Tommy, das ist Terrance, unser Housekeeping Director. Der Junge hat's drauf, Terrance. Pass auf, dass er nicht demnächst auf deinem Stuhl sitzt.« Er nahm wieder den Konferenztisch ins Visier, um den die Manager aller Abteilungen des Hauses herumsaßen. Diese morgendlichen Meetings dienen dem Zweck, alle Abteilungsleiter auf den gleichen Wissensstand zu bringen. Hier kann der Empfang das Housekeeping darüber unterrichten, dass alle Doppelbettzimmer reserviert sind und die Zimmermädchen sie schnellstmöglich auf Vordermann bringen sollen, und hier bietet sich den Strategen vom Marketing die Gelegenheit, so zu tun, als verstünden sie irgendetwas vom Hotelgewerbe, obwohl sie tatsächlich völlig ahnungslos sind.

»Also, an die Arbeit«, sagte Chuck nachdrücklich. »Kümmert euch um die Zimmerauslastung. Das ist das Einzige, was in unserem Geschäft zählt: Gäste, Gäste, Gäste.«

Und damit erhoben wir uns alle. Nachdem er Terrance noch gebeten hatte, mir später meine neue Abteilung zu zeigen, bedeutete er mir, wieder Platz zu nehmen. Die anderen verließen nacheinander den Raum. Dann waren wir allein.

»Na, wie war ich?«

»Ganz schön einschüchternd, Mr Daniels.«

»Hoteldirektoren haben für gewöhnlich zwei Gesichter. So ähnlich wie der Präsident. Das Volk muss ihn lieben – in unserem Fall das Personal. Aber sein Kabinett muss ihn fürchten – in unserem Fall die Abteilungsleiter. Es geht sozusagen darum, in der Öffentlichkeit Babys zu herzen und hinter verschlossenen Türen Schädel einzuschlagen. So viel dazu. Terrance erwartet Sie in der 24. Etage.«

Die 24. Etage hatte ich noch nie betreten. Sie gehörte zum Club-Level, das im 19. Stock begann; für jedes Stockwerk benötigte man eine Extraschlüsselkarte. Da ich keine besaß, musste ich den Fahrstuhl im 19. Stock verlassen und dann die Treppe nehmen. Zwar hätte ich den Angestelltenlift benutzen können, doch irgendwie kam mir der Gedanke befremdlich vor, nachdem ich am Empfang bislang sozusagen immer in der ersten Reihe gestanden hatte. Und jetzt war ich drauf und dran, ins Herz des Hotels vorzudringen.

Nicht jedes Luxushotel hat ein Club-Level, aber wenn Sie die Option und das nötige Kleingeld haben, lohnt es sich durchaus, den Preis dafür zu zahlen. Es ist, als würden Sie erster Klasse fliegen. Sobald der Portier Ihren Namen erfahren hat (idealerweise kennt er Sie noch von Ihrem letzten Aufenthalt), checkt er kurz die Club-Level-Gästeliste, die er jeden Morgen neu erhält und oft mit Klebeband in seinem albernen Zylinder befestigt, um so diskret wie irgend möglich vorgehen zu können. Ebenso diskret informiert er anschließend den Empfang, der sich wiederum umgehend mit dem Club-Level in Verbindung setzt, damit der Club-Level-Gast standesgemäß empfangen werden kann. Wenn Sie sich ein Zimmer mit Club-Level-Nutzung leisten können, werden Sie meist schon bei der Buchung nach Ihrem Lieblingscocktail gefragt; sobald der Club-Level-Service von Ihrer Ankunft erfährt, wird auch schon Ihr Drink zubereitet. Wartezeiten oder Gedränge am Empfang brauchen Sie selbstverständlich auch nicht in Kauf zu nehmen, der Portier bringt Sie direkt zum Fahrstuhl, wo Sie der Liftboy – schwupps! – in die 20. Etage eskortiert. Sobald sich die Fahrstuhltüren öffnen, werden Sie mit Ihrem Cocktail und einem heißen Oshibori-Tuch begrüßt. Alles Weitere übernimmt dann Ihr persönlicher Concierge.

In der Club-Lounge stehen Ihnen ständig frische Snacks und Leckereien zur Verfügung, vom einfachen, aber reichhaltigen Frühstück über Horsd'œuvres und Appetithäppchen bis hin zu verschiedensten Desserts. Zudem können Sie sich lang und schmutzig aus den prächtigen, mit edlen Tropfen gefüllten Kristallkaraffen bedienen. In der Lounge der Kategorie A benötigen Sie etwa drei Stunden, um den Zimmeraufschlag wieder wettzumachen. Auf dem Club-Level haben

Sie die Kohle bereits nach drei Wodka Tonic und ein paar Kanapees wieder reingeholt, aber richtig zu rechnen beginnt sich das Ganze erst nach der ersten Übernachtung. Und deshalb handelt es sich auch nicht unbedingt um eine Suite oder ein Zimmer mit Panoramafenster, wenn es ums beste Upgrade geht. Aber wie kommen Sie an die Schlüsselkarte, mit der Sie Zugang zu diesen Sphären erhalten? Wie sichert man sich ein derartiges Upgrade? Tja, liebe Gäste, da muss ich Sie noch ein wenig auf die Folter spannen.

In der 24. Etage war Terrance gerade dabei, einem Zimmermädchen die Leviten zu lesen. Als ich näher kam, warf er mir einen kurzen Blick zu, tat dann aber so, als hätte er mich nicht gesehen, und schnauzte sie an, Mülltüten hätten im oberen Fach ihres Housekeeping-Wagens nichts zu suchen, außerdem solle sie gefälligst ein Auge darauf haben, dass die Zimmer-Extras nicht alle durcheinandergerieten. Und als ich den Wagen kurz näher in Augenschein nahm, erhielt ich Einblick in meine neue Welt – eine Welt, die nur so mit Extras gespickt war.

Wahnsinn, Extras über Extras, im Hoteljargon auch *Amenities* genannt. Von Duschhauben bis zu Schuhlöffeln, lauter gutverpackte Dinge, die nachgerade zum gepflegten Klau einladen. Also nur zu, wenn Sie irgendwo einen unbeaufsichtigten Wagen sehen. Packen Sie sich die Taschen voll mit Mandelbutter-Handcreme und Guaven-Gesichtslotion, am besten je gleich drei auf einmal, und dann nichts wie weg! Und wenn man Sie doch erwischen sollte, sagen Sie einfach, Ihnen wäre das Shampoo oder noch besser das *Toilettenpapier* ausgegangen. Sie hätten niemandem Umstände bereiten wollen und sich deshalb selbst bedient. Sehen Sie es so: Diese Extras sind für *Sie*. Sie *gehören* Ihnen. Es ist einzig und allein Ihre Sache, wenn Sie sich beim Haarewaschen fünfzehn Fläschchen

Lavendelshampoo über den Schädel kippen, und kein Mensch wird deshalb Diskussionen mit Ihnen anfangen.

Schließlich hörte Terrance auf, das Zimmermädchen zu maßregeln, und stellte mich vor. »Nancy, das ist unser neuer Turn-down-Manager, Tommy. Du wirst tun, was er dir sagt. Und jetzt räum deinen verdammten Wagen auf.«

Nancy war eine reizende alte Lady: schwarz, sogar noch schwärzer als Terrance, eine gedrungene kleine Frau mit aufgetürmtem grauem Haar und Grübchen in den Wangen. Trotz Terrance' Tirade lächelte sie und drückte mir die Hand, ehe sie sich um die umgefallenen Shampoo-Fläschchen auf ihrem Wagen kümmerte.

Ich war gerade mal eine Minute dabei, und schon konnte ich meinen Vorgesetzten nicht leiden. Ich war mir nicht sicher, was für ein Manager ich sein würde, aber ich hatte ganz bestimmt nicht vor, mich in ein Arschloch zu verwandeln.

Terrance führte mich durch die Etagenflure und checkte unterwegs auf seinem Klemmbrett, welche Zimmer frei waren. Doch auch wenn sie frei waren, klopfte er vorher an, ehe er seinen gelben Master Key in den Schlitz steckte und mir die Räume zeigte.

»Der Job ist kinderleicht.« Er betonte das letzte Wort, indem er mit dem Klemmbrett gegen die geschlossene Faust klopfte. »Ein Auge fürs Detail, das ist das Wichtigste. Staubfreie Fußbodenleisten. Perfekt aufgezogene Laken. Frisch gesaugter, fleckenloser Teppichboden. Streifenfrei geputzte Spiegel und Fenster. Vorn eingefaltetes Toilettenpapier. Hier.«

Er reichte mir eine Muster-Checkliste, ehe er mit seiner Arbeit fortfuhr und nacheinander die einzelnen Punkte abhakte.

»Nancy ist eins unserer besten Zimmermädchen. Deshalb ist sie auch für die beiden obersten Etagen im Club-Level zuständig. Ich mach ihr die Hölle heiß, weil ich jedem die Hölle heißmache. Dir werde ich auch noch zeigen, wo der Hammer hängt.«

»Freu mich schon drauf.«

»Meinst du, das wär 'n Witz?«

»Nee, nee, schon verstanden.«

Während er eine weiße Tür aufstieß, hinter der sich eine der Wäschekammern befand, wandte er sich plötzlich zu mir um. Er war einer dieser Typen, die im Fitnessstudio grunzend und keuchend Gewichte stemmen – und anschließend noch mieser drauf sind als zuvor. An seinem Hals pulsierte eine fette Vene, und zwar derart heftig, als wäre sie mit scharfer Sauce gefüllt.

»Willst du dich mit mir anlegen?«

»Nein, Sir.«

»Du hast hier als Parkhilfe angefangen, stimmt's? Ich hab mich nämlich nach dir erkundigt. Aber nur weil die Jungs unten dich für 'nen Weißen ganz cool finden, heißt das noch lange nicht, dass du hier bei mir 'nen Freifahrtschein hast. Also, deine blöden Spielchen kannst du dir sparen. Und lass dich nicht von diesem Anzug täuschen. Wie auch immer, wenn du deine Arbeit anständig erledigst, wird's auch keine Probleme zwischen uns geben.«

Von wegen. Die Probleme waren vorprogrammiert.

Auf unserer Tour durch das Hotel – vom Club-Level bis hinunter in den ersten Stock – bekam ich in den Zimmern, die wieder auf Vordermann gebracht werden mussten, so einiges zu sehen: leere Einkaufstüten, kalte, ketchupgetränkte Fritten auf dem Teppichboden, ein benutztes Kondom, das offenbar vom Bett aus quer durch den Raum gefeuert worden war und nun schlaff über dem Rand des Abfalleimers hing, versiffte Bettlaken, umgekippte Bierflaschen, einen Haufen blutiger Handtücher, die jemand schamhaft hinter einer Badezimmertür deponiert hatte, und jede Menge Müll, den unsere vornehmen Gäste hinterlassen hatten. Während wir Wagen um Wagen passierten, sahen wir natürlich auch die Zimmermädchen, wie sie in den Badezimmern knieten, Toiletten schrubbten, Essensreste und anderen Unrat entsorgten, Spiegel polierten, staubsaugten und all jene Aufgaben verrichteten, die man gemeinhin unter dem Begriff »Putzen« zusammenfasst.

Und schon bald war ich auch mit den Tricks und Kniffen der Zimmermädchen vertraut. Zum Beispiel verpassten sie Kissen einen soliden Karateschlag, um sie dann, halb gefaltet, blitzschnell in den Bezug zu stecken. Und haben Sie eine Ahnung, wie man einen Spiegel wirklich blitzblank kriegt, ohne dass auch nur ein winziger Streifen zurückbleibt? Mit Glasreiniger? Von wegen. Mit Möbelpolitur. Einfach schön dick aufsprühen, gründlich verreiben, und schon können Sie sich in einem makellosen, streifenfreien Spiegel bewundern. Trotzdem würde ich Ihnen nicht raten, es zu Hause auszuprobieren; so reinigt man Spiegel zwar rasch und effektiv, mit der Zeit aber bildet sich eine wächserne Schicht, die man so schnell nicht wieder abkriegt. Natürlich hätten die Mädels es sich nicht im Traum einfallen lassen, Terrance in ihr Verfahren einzuweihen – der wäre garantiert durchgedreht. Hinter ihr anderes schmutziges Geheimnis kam ich erst einige Zeit später, als ich mal dieses, mal jenes Zimmermädchen mit Möbelpolitur in der einen und einem Minibar-Glas in der anderen Hand ertappte. So »säuberten« sie allen Ernstes die *Trinkgläser*! Tja, haben Sie schon mal Spülmittel auf einem Housekeeping-Wagen gesehen? Mit heißem Wasser und einem Gästehandtuch geht es genauso gut, und manche Zimmermädchen arbeiten noch mit Politur nach, aus purer Angst, vielleicht wegen eines fleckigen Glases auf die Straße gesetzt zu werden. Wundern Sie sich bei Ihrem nächsten Hotelbesuch also nicht, falls das Wasser, das

Sie sich gerade eingeschenkt haben, einen leichten Limonengeschmack hat – das ist bloß die Möbelpolitur. Nun ja, immer noch besser, als aus einem Glas zu trinken, das womöglich vorher mit einem gebrauchten Handtuch ausgewischt wurde.

Wie auch immer, nach unserer Tour hatte ich so viel gesehen, dass ich mich wie erschlagen fühlte. Ich war überwältigt, aber stolz. Vor lauter geschwellter Brust wich das Grinsen so gut wie nie aus meinem Gesicht, obwohl es sich gleichzeitig anfühlte wie im Sinkflug.

Und am nächsten Morgen holte mich die Realität, das schiere Ausmaß meines neuen Betätigungsfelds dann vollends ein. Als ich morgens um halb neun das Housekeeping-Büro betrat – es war so groß wie ein Konferenzraum –, schallte mir der Lärm von zweihundert quasselnden, lachenden Zimmermädchen entgegen.

Neben den Zimmermädchen gibt es noch zwei weitere untergeordnete Positionen im Housekeeping. Jeder Etage sind meist ein oder zwei Etagendiener zugeordnet, die den Mädels beispielsweise dabei helfen, die schmutzige Bettwäsche abzuziehen und aus dem Zimmer zu bringen. Sie saugen die Flure, stocken die Bestände in den Wäschekammern auf und erledigen Hol- und Bringdienste. Wenn Sie etwa ein Extrapaar Hausschuhe oder ein Beistellbett benötigen, besteht die hohe Wahrscheinlichkeit, dass Sie Bekanntschaft mit einem Etagendiener machen. Und apropos Hausschuhe: Drücken Sie dem Etagendiener ein paar Dollar in die Hand, wenn er sie abliefert, und dann bitten Sie ihn, noch fünf oder zehn Paar zu bringen – schicke, in Plastik verpackte Hausschuhe mit Hotel-Logo sind schließlich ein ideales Mitbringsel für Leute, die einem seit jeher am Arsch vorbeigehen, Arbeitskollegen zum Beispiel. Und dann achten Sie mal drauf, wie schnell er wieder da ist. Sobald Sie dem Etagendiener ein paar Scheine gegeben haben, können Sie von ihm haben, was Sie wollen: zehn Fläschchen Ihrer Lieblingskörperlotion, eins von diesen Extrakissen, die man auch im Flieger gut gebrauchen kann, Q-tips und Wattebäuschchen, Fusselrollen, Nagelfeilen und was die Housekeeping-Bestände sonst noch so hergeben. Wenn sich erst mal herumgesprochen hat, dass Sie jedes Mal ein paar Scheine rüberwachsen lassen, besorgen Ihnen die Jungs auf Anfrage auch Raubkopien der neuesten DVDs. Die haben ihre Quellen, verlassen Sie sich drauf.

Die unterste Rangstufe im Housekeeping haben die Reinigungskräfte inne. Sie sind dafür zuständig, die Lobby, die Konferenzräume und die Gästetoiletten sauber zu halten. Und innerhalb dieser Gruppe gibt es dann noch die Jungs von der Putzkolonne, deren Job darin besteht, Büros, Verwaltungsräume, Korridore, Personal-WCs und Mitarbeiter-Cafeteria blitzblank zu halten.

Die Putzmänner haben den schlimmsten Job. Was Gäste hinterlassen, stinkt manchmal echt zum Himmel, aber Angestellte verhalten sich wirklich wie die Schweine. An schlechten Tagen sieht es auf Personaltoiletten wie auf dem Bahnhofsklo aus. Wir hatten zwei Putzmänner, die beide körperlich behindert waren. Der eine hieß Charlie, ein Riese von einem Mann, der einst Star-Quarterback an der Louisiana State University und bei den New Orleans Saints im Gespräch gewesen war, bis er und sein Bruder, ein stadtbekannter Dealer, eines Nachts während einer Autofahrt im achten Bezirk mit einer Kalaschnikow beschossen wurden. Sein Bruder war auf der Stelle tot, Charlie selbst von mehreren Kugeln im Beckenbereich und von einer im Kopf getroffen worden. Er hatte nie wieder ein Spiel gemacht. Über seine rechte Schädelhälfte zog sich eine Narbe, so breit wie sein Lächeln, und er hatte ein verdammt breites Lächeln, voller Sanftmut und Freundlichkeit. Das Beste war, dasss ihn alle immer noch wie einen Star-Quarterback behandelten. Auf den Gängen flogen die Klorollen nur so hin und her, wenn Terrance gerade nicht in der Nähe war, um in aller Schärfe darauf hinzuweisen, dass Klopapier nicht zum Footballspielen gedacht war.

Der zweite Putzmann war Roy, als Weißer eine echte Ausnahme im Housekeeping. Er war als Jugendlicher an Polio erkrankt; er hinkte, und seine Bewegungen waren eckig und schleppend, doch sein Oberstübchen funktionierte bestens. Zwar war er schwer zu verstehen, aber wenn man erst mal ein Ohr für sein Genuschel entwickelt hatte, bekam man mit, wie cool und schlagfertig er war. Terrance verstand immer nur Bahnhof.

»Na, Roy, wie läuft's?«

»Würde besser laufen, wenn ich deine Alte nageln könnte, statt hier Toiletten zu putzen.«

Für Terrance war es bloß Gebrabbel. Die meisten von uns aber verstanden jede einzelne Silbe und hielten den Atem an.

»Okay.« Terrance spannte genervt die Halsmuskeln an. »Kommst du auch zur Weihnachtsfeier?«

»Garantiert«, gab Roy zurück. »Und vergiss nicht, deine Alte mitzubringen.«

Doch bevor ich an meinem ersten Morgen als Housekeeping Manager überhaupt jemanden kennenlernte, fühlte ich mich erst einmal hoffnungslos überfordert. Jeden Morgen um halb neun versammelten sich die Zimmermädchen, um die Listen mit den Zimmern entgegenzunehmen, die von ihnen gereinigt werden sollten. Ansonsten gab es die üblichen allgemeinen Instruktionen und ein paar ebenso schwache wie nutzlose Versuche, die Mädels auf den Firmengeist einzuschwören. Jeden Morgen schwadronierte Terrance aufs Neue über Details, Details, Details, unterstrich seine Worte durch exzessiven

Gebrauch seines Klemmbretts und rieb den Mädels unter die Nase, wie »kinderleicht« ihr Job doch sei.

Ich sagte hallo zu Nancy, der kleinen alten Lady vom Club-Level. Sie tätschelte meine Hand und meinte, ich solle nicht nervös sein wegen der vielen Leute, mit der Zeit würde ich schon alle kennenlernen.

Mit der Zeit war nicht schnell genug. Immerhin hatte ich die Aufsicht über hundertfünfzig Zimmermädchen, die sich in ihren Uniformen größtenteils zum Verwechseln ähnlich sahen, mal ganz abgesehen davon, dass sie andauernd ihre Namensschildchen verloren oder vertauschten – vielleicht sogar absichtlich, um mir das Leben schwerzumachen.

»Ist das Zimmer hier bis drei fertig, Donna?«

»Donna? Ich heiße Debra, hören Sie mal zu, neuer Manager …«

»Oh, sorry. Und warum tragen Sie dann Donnas Namensschild?«

»Was soll denn die rassistische Scheiße? Sie sollten *sich was schämen*, Tommy.« Aber dann grinste sie. »War nur ein Witz, Baby. Und das Zimmer ist auch so weit fertig.«

»Super. Danke, Debra. Im Foyer warten nämlich schon ein paar Reisegruppen, die zum Mardi Gras gekommen sind.«

Während des Mardi Gras ging auf den Zimmern die Post ab. Ein paar Gäste hatten eine Suite mit einer freistehenden Badewanne mit Löwenfüßen gebucht, ein Feuerchen darunter entzündet und versucht, sie zur Fritteuse umzufunktionieren. Die meisten anderen Wannen wurden ebenfalls zweckentfremdet, mit Eis und Bier gefüllt – eine Einladung für die Etagendiener, sich ein, zwei Fläschchen hinter die Binde zu kippen. Zudem hatten sie kein Problem damit, sich einfach aus der Minibar zu bedienen.

Minibars. Die meisten Leute regen sich über die Preise

auf. Aber Komfort kostet eben. Wenn Sie sich wie zu Hause fühlen wollen, müssen Sie dafür einen oder zwei Scheine extra hinlegen – und natürlich handelt es sich um pure Abzocke. Aber was auch immer sich in der Minibar befinden mag: Sie müssen dafür nicht zahlen. Nur damit Sie das nicht überlesen, schreibe ich es Ihnen hiermit noch mal kursiv auf: *Alles aus der verdammten Minibar kriegen Sie gratis.* Warum? Weil es bei den Minibar-Abrechnungen permanent Diskussionen mit Gästen gibt. Und zwar wegen der extrem hohen Fehlerquote. Die traditionelle Minibar – inzwischen gibt es auch Minibars mit Sensoren, die festhalten, welcher Inhalt wann entnommen wurde – wird etwa einmal am Tag von einem Bediensteten gecheckt, der einen Wagen voller Snacks durch die Hotelflure schiebt. Im Gegensatz zum öfter unbeaufsichtigten Wagen eines Zimmermädchens, der zur Selbstbedienung einlädt, werden Sie niemals einen Minibar-Wagen ohne den dazugehörigen Minibar-Kontrolleur zu Gesicht bekommen. Überhaupt sieht man diese Kontrolleure nur sehr selten. Sie sind wie Tunnelmenschen. Sie spähen in den Kühlschrank und checken, ob etwas *nicht mehr vorhanden* ist. Wenn ja, ersetzen sie es und vermerken dies auf ihrer Liste. Diese Liste gerät schließlich in die Hände eines anderen, ebenso fehlbaren Menschen, der die konsumierten Snacks und/oder Getränke auf die jeweilige Rechnung setzt. Haben Sie eine Ahnung, wie viele Fehler sich bei diesem Arbeitsablauf einschleichen können? Vielleicht hat der Kontrolleur übersehen, dass die Cashewnüsse bereits am Montag verzehrt wurden, was er aber erst am Dienstag bemerkt, worauf sie Ihnen am Mittwoch auf die Rechnung gesetzt werden, obwohl Sie erst vor fünf Minuten eingecheckt haben. Eingabefehler, Nachschubprobleme, Fehlbestückung und Dutzende anderer Faktoren führen immer wieder dazu, dass Minibar-Abrechnungen storniert werden müssen. Ich jedenfalls pflege die Rechnung bereits zu stornieren, ehe jemand den Satz »Aber ich hatte gar nichts aus der Minibar« überhaupt zu Ende gebracht hat, einfach um uns beiden das Leben zu erleichtern. Und genau das ist auch der Grund, warum Ihnen die Minibar gratis zur Verfügung steht.

Probieren Sie's mal. Genehmigen Sie sich einen Whiskey und ein Ginger Ale, und dann schieben Sie noch eine Toblerone hinterher. Falls Sie eine direkte Konfrontation beim Check-out scheuen, rufen Sie einfach an der Rezeption an und erklären, Sie hätten sich Ihre Rechnung auf dem TV-Bildschirm angesehen und festgestellt, dass damit etwas nicht stimmt. Es ist wirklich so einfach. Sie müssen sich auch kein Alibi ausdenken oder erzählen, dass Ihr Hals schon anschwillt wie der eines Ochsenfroschs, wenn Sie eine Mandel auch nur von weitem sehen.

Niemals wird Sie ein Hotelangestellter der Lüge bezichtigen, darauf lässt es kein respektables Management ankommen. Glauben Sie ernstlich, ein seriöser Hotelier würde Ihren Abfall nach M-&-M-Packungen durchstöbern? Sollte tatsächlich ein Empfangsmitarbeiter die Dreistigkeit besitzen, Ihnen Lügen zu unterstellen, sind Sie in einem schlechten Hotel gelandet – oder zumindest an einen schlechten Empfangsmitarbeiter geraten, dem einer dabei abgeht, wenn er Ihnen den Hengst machen kann. Du meine Güte, wir sind hier am Empfang; wegen der verdammten Minibar machen wir bestimmt keinen Aufstand. Das Hotel kauft den Kram in rauen Mengen und schlägt ein paar hundert Prozent drauf. Und die Gäste zahlen. Aber Sie müssen eben nicht zu diesen Gästen gehören.

Sie können die Nummer natürlich auch im großen Stil abziehen. Das läuft dann so: Wenn Sie am Empfang einchecken, bitten Sie nachdrücklich um ein Nichtraucherzimmer, notfalls erzählen Sie irgendetwas von einer Allergie (aber bitte nicht die Ekelschwelle überschreiten). Wimmeln Sie den Pagen ab (was Ihnen als Billigheimer keine größeren Probleme bereiten dürfte) und gehen Sie ohne Begleitung auf Ihr Zimmer. Dort angekommen, öffnen Sie die Minibar und stopfen alles, aber auch wirklich *alles* in Ihren Koffer oder Ihre Reisetasche. Dann hocken Sie sich erst mal aufs Bett, genießen den Ausblick und rauchen eine Zigarette. Anschließend rufen Sie beim Empfang an, beschweren sich über den unerträglichen Nikotingestank und verlangen ein anderes Zimmer – nun ja, schließlich riecht der ganze Raum, als hätte gerade jemand darin geraucht. Sobald ein Page mit dem Schlüssel für Ihr neues Zimmer anrückt – er weiß sowieso nicht, worum es geht, und davon abgesehen wäre es ihm auch scheißegal –, wird ihm der Nikotingestank ebenso in die Nase steigen. Und wenn Sie dann Ihr neues Zimmer bezogen haben, können Sie sich in aller Ruhe besaufen und sich den Bauch vollschlagen. Da Sie das Zimmer innerhalb von Minuten gewechselt haben, wird Ihnen niemand auf die Schliche kommen. Niemand kann Ihnen beweisen, dass Sie sich Hoteleigentum im Wert von satten 300 Dollar angeeignet haben. Der Minibar-Kontrolleur wird die Bar ein paar Stunden später, vielleicht am selben, vielleicht auch am nächsten Tag, wieder aufstocken, und damit ist die Sache gegessen.

Sie fragen sich, ob der Kontrolleur sich nicht vielleicht wundert, eine komplett leere Minibar vorzufinden? Keineswegs. Bestimmte Gäste (Alkoholiker, Eltern, die ihre halbwüchsigen Kids allein im Zimmer lassen, oder Tour-Manager von einst berühmten Metal-Bands, deren Budget sich drastisch verkleinert hat) bestehen sogar darauf, dass die Minibar restlos ausgeräumt wird.

Noch mehr Gründe, warum die Minibar-Abrechnung

nicht stimmen könnte? Wie schon erwähnt, genehmigen sich die Etagendiener gelegentlich schon mal eine Pulle aus dem Kühlschrank. Und ja, sogar Minibar-Kontrolleure ziehen sich heimlich mal ein Bierchen rein. Niemand wird Sie des Diebstahls bezichtigen, weil wir alle Zugang zu Ihren Drinks haben. Wir alle haben Generalschlüssel und können jederzeit in jedes einzelne Zimmer. Wir betreten Ihr Zimmer, wenn Sie nicht da sind. Wir betreten Ihr Zimmer sogar, wenn Sie *anwesend* sind. Obwohl mich die Gäste gehört haben mussten, bin ich schon in Zimmer hineingeplatzt, in denen munter gevögelt wurde, und angesichts meiner Verlegenheit schien den Betroffenen erst recht einer abzugehen. Aberdutzende von Gästen, jung und alt, weiblich und männlich, haben vor mir die Hüllen fallen lassen. Einmal stieß ich sogar auf einen halb aus der Wand gerissenen Handtuchhalter, an dem noch Lederfesseln hingen; ich nahm an, dass der oder die Gefangene, noch mit einem Ballknebel im Mund, draußen auf dem Flur unterwegs war.

Zimmermädchen sind ständig derlei sexuellen Belästigungen ausgesetzt. Anfangs verhält sich eine Neue entsprechend vorsichtig, klopft dreimal laut und vernehmlich an die Zimmertür und gibt ein kehliges »Zimmerservice!« von sich, ehe sie zögernd hineinspäht, bis sie ganz sicher sein kann, dass das Zimmer frei und niemand zugegen ist. Ein halbes Jahr später klopft sie nur noch flüchtig an und meldet ein beiläufiges »Zimmer…«, und bei »…service« zieht sie bereits die Schlüsselkarte durch den Schlitz – und RUMMS, geht auch schon die Tür auf, und das Zimmermädchen kommt mit seinem Wagen herein.

»O GOTT! DU LIEBER HIMMEL, KÖNNEN SIE NICHT ANKLOPFEN?!«

»Sorry, Ma'am. Das tut mir leid. Ich komme später wieder.«

Ob ihr das wirklich leidtut? Kaum anzunehmen. Das Zimmermädchen muss wahrscheinlich noch x Räume saubermachen, bevor es nach Hause zu seiner Familie kann. Und obwohl die Dame sich eben ganz zu Recht beschwert hat, hält sie das Zimmermädchen bloß auf, wenn sie jetzt noch länger in ihrem Schaumbad verharrt und sich anschließend womöglich noch zwanzig Minuten nackt im Spiegel bewundert. Tja, und schon platzt das Zimmermädchen ohne große Vorwarnung ins nächste Zimmer, in der Hoffnung, endlich mit seiner Arbeit fortfahren zu können.

Beim nächsten Mal ist sie vielleicht ganz sicher, dass sie sich allein im Zimmer befindet, da niemand Laut gegeben hat. Sie hat bereits die Sprühflasche mit dem Reiniger in der Hand, als plötzlich ein älterer Herr vor ihr steht, der offenbar keinen Anlass sieht, sie vorzuwarnen oder wenigstens seinen Morgenmantel anständig zuzubinden. Nun befinden sich drei Protagonisten im Raum: das Zimmermädchen, der ältere Herr und der Penis des besagten Herrn. Und zwei dieser Protagonisten sind von der Situation ausgesprochen angetan.

Manche Gäste warten nur darauf, dass jemand ihr Zimmer betritt. Andere wiederum empfinden allein schon den Gedanken daran als puren Horror. Doch jeder dieser Gäste, so fundamental verschieden sie auch sein mögen, lauert hinter einer geschlossenen Tür, wo er weiß Gott was treibt. Und jede Tür, die ein Zimmermädchen öffnet, führt direkt ins Ungewisse.

Jedes Zimmer birgt ein potentielles Geheimnis, und in gewisser Hinsicht lernte ich während meiner Zeit als Housekeeping Manager mehr über das wahre Wesen von Hotels als in irgendeiner anderen Position. Während ich Zugang zu den Zimmern hatte, schnappschussartig Einblick in das Leben anderer Menschen bekam, erkannte ich, zu welchen Zwecken ein Hotel so dient: Gäste verloben sich, heiraten, zeugen Kinder, werden vierzig, lassen sich scheiden, sniefen Heroin, begehen Morde und sterben in Hotelzimmern (manchmal sogar in dieser Reihenfolge). Sie erhalten Nachricht vom Tod eines geliebten Menschen. Sie setzen ihre Unterschrift unter Faxe, worauf in einer chinesischen Fabrik die Produktion anläuft. Sie erhalten Fed-Ex-Pakete mit den Überresten ihrer Ehe. Ein Mann aus Tulsa tobt sich zwei Wochen lang in New Orleans als Transvestit aus, um sein Leben zu Hause nicht aus den Fugen geraten zu lassen. Eine Frau lässt das von ihrer Firma gebuchte Zimmer im Marriott leer stehen, checkt stattdessen bei uns ein und verbringt drei Tage im Bett mit dem Mann, den sie hätte heiraten sollen, zahlt anschließend in bar, checkt dann im Marriott aus ihrem unbenutzten Zimmer aus und fliegt zurück zu ihrem Mann, mit dem sie schon seit Ewigkeiten nicht mehr schläft (und der während ihrer Abwesenheit in einem Days Inn abgestiegen ist, um sich fette Linien Koks in die Nase zu ziehen, Schwulenpornos zu gucken und es mit Strichern zu treiben). Leute unter falschem Namen, heimliche Besucher, Junkies, die sich ins Koma fixen, Schriftsteller, Ausreißer, kürzlich Geschiedene, die sich in Heulkrämpfen winden, Alkoholiker, Spieler und Huren. Und Familien auf Urlaub! Frisch verheiratete Pärchen, die sich die Seele aus dem Leib vögeln! In jedem Zimmer, hinter jeder Tür pulsiert das pralle Leben, ganz im Gegensatz zu dem drögen Dasein, das der Alltag zu bieten hat: arbeiten, essen, fernsehen und um neun in die Falle. Das Leben im Hotel: grenzenlos, bizarr, ausschweifend, weichgespült, erfinderisch, dürftig kaschiert, phantasievoll, beängstigend, teuer und immer wieder voller Überraschungen. Jeden Tag lief ich über die Flure wie ein Wächter im Palast des Ewig Neuen. Was auch immer diese Menschen vorhatten, was auch immer aus ihrem Leben geworden war: Wenn sie ihr Zimmer zwischendurch für ein Stündchen verließen, sorgte ich dafür, dass saubere Bettwäsche aufgezogen wurde und neue Seife, frische Handtücher und ein sauberer Morgenmantel vorhanden waren sowie ein frisches Kissen, auf das sie ihr müdes Haupt betten konnten.

* * *

Manchmal war es mir zu still, wenn ich durch die Flure streifte. Es ist nicht von der Hand zu weisen, dass ich während meiner Zeit als Housekeeping Manager wenigstens einen neuen sexuellen Fetisch entwickelte. Drangen leise Stöhnlaute oder gedämpfte Bumsgeräusche durch die Wände an meine Ohren, blieb ich stehen und lauschte – ich gestehe, es machte mich einfach an. Vorher war mir diese Neigung nicht bewusst gewesen, doch anscheinend stehe ich drauf, anderen Leuten dabei zuzuhören, wie sie es gerade miteinander treiben. Doch immer wenn ich aus irgendeinem Zimmer Seufzer oder Stöhnen vernahm, stellte sich leider heraus, dass bloß jemand vor dem Fernseher saß. Erst hörte ich irgendwo ein »Ooooh, oh, oh, ooooooh«, und wenn ich dann stehen blieb und die Ohren spitzte, sagte eine Stimme: »Und jetzt zurück nach Afghanistan.«

An anderen Tagen, wenn es auf den Korridoren aussah wie in einem Geisterhotel, Housekeeping-Wagen in offenen Türen standen und weit und breit kein Etagendiener ausfindig zu machen war, lief in den meisten Fällen gerade ein Spiel der New Orleans Saints in der Glotze. Dann checkte ich die größeren Suiten, bis ich schließlich den Raum gefunden hatte, in dem die halbe Belegschaft steckte und zusah, wie die Saints mal wieder nach Strich und Faden auseinandergenommen wurden. Manche standen sogar auf den Betten, Terrance hätte sie allesamt achtkantig gefeuert. Und was tat ich? Ich ließ die

Saints ihre Niederlage auskosten, begleitete dann die Football-Fans nach draußen und wies drei von ihnen an, die Suite wieder in Ordnung zu bringen. Vielleicht zeigte ich damit Schwäche, doch Disziplinarmaßnahmen schienen mir nicht sonderlich sinnvoll zu sein – zumindest solange die Zimmer dem üblichen Standard entsprachen und nicht vernachlässigt wurden. Auch wenn ich gelegentlich Zimmermädchen und Etagendiener beim Schieben einer heißen Nummer ertappte, was ich stets im Ringrichterton zu unterbinden pflegte: »Schluss jetzt, auseinander! Debra, Strumpfhose hoch! Und jetzt aber bitte mal ein bisschen Tempo. Die stellvertretende Generaldirektorin von Wal-Mart wartet unten in der Lobby darauf, dass sie endlich auf ihr Zimmer kann.«

Vielleicht hätte ich aus pädagogischer Sicht andere Saiten aufziehen sollen, ja, vielleicht sogar den einen oder anderen vor die Tür setzen. Doch wenn ich um etwas bat, wurde es jedes Mal prompt erledigt. Bat ich sie beispielsweise darum, in dreißig weiteren Zimmern die Betten frisch zu beziehen, legten sie sofort los, damit wir nach der Arbeit zusammen noch ein paar Drinks nehmen konnten. Terrance dagegen zeigten sie schon beim kleinsten Wunsch die kalte Schulter.

Wir waren eine richtig scheißgroße Familie.

Ich kam morgens zu den Meetings, und mittlerweile hatte ich mit vielen meiner Untergebenen Freundschaft geschlossen. Die meiste Zeit über kam ich meinen Aufgaben als Turndown-Manager nach. Der Turn-down-Service ist eine essentielle Dienstleistung in Luxushotels. Während die Gäste beim Dinner sind, sorgt ein Servicemitarbeiter für kuscheligsten Zubettgeh-Luxus: Wenn die Gäste auf ihre Zimmer zurückkehren, ist das Licht gedimmt, aus dem Radio plätschert gedämpfte Musik, die Kissen sind frisch aufgeschüttelt, natürlich liegt auch das obligatorische Stück Schokolade an seinem

Platz, und für VIPs wird sogar eine frische Rose am Bettende platziert. Mein Job bestand darin, minutiös zu checken, ob in den VIP-Suiten alles perfekt erledigt worden war. Und so war ich dazu verdammt, an einer Tür nach der anderen zu klopfen. Nach einem Monat hatte ich so viel geklopft, dass jeder einzelne meiner Fingerknöchel rosarot und wund war. Erst dann kam ich darauf, doch lieber einen Kugelschreiber oder meine Schlüsselkarte als Klopfwerkzeug zu nutzen.

Dabei machte ich auch die Bekanntschaft einiger Stars, die ich, ehrlich gesagt, lieber nicht kennengelernt hätte. Über die meisten werde ich mich (zumindest auf den Seiten dieses Buchs) sicher nicht näher auslassen (es sei denn, Sie füllen mich mit Alk ab), doch über einen bestimmten Regisseur, der für seine düsteren und ziemlich bizarren Filme bekannt ist und der für ein paar Nächte eine Suite auf dem Club-Level gebucht hatte, werde ich nicht schweigen. Da er einen ziemlichen Allerweltsnamen trägt, war ich mir erst nicht sicher, ob es sich tatsächlich um ihn handelte, als ich die VIP-Liste durchging. Letztlich war es mir sowieso egal, aber es war eben mein Job, kurz anzuklopfen, darauf zu hoffen, dass sich niemand im Zimmer befand, und meinen Kontrollgang zu machen. Doch als ich klopfte, stellte sich heraus, dass der Gast anwesend war – worauf ich mich höflich erkundigte, ob alles in Ordnung und er mit unserem Service zufrieden sei.

Und es war wirklich der weltberühmte Regisseur. Geistesabwesend starrte er mich an, ehe er ein ebenso blasiertes wie herablassendes Lächeln aufsetzte und sagte: »Oh. Oh, verstehe. Ja, alles *okay*, alles *bestens.*« Und dann machte er mir einfach die Tür vor der Nase zu. Wie vom Donner gerührt verharrte ich noch einen Augenblick lang vor seiner Suite. Was sollte das denn?! Ein derart abfälliges Grinsen war mir noch nie untergekommen. Und dann ging mir auf, was dahintersteckte. Er hatte mich für einen Fan gehalten, einen Fan, der unter einem Vorwand an seine Tür klopft, um ihn persönlich kennenzulernen. Mir taten Füße und Fingerknöchel weh, da ich mittlerweile seit zwölf Stunden auf den Beinen war, um mich um das Wohlergehen unserer Gäste zu kümmern, und diese arrogante Arschgeige glaubte allen Ernstes, ich wäre scharf darauf, ihm Auge in Auge gegenüberzustehen.

Der kann mich mal. Der Typ dreht Filme für kaputte reiche Kids, die sich mit fünfzehn der Grufti-Fraktion anschließen. Jedenfalls habe ich mir seitdem keinen seiner Streifen mehr angesehen.

Er war nicht der letzte Promi, dessen Filme ich von meiner Will-ich-sehen-Liste verbannte. Kurz darauf bewohnte ein Schauspieler, der während meiner Jugend schwer angesagt gewesen war, unsere Penthouse-Suite, während er in New Orleans einen neuen Film drehte. Wie auch immer, eines späten Abends rief er beim Empfang an und bat um fünf weitere Potpourrischalen. Das Problem bestand darin, dass nur die Luxussuiten in der obersten Etage mit den wokgroßen silbernen Schalen ausgestattet waren und wir keine weiteren in der Hinterhand hatten. Da er aber VIP-Status hatte, holte ich erst einmal zwei Schalen aus den nicht belegten Luxussuiten. Dann – klopf, klopf – vergewisserte ich mich, welche anderen VIPs gerade ausgeflogen waren, und mopste die anderen drei Schalen aus ihren Zimmern. Tatsächlich tat ich es für ihn. Er hatte in ein paar Teen-Movies mitgespielt, die vielen Leuten eine Menge bedeuteten, ebenso wie mir selbst. Ich fühlte mich ihm verbunden. Doch als ich bei ihm auftauchte, drückte er mir die Beutel mit den Duftmischungen gleich wieder in die Hand und sagte, er benötige bloß die Silberschalen. Fürs Frühstück, um Cornflakes daraus zu essen.

Wie bitte? In jede verdammte Schale passte der Inhalt einer

Familienpackung Cornflakes. Und wieso brauchte er gleich fünf davon? Da stimmte doch etwas nicht.

Am nächsten Tag fand ich heraus, worum es ging. Der Typ hatte Probleme. Während ich durch das Penthouse ging und wie üblich checkte, ob das Zimmermädchen perfekte Arbeit geleistet hatte, fielen mir Dutzende von Plastikbeuteln mit jeder Menge Pillen ins Auge; jeder Beutel war für einen anderen Wochentag bestimmt, und allein die Tablettenration für den Montag reichte locker aus, um sich Frühstück, Mittag- und Abendessen zu sparen. Der Schauspieler befand sich in Begleitung seiner »Ernährungsberaterin« und pfiff sich anscheinend tonnenweise Pillen rein, die er offenbar schalenweise mit Müsli und reichlich Sojamilch löffelte. Die bereits erwähnte »Ernährungsberaterin« (ja, die Anführungszeichen sind Absicht) verstieg sich sogar dazu, beim Empfang anzurufen und gleichzeitig einen Akupunkteur, einen Voodoo-Doktor und einen Chiropraktiker ins Penthouse zu bestellen.

Freakshow pur, doch abgesehen davon, dass er mich dazu verleitet hatte, die Schalen aus den anderen Suiten zu stehlen, ging er niemandem auf die Nerven. Zumindest so lange nicht, bis die Dreharbeiten verlängert wurden und wir ihn informieren mussten, dass das Penthouse bereits wieder gebucht war, wenn auch nur für eine Nacht, weshalb er aber für vierundzwanzig Stunden mit einer anderen Suite vorliebnehmen müsse. Zuerst weigerte er sich. Worauf wir gezwungen waren, ihn unmissverständlich darauf hinzuweisen, dass das Penthouse bereits vor einem Jahr für diesen Zeitpunkt gebucht worden war und ihm niemand eine Extrawurst braten würde. Nachdem er das endlich kapiert hatte, verlangte er eine Suite mit Blick auf den Mississippi – blöd nur, dass selbige Suiten ebenfalls bereits belegt waren. Schließlich präsentierte er uns seine Lösung: Seine »Ernährungsberaterin« würde in ein etwas weniger komfortables Zimmer umziehen und er interimsweise in ihrer Panorama-Suite nächtigen. Was bedeutete, dass nun zwei Personen umziehen mussten. Obendrein ging uns siedend heiß auf, dass *wir* seinen gesamten Schamott in die andere Suite transportieren mussten. Ich schickte also zehn Zimmermädchen nach oben, die seine Klamotten einzeln in die andere Suite expedierten. Während die Karawane der Mädchen über den Flur zog, trat er, eine Baseballkappe tief ins Gesicht gezogen, aus seiner Suite und drückte sich an der Wand entlang an den Mädels vorbei, die seine Unterwäsche und seine Pillenbeutel in die andere Suite trugen. Er vermied jeden Blickkontakt, hatte nicht mal ein Wort des Dankes übrig, klebte bloß an der Wand, die Mütze über den Augen, als wollte ihn jemand mit einem Autogrammwunsch behelligen. Was für ein Arschloch! Beim bloßen Gedanken an diese Nummer werde ich wieder sauer.

Und seine Filme finde ich auch nicht mehr lustig. Nicht mal die alten Teenie-Filme.

Nun ja, haken wir's ab. Wie wär's zur Abwechslung mal mit einer netten Story über einen Star? Ah, schon wird mir warm ums Herz. Und diesmal spreche ich von einem echten Superstar: Mr H. Und wonach verlangte er, als er sich zum ersten Mal, und zwar *ausgesucht höflich*, am Empfang meldete? Nach einem Akupunkteur? Einem Voodoo-Doktor? Extragroßen Pillenbeuteln? Nein. Er fragte, ob wir ein Scrabble-Spiel im Haus hätten. Natürlich hatten wir. Und als ihm einer unserer Mitarbeiter das Spiel nach oben brachte, zeigte er sich mit einem Hundert-Dollar-Schein erkenntlich. Allein das hätte schon ausgereicht, ihn zu lieben, doch es kam noch besser.

Mr H. bewohnte die Präsidentensuite inklusive Konzertflügel und privatem Vorführraum, an Opulenz kaum zu überbieten. Dann lief mir Nancy über den Weg, die ältere Lady, die für die Reinigung der Club-Level-Räumlichkeiten zuständig war. Ich fragte, ob sie mit Mr H.'s Suite schon fertig sei.

»Oh. Das ist ein überaus reizender Gast, Mr Tommy. Wirklich ganz reizend.«

»Mr H.?«

»Keine Ahnung, ich weiß nicht, wie er heißt. Jedenfalls fange ich mit der Suite immer zuerst an, weil sie ja am größten ist und es da am meisten zu tun gibt. Ich wollte gerade mit dem Putzen anfangen, da kam er plötzlich aus dem hinteren Zimmer. Er hat mich gefragt, ob ich Hunger hätte. Ich habe natürlich nein gesagt, und dann fragte er, wie lange ich normalerweise brauche, um die Suite sauberzumachen. Und wissen Sie, was dann passiert ist?«

»Äh, was?«

»Er hat mich gebeten, Platz zu nehmen. Er wollte, dass ich mich ausruhe, statt zu putzen. Und dann hat er mir alles Mögliche zu essen angeboten, auch Obst. Konnte er ja nicht wissen, dass ich kein Obst esse.«

»Er wollte, dass du dich erst mal entspannst? Das ist ja unglaublich!«

»Ja, und dann hat er eine halbe Stunde für mich auf dem Klavier gespielt. Sehr liebenswürdig von ihm.«

»Mr H. hat für dich auf dem Flügel gespielt?«

»Wer auch immer. Und dann meinte er noch, Putzen wäre für den Rest der Woche nicht nötig. Seine Zimmer könne ich überspringen.«

»Wie? Du weißt gar nicht, wer er ist? Hast du keinen seiner Filme gesehen? Jetzt mach aber mal 'nen Punkt, Nancy! Mr H. ist der Wahnsinn!! Er hat's drauf wie kein anderer!!«

»Jetzt kriegen Sie sich mal wieder ein, Mr Tommy – Sie sind ja völlig aus dem Häuschen. Ähm ... Sie erzählen Terrance doch nichts davon, oder? Von wegen, dass ich diese Woche dort nicht mehr saubermachen soll. Sonst kriege ich hier oben nämlich nicht genug Punkte zusammen, und dann schickt er mich nach unten, damit ich mein Defizit wieder wettmache.«

»Also, von mir erfährt er nichts. Wenn Mr H. meint, du sollst dir keinen Stress machen, habe ich damit auch kein Problem. Aber behalte die Sache lieber für dich, okay?«

»Danke, Mr Tommy, das ist wirklich lieb von Ihnen. Und jetzt muss ich weiterputzen.«

Terrance gegenüber hielt ich dicht. Im Housekeeping entspricht jedes Zimmer einem bestimmten Punktwert, und jedes Zimmermädchen muss täglich eine bestimmte Punktzahl erreichen; je größer die Räumlichkeiten, desto mehr Punkte gibt es. Die Präsidentensuite entsprach Nancys halbem Tagespensum, und so konnte sie es zumindest für eine Woche erst mal recht locker angehen lassen.

Zimmermädchen kämpfen mit Zähnen und Klauen um ihre »Abschnitte«, also jene Zimmer, die im Lauf der Jahre quasi zu ihrem Stammrevier geworden und für deren Reinigung sie tagtäglich zuständig sind. Da bestimmte Verrichtungen – Staubwischen an Fußbodenleisten, Polieren der Silbervasen – nicht jeden Tag ausgeführt werden müssen, gehört es zu den zentralen Anliegen eines jeden Zimmermädchens, stets dieselben angestammten Räume zu beackern. Neulinge kriegen nie ein festes Zimmerkontingent, sondern werden quer durch die Etagen geschickt oder müssen die Zimmer von anderen Ladys übernehmen, die gerade in Urlaub sind oder sich krankgemeldet haben – und sich hinterher stets beschweren, was für einen Scheißjob die neue Kollegin gemacht hat.

Tja, versuchen Sie gelegentlich selbst mal, einen Dienstplan für 150 Zimmermädchen aufzustellen, von denen die meisten verheiratet sind, Kinder haben und alle naselang Urlaub nehmen wollen. Doch der Dienstplan stellte nicht mal das größte

Problem dar. Obendrein war ich verantwortlich für den Einkauf, für den Erwerb all des Krams, der tagtäglich in einem Hotel benötigt wird, von Kugelschreibern und Handtüchern über Kleenex und Müllbeutel bis hin zu Verbandszeug, Reinigungsmitteln und Flüssigseife für die Lobby-Toiletten. All diese Posten waren in einer zehnseitigen Excel-Tabelle aufgelistet. Ich glich den Lagerbestand mit dem monatlichen Verbrauch ab und ermittelte den voraussichtlichen Bedarf anhand der Vorjahreszahlen, um einen perfekten Bestellplan zu erarbeiten, der wiederum handschriftlich eingereicht und von der Buchhaltung abgesegnet werden musste. Du lieber Gott.

Apropos Gott: Am einfachsten war es, Bibeln zu bestellen. Terrance beauftragte mich, 250 Bibeln nachzuordern, und mit einem Anruf bei Gideon International war die Sache geritzt. Ich erklärte, dass wir 250 neue Heilige Schriften benötigten, worauf mir versichert wurde, sie seien bereits so gut wie unterwegs, selbstverständlich gratis. Keine Bibeln mehr im Haus zu haben ist also kein Problem – aber Sie möchten ganz bestimmt nicht dafür verantwortlich sein, dass plötzlich das Klopapier ausgeht. Und all das muss zusätzlich zu den Zimmerchecks und der Turn-down-Kontrolle erledigt werden, ganz zu schweigen davon, dass der Empfang permanent Gäste auf andere Zimmer umbucht, was wiederum erfordert, dass ein Manager oder Zimmermädchen kontrolliert, ob die jeweiligen Gäste vorher womöglich die Toilette benutzt oder eine schnelle Nummer geschoben haben.

Ich war fix und alle. *Platt.* Nicht selten hatte ich einen 15-Stunden-Tag. Meine neuen Anzüge waren an den Knien halb durchgescheuert, da ich ständig auf Badezimmerböden kniete, um nach eventuell übersehenen Schamhaaren zu fahnden. Ich arbeitete an Feiertagen und einmal sogar einen kompletten Monat, ohne mir einen einzigen freien Tag zu gönnen.

Zur Freude meines Mitbewohners kam ich kaum noch nach Hause, und nur der Alkohol half mir noch, mich halbwegs zu entstressen. Wenn ich um 23:00 Uhr nach einer 15-Stunden-Schicht aus dem Hotel kam, stand mir der Sinn nicht danach, mich vor dem Fernseher zu entspannen. Stattdessen setzte ich mich in die nächste Bar, ließ ein paar Whiskeys in mich hineinlaufen und haute mich anschließend für ein paar Stunden in die Falle, ehe der Wahnsinn am nächsten Tag nahtlos weiterging.

Und dann klingelte eines Abends das Telefon in meinem Büro, während ich mich gerade mal wieder mit dem Bestellplan herumschlug. John war dran, mein ehemaliger Kollege vom Empfang.

»Hi, John. Rufst du aus Cleveland an?«

»Im Leben nicht, Tommy. Da war ich grad mal einen Monat, ehe ich ein besseres Angebot in D.C. bekommen habe. Inzwischen bin ich aber in West Virginia gelandet. Wir eröffnen hier in Kürze ein neues Hotel, und du sprichst mit dem frischgebackenen Rooms & Sales Director. Na, was sagst du dazu?«

»Ist ja super. Gratuliere.«

»Also, der Grund meines Anrufs ... Ich habe mich gefragt, ob du nicht Lust hättest, mir hier draußen unter die Arme zu greifen. Vielleicht könntest du ja die Rezeption übernehmen.«

»Als Empfangschef?«

»Du hast's erfasst. Vom Parkburschen zum Empfangschef, und das ist erst der Anfang. Über kurz oder lang findet sich garantiert eine Stelle als Housekeeping Director für dich, jede Wette. Also, was meinst du? Lust, die Bude hier mit mir zu eröffnen?«

»Tja.« Ich lehnte mich zurück, rieb mir die Augen. Meine Füße waren geschwollen vom Laufen in den engen Lederschuhen, und das grelle Neonlicht brannte mir in den ohnehin gereizten Augen. Ich pfiff, wie man so sagt, aus dem letzten Loch. »Virginia?«

»West Virginia. Lass mich nicht lügen, Tommy, bislang haben wir hier nur eine Rumpfmannschaft zusammen. Ich reiße hier jeden Tag sechzehn Stunden runter, um den Laden zum Laufen zu bringen, und du wirst genauso ranklotzen müssen. Aber die Firma würde deine Umzugskosten tragen, und ich kann dir zeigen, wie du die Rechnung so frisierst, dass für dich ein Extratausender rausspringt. Das machen alle, ist so 'ne Art inoffizieller Willkommensprämie. Also, Alter, wie wär's? Lust, hier mit mir den Laden zu wuppen?«

Plötzlich wurde mir übel. Damals wusste ich nicht, warum, doch während ich mir den Hörer ans Ohr hielt, war mir, als würde ich jeden Augenblick über die Tastatur reihern, vom Stuhl rutschen und anschließend unter dem Schreibtisch verrecken.

KAPITEL 4

Als John damals anrief, war es so spät und ich derart im Eimer, dass ich mich erst am nächsten Tag an das Jobangebot erinnerte. Und zwar, während ich unten im Auffangraum stand und Laken um Laken aus dem Wäscheschacht zog. Es war, als hätte ich noch einmal den Geschmack auf der Zunge, der mir urplötzlich Übelkeit verursacht hatte.

Ich hatte meine Anzugjacke ausgezogen und im Vorraum aufgehängt, weil mir die verdammt anstrengende Drecksarbeit den Schweiß auf die Stirn trieb. Mitten in der mittäglichen Stoßzeit war der Wäscheabwurfschacht verstopft, durch den die Etagendiener die Schmutzwäsche von den verschiedenen Etagen in den Keller befördern. Ich stand fast knietief in schmutzigen Bettbezügen, Morgenmänteln und Handtüchern und watete wie durch einen Sumpf, um an die Schachtöffnung zu gelangen, aus der Dutzende von Wäschestücken hingen, so dass das Ende des Metallrohrs an einen gefrorenen Wasserfall erinnerte. Als ich an einem herabhängenden Morgenmantel zog, rutschte ein Schwall weiterer Wäschestücke nach, die den Schacht erneut verstopften.

In den Latexhandschuhen war meinen Händen heiß wie in der Hölle. Weshalb Handschuhe? Weil es hier unten selbst einer Sau gegraust hätte. Normalerweise gab es einen Helfer, der die Schmutzwäsche aus dem Schacht sortierte und auf die großen blauen Wäschecontainer verteilte. Leider aber war besagter Helfer an diesem Morgen entlassen worden. Als der Leiter der Wäscherei die Wäschekammern inspiziert hatte, war ihm am Ende eines Stahlregals ein Paar schwarzer Nikes ins Auge gefallen. Das Regal selbst war mit einem Laken verhängt gewesen, hinter dem er den Helfer entdeckt hatte, der, ein Kissen unter dem Kopf, auf einem Stapel Doppelbettlaken eingenickt war. Kaum hatte dieser die verwunderten Augen geöffnet, war er auch schon gefeuert: »Das war's, Jamal, und komm bloß nicht auf die Idee, dich hier noch mal blicken zu lassen.« Wer im Gastgewerbe klaut oder im Dienst pennt, kann sich sofort verabschieden. Und zwar auf Nimmerwiedersehen.

Es war sicher hochspannend gewesen, in der Wäschekammer auf ein Paar frei schwebender Nikes zu stoßen – schade nur, dass der Wäschereileiter unsere Abteilung nicht über die kurzfristige Kündigung in Kenntnis gesetzt hatte. Auf das Problem des fehlenden Helfers wurden wir erst aufmerksam, als uns ein Etagendiener alarmierte, dass im zehnten Stock buchstäblich Schicht im Schacht war. Zehn Minuten später war auch im vierzehnten nichts mehr zu machen, und die Etagendiener im fünfzehnten und darüber warfen fröhlich Schmutzwäsche nach. Tja, und nun stand ich hier unten und zerrte an versifften Laken.

Ein ums andere Mal ermahnte ich mich, mir bloß nicht instinktiv den Schweiß von der Stirn zu wischen. Keuchend zerrte ich an einem Laken, bis es endlich nachgab, und sprang zurück, während sich eine weitere Wäschelawine aus dem Schacht ergoss. Während ich tief durchatmete, ließ ich den Blick über den Wäscheberg unter meinen Füßen schweifen, der mittlerweile auf einen satten halben Meter angewachsen war. Und die Schmutzwäsche machte ihrem Namen alle Ehre – hier stachen mir rote Flecken (Blut), dort fleischfarbene

Kondome ins Auge, die sich wie Schleimschnecken (bäh!) zwischen Bettbezügen und Morgenmänteln verbargen.

Ich schnappte nach Luft, während ich um mein Gleichgewicht kämpfte, und in eben jenem Augenblick kam mir Johns Anruf in den Sinn. Gleichzeitig befiel mich eine unerklärliche Übelkeit. Aber warum? Wieso drehte sich mir der Magen um, schlug mir das Herz plötzlich bis zum Hals? War der widerliche Gestank der Schmutzwäsche schuld? Nein. Mir graute vor meiner Arbeit. Vor noch mehr endloser, uninteressanter Arbeit, für die einem sowieso kein Mensch dankte. Stunden um Stunden, die ich mir die Hacken ablief und mir den Mund fusselig redete. Planung, Einkauf, Zimmerchecks, Heuern und Feuern und dazu das ständige An-die-Tür-Geklopfe, das mich allmählich wahnsinnig machte (»Guten Morgen, Housekeeping«, »Guten Tag, Housekeeping«, »Guten Abend, Housekeeping«).

Vielleicht sollte ich an dieser Stelle auch mal erwähnen, dass dieser Job, bei dem man sich unversehens auf einem Berg Dreckwäsche voller Krankheitserreger wiederfinden kann, nicht sonderlich gut bezahlt wird. Am Empfang hatte ich einen anständigen Stundenlohn bezogen und ausreichend Freizeit gehabt. Sicher, an Thanksgiving und Weihnachten hatte ich arbeiten müssen, doch dafür gab es zwei freie Tage extra und Trinkgelder satt. Meine Beförderung hatte sich jedenfalls nicht ausgezahlt. Von dem, was ich als Housekeeping Manager wöchentlich mehr bekam, hätte ich mir gerade mal einen bescheidenen Restaurantbesuch leisten können (Getränke und Trinkgeld nicht inklusive), und gemessen daran, dass ich nun eine Elf-Stunden-Schicht nach der anderen schieben musste, verdiente ich pro Stunde weniger als die Hälfte von dem, was ich am Empfang eingestrichen hatte. Weshalb Stellen mit Festgehalt des Öfteren auch als »Sklavenjobs« bezeichnet werden.

Einen finanziellen Vorteil hatte es allerdings, rund um die Uhr ackern zu müssen: Mein Konto begann allmählich zu verstauben. Mein Guthaben wurde ständig größer, während ich gleichzeitig so gut wie nichts abhob. Seit Monaten hatte ich nur noch Geld für Whiskey ausgegeben. Meine Mahlzeiten nahm ich ausschließlich in der Personal-Cafeteria ein; der Fraß dort war preiswert. Ich war nie zu Hause. Ich ging nie aus. Ich war entweder auf dem Weg zur Arbeit oder auf dem Weg ins Bett. Meinen freien Tag verpennte ich grundsätzlich, unfähig, mich zu irgendetwas aufzuraffen. Und da ich nichts unternahm, hatten sich Tausende von Dollars auf meinem Konto angesammelt.

West Virginia.

Ich zerrte noch einmal halbherzig an einem herabhängenden Kissen, bevor ich aus dem Wäschekeller stolperte, mir die Latexhandschuhe von den Fingern riss und mir meine Anzugjacke über die Schulter warf. Kurz darauf betrat ich unser Büro. Terrance war gerade dabei, einen fettigen Double-Burger zu verschlingen.

Mit vollem Mund sagte er: »Der Computer ist kaputt. Sieh dir das mal an. Der Cursor bewegt sich rückwärts, und ich kann nichts mehr anklicken.« Er packte die Maus und donnerte sie mehrmals hintereinander auf die Tischplatte. Dann streckte er die Hand nach dem Telefon aus – offensichtlich, um die IT-Abteilung zu benachrichtigen.

»Warten Sie mal«, sagte ich. »Sie halten die Maus bloß verkehrt herum. Deswegen funktioniert sie auch nicht.«

»Was? Oh. Verdammter Mist. Sag mal, was hältst du davon, dich mal in der IT-Abteilung zu bewerben?«

»Weil ich mit einer Maus umgehen kann?«

»Spiel hier nicht den Klugscheißer, Junge. Mit Computern kennst du dich aus, so viel habe ich mitgekriegt. Housekeeping ist jedenfalls nicht deine Sache.«

»Soll das heißen, ich bin nicht gut genug?«

»Du bist ziemlich beliebt, aber das war's dann auch.«

»Wie? Das ist alles?«

Er lehnte sich zurück und sah mir in die Augen. »Im Großen und Ganzen schon.«

In jenem Moment empfand ich nichts als blanken Hass auf das verdammte Gastgewerbe. Alles kotzte mich an: die überprivilegierten, ewig unzufriedenen Gäste, das miese Gehalt, die endlosen Schichten und nicht zuletzt dieser Vollpfosten, der nicht mal mit einer Maus umgehen konnte, aber permanent auf mir herumhackte. Und obendrein war ich drauf und dran, mich noch tiefer in die Gülle zu reiten, einen Job in einem anderen Bundesstaat anzunehmen, wo sich Fuchs und Hase Gute Nacht sagten. Fest stand, dass ich während der Eröffnungsphase des Hotels nicht mal Zeit haben würde, in Ruhe aufs Klo zu gehen, und noch weniger Gelegenheit, mein sauer verdientes Geld auszugeben, Kohle, die ich weiter sinnlos anhäufte. Mittlerweile hatte der Job sogar mein Bedürfnis erstickt, mir irgendwas zu gönnen. Andere Hotelmanager mieteten sich ein größeres Apartment und kauften sich schicke Designermöbel, obwohl sie genau wie ich nur zum Schlafen nach Hause kamen. Du lieber Himmel, wo sollte das alles enden?

Meine kleine Welt war komplett aus den Fugen geraten. Ich stolperte aus dem Housekeeping-Büro, die Treppe hinauf zum Personalausgang und hinaus ins Freie. Ich setzte mich auf eine Bank in der Hoteleinfahrt, starrte auf den weißen Marmorbrunnen und versuchte tief durchzuatmen. Dann dachte ich über Glück nach, überlegte, was mich wieder glücklich machen würde. Weniger Arbeit. Reisen. Ja, das war's: Ich brauchte eine Luftveränderung. Einen Tapetenwechsel. Mit meinen Eltern war ich alle zwei Jahre umgezogen, war es gewohnt, im selben Rhythmus neue Freundschaften zu schließen. Ich konnte meine Sucht nach neuen Orten, neuen Menschen nicht länger unterdrücken. Ich fragte mich sogar, wie ich es überhaupt so lange in New Orleans ausgehalten hatte. Gut, an anderer Stelle habe ich bereits erwähnt, dass Hotels die Methadonkliniken der Reisesüchtigen sind. Ich hatte mein Leben dahingehend geändert, dass ich einfach von Abteilung zu Abteilung wechselte, und die Gäste wechselten sowieso ständig, egal in welcher Abteilung ich gerade tätig war. Nur hatte das nichts mit Reisen zu tun; es war, als würde ich mir eine Reality-Show auf dem Travel Channel ansehen. Und ehrlich gesagt glaubte ich nicht, dass mich in West Virginia das ganz große Abenteuer erwartete. Ich brauchte den echten Stoff, eine richtig fette Dosis davon. Ich musste hier weg, so weit weg wie möglich, irgendwohin, wo das wirkliche Leben tobte.

»Verdammt, Alter, du siehst ja beschissen aus. Komm, Tommy, steh auf. Wir machen jetzt mal ein Päuschen, okay? Also, schwing die Hufe, Junge.«

»Wo willst du hin?«

»Zum nächsten Tresen, du Pfeife. Los geht's.«

Perry schleifte mich in die Alibi-Bar und sorgte dafür, dass ich mich auf den nächsten Barhocker pflanzte. Ich wollte einen Whiskey, doch er zwang mich, ein Heineken mit ihm zu trinken. Die nächsten drei kippte ich dann freiwillig in mich hinein.

»Virginia? Ja, leck mich fett. Was willst du denn in Virginia?«

»West Virginia. Na ja, arbeiten, was sonst? Ein brandneuer Schuppen – wahrscheinlich Maloche rund um die Uhr, wenn du mich fragst.«

»Und zastermäßig?«

»Nicht so doll, schätze ich.«

»Was machst du dir so 'nen Stress, Tommy? Willst du Hoteldirektor werden, oder was?«

»Na ja, wäre doch nicht schlecht, oder?«

»Dazu bist du doch viel zu cool. Ehrlich, hast du schon mal einen glücklichen Hoteldirektor gesehen?«

»Immerhin werden sie gut bezahlt.«

»Dann werd doch lieber Page. Da hast du ein lockeres Leben und trotzdem immer reichlich Scheine.«

»Ich brauche 'ne Luftveränderung, Perry. Ich muss mal wieder was anderes sehen.«

»Wieso? Einen besseren Ort als New Orleans gibt es eh nirgendwo.«

»Wo bist du denn schon überall gewesen?«

»Tommy, ich bin noch nicht mal bis Houston gekommen. Aber deswegen muss ich noch lange nicht falschliegen.«

Am nächsten Morgen reichte ich meine Kündigung ein. Ich hatte fünfzehntausend Dollar gespart, und mein innerer Kreisel wartete nur noch darauf, dass ich ihm ordentlich Schwung gab. Mein Plan war bereits gefasst: Ich würde meine Wohnung aufgeben, meine Siebensachen in eine Reisetasche packen und den nächsten Flieger nach Europa nehmen.

Die richtig fette Dosis. Das sollte reichen.

Beim Morgenmeeting am nächsten Tag informierte ich die Ladys über meinen Abgang. Ein paar brachen tatsächlich in Tränen aus. Die Etagendiener beglückwünschten mich. Auch Roy hinkte nach vorn, schüttelte mir ungelenk die Hand, und als er ebenfalls feuchte Augen bekam, wären um ein Haar auch bei mir alle Dämme gebrochen. Nancy war ganz Mütterlichkeit und schärfte mir ein, genug zu essen und immer vorsichtig zu sein. Aber natürlich dauerte es nicht lange, bis Terrance dem allgemeinen Menscheln ein Ende bereitete, die Ladys anwies, sich auf die Etagen zu begeben, und sie nicht zuletzt einmal mehr daran erinnerte, wie »kinderleicht« ihr Job doch sei.

Im Housekeeping ist *gar nichts* kinderleicht. Es ist nicht

leicht, anderer Leute Dreck wegzumachen. Es ist nicht leicht, Fußböden zu scheuern, versiffte Zimmer auf Hochglanz zu bringen oder auf alle viere zu gehen, um sich zu vergewissern, dass kein Pornomagazin hinter dem Bettvolant liegt (vor meinem Abstecher ins Housekeeping hatte ich keine Ahnung, was das überhaupt ist, geschweige denn davon, wie schwierig es ist, einen Volant perfekt zu drapieren). Es ist nicht leicht, sich von Gästen sexuell belästigen lassen zu müssen. Es ist nicht leicht, am Weihnachtsmorgen ein Klo nach dem anderen zu putzen, das können Sie mir glauben. Und ganz bestimmt ist es alles andere als einfach, sich jeden Morgen aufs Neue anhören zu müssen, wie leicht man es doch hat, wenn einen wieder nichts als gnadenlose Schufterei erwartet.

* * *

»Und warum, Tommy?«

»Nun ja, Mr Daniels. Ich war noch nie in Europa und habe geplant, vorübergehend nach Paris zu ziehen.«

»Paris? Willst du dort arbeiten?«

»Nein, nur mein Erspartes ausgeben. Ein Zimmer mieten, Bücher lesen, vielleicht selbst eins schreiben, Pastis trinken und mir noch ein paar andere Länder ansehen, wenn das Geld reicht.«

»Hmm«, erwiderte er. »Endlich mal ein guter Grund, in den Sack zu hauen. Die meisten kündigen einfach, weil sie die Nase voll haben, aber sicher nicht, um sich ins Abenteuer zu stürzen.« Er hielt kurz inne und richtete den Zeigefinger auf mich. »Du hast Mumm. Tja, dann lass es mal richtig krachen.«

»Ich werde mir Mühe geben.«

»Normalerweise würde ich versuchen, dich zu halten, mit mehr Gehalt oder mit einem bezahlten Urlaub in einem unserer anderen Häuser. Aber ich glaube, du weißt genau, was du tust. Also viel Spaß, Tommy, und falls ich irgendwann mal etwas für dich tun kann, ruf mich an. Jederzeit.«

Ich habe Mr Daniels nie wiedergesehen.

Am Morgen nach meinem letzten Arbeitstag kam Perry mit seinem brandneuen Kleinlaster bei mir vorbei. Es war ein ruhiger Samstagmorgen. Ehe wir losfuhren, hockten wir uns auf die Ladeklappe und genehmigten uns erst mal ein Bierchen aus den über den Radkästen eingebauten Kühlboxen. Eigentlich waren sie wohl für Fischköder oder so gedacht, doch Perry bestückte sie stets nur mit Eiswürfeln und Bier. Die Anlage hatte er laut aufgedreht. Wir tranken noch zwei Fläschchen, lauschten den Beats von Trick Daddy, genossen die Sonne und ließen den lieben Gott einen guten Mann sein.

In der Fahrerkabine bewahrte Perry eine Flasche Crown Royal auf, aus der wir uns ebenfalls ein paar Schluck genehmigten, während wir in sein Viertel hinüberfuhren; Perry meinte, er müsse dringend mal wieder zum Friseur. Der Salon war eine echte Bruchbude, und bei den Friseursesseln handelte es sich tatsächlich um stinknormale Bankettstühle, die womöglich sogar aus irgendeinem Hotel gestohlen waren. Drinnen war richtig Party angesagt. Ein Typ, der offenbar eine Crackpfeife zu viel geraucht hatte, nickte immer wieder auf seinem Stuhl ein, wobei die Bierflasche, die er zwischen den Beinen hielt, jede Sekunde auf den Boden zu knallen drohte. Henry, der Friseur, verköstigte uns gratis mit Spareribs, im Gegenzug teilten wir die Flasche Crown mit ihm, während er uns wortreich erklärte, dass jeder Mann eine Frau, eine Geliebte und eine Schlampe brauche.

»Eine Frau, die hat man fürs Leben. Sie kümmert sich um die Kinder, und seine Ehefrau lässt man nie gehen. Die Geliebte quatscht den ganzen Tag. Man kauft ihr ab und an was Neues zum Anziehen, legt vielleicht was zur Miete dazu, aber eine Trennung von Frau und Kindern kommt nicht in die Tüte, egal wie oft sie einen zu belabern versucht. Und die Schlampe? Die labert nicht und kriegt auch nichts geschenkt. Man trifft sich mit ihr, lässt sich einen blasen, und schönen Tag noch bis zum nächsten Mal. Über eine Ehefrau geht gar nichts, die muss man in Ehren halten. Aber trotzdem braucht ein Mann alle drei, kapiert, Freunde?«

Anschließend fuhr Perry noch kurz bei seiner Reinigung vorbei und holte zwei Hemden ab – eins für sich, eins für mich. Meins war mir um einige Nummern zu groß, aus brauner Seide und mit einem Airbrush-Motiv geschmückt, das einen Teddybär-DJ zeigte, der mit seinen Teddybär-Pfoten auf zwei Plattenspielern scratchte, und seinen rot unterlaufenen Augen nach zu urteilen musste er raue Mengen Teddybär-Dope weggekifft haben.

»Wo wir jetzt hinfahren, musst du schon ein bisschen stylish aussehen, Tommy. Sonst reißen dir die Motherfucker dort womöglich den kleinen weißen Arsch auf.«

Wir lachten uns halb scheckig, während ich das Hemd anzog. Inzwischen war ich zu betrunken, um mich noch groß darum zu scheren, dass ich wie ein Bekloppter aussah, außerdem war es mittlerweile dunkel geworden. Wir fuhren durch die Straßen, kippten den Rest des Whiskeys, und dann betraten wir kurz den Club, wo fast die komplette Parkservice-Mannschaft, alle Etagendiener und mehr als die Hälfte der Zimmermädchen bereits kräftig feierten. Wir tranken Thug Passions (Alizé und Champagner, ein Klassedrink), und sie hatten sogar einen Kuchen für mich besorgt, der mit den Worten »Bon voyage, Mr Tommy« beschriftet war. Die Stimmung war locker und ausgelassen, und die Ladys waren frisch frisiert und hatten sich richtig aufgebrezelt. Ich tanzte, verabschiedete mich von allen, Küsschen hier, Umarmung dort, und einige übertrieben es ein bisschen mit dem Alkohol, so dass sie sich auf der Toilette oder draußen vor dem Club übergeben mussten, doch anschließend stürzten sie sich gleich wieder ins Getümmel.

Es war fünf Uhr morgens, als Perry mich schließlich nach Hause brachte. Wir hatten jeder ein letztes Fläschchen Bier zwischen die Beine geklemmt und nahmen hin und wieder einen müden Schluck.

Schweigend fuhren wir durch die stillen Straßen. Am Tag darauf verließ ich New Orleans und flog über Atlanta nach London.

KAPITEL 5

Was lässt sich über das folgende Jahr meines Lebens erzählen? Nicht viel über Hotels jedenfalls. Schon mehr über Hostels. Diese preiswerten Herbergen unterscheiden sich von Hotels zwar erst mal nur durch einen Buchstaben, in Sachen Komfort aber doch ganz gewaltig.

In London übernachtete ich in einem Schweinestall mit dem vielversprechenden Namen *The Generator.* Generiert wurden hier allerdings nur Bettwanzen und Geschlechtskrankheiten. Zimmerschlüssel gab es nicht, nur eine Zahlenkombination für die Türverriegelung, und als ich die Tür öffnete, lag eine junge Dame in dem mir zugewiesenen Bett – einem von sechs –, die dort offenbar ihren Rausch ausschlief. Als ich mich bei dem Typen an der Rezeption beschwerte, meinte der, ich solle sie einfach wecken und in ihre eigene Koje schicken. Ich bestand auf ein neues Bett und bekam es schließlich auch. In Paris stieg ich kurz darauf in einem winzigen Dreckloch mit dem amerikanophilen Namen *Woodstock Hostel* ab.

Für Amerikaner im Ausland war es keine gute Zeit. Bush war unlängst im Irak einmarschiert, sehr zum Missfallen der Franzosen, deren Unmut täglich weiter wuchs, während amerikanische Vollidioten in heimischen Schnellrestaurants Freedom-Toast und Freedom-Fritten in sich hineinstopften. Es war so gut wie unmöglich, als Amerikaner eine Wohnung in Paris zu finden, selbst als einer, der die Miete ein halbes Jahr *im Voraus* bezahlen konnte. Jedenfalls schien ich mit Geld nicht aufwiegen zu können, dass ich in den Vereinigten Staaten der Arschlöcher geboren worden war. Sobald die Leute meinen Akzent vernahmen, legten sie einfach auf. Doch schließlich gelang es mir, ein kleines Apartment im dritten Arrondissement zu ergattern. Die Vermieterin hatte kein Problem damit, meine Dollars zu nehmen, aber vielleicht lag es auch nur daran, dass sie sturzbetrunken war. Ein halbes Jahr lang erkundete ich die Stadt, von den Einheimischen wurde ich schlicht ignoriert. Nach einer ausgedehnten Reise quer durch Europa, die mich sogar bis nach Russland führte, kehrte ich nach Paris zurück, packte meine Siebensachen und zog nach Kopenhagen, eine Stadt, in die ich mich während eines Zwei-Tage-Besuchs Hals über Kopf verliebt hatte.

Ich verbrachte den ganzen langen Sommer in Dänemark. Zwar herrscht dort im Winter im Prinzip ständiges Dunkel (tagsüber nimmt der Himmel für etwa zwei Stunden eine mausgraue Farbe an, ehe es wieder stockfinster wird), doch im Sommer geht die Sonne erst um halb zwölf Uhr nachts unter und um halb zwei Uhr morgens gleich wieder auf. Meine Kumpels und ich (sechs Monate in Paris = null Freunde, sechs Stunden in Kopenhagen = zehn Freunde fürs Leben) hingen im Park ab, rauchten Joints und spielten Backgammon, bis sich der unglaublich lange, luxuriöse Nachmittag dem Ende zuneigte. Dann schwangen wir uns auf unsere Räder und fuhren zu den Søerne (den Seen), um uns den Sonnenaufgang anzusehen, ein Anlass, der für gewöhnlich gleich wieder nach einem Joint rief. Und so ging es nahtlos weiter. Jeden Nachmittag (und in Kopenhagen war *immer* Nachmittag) trafen wir uns in irgendeinem hübschen Park, lagen in der Sonne, tranken Tuborg und widmeten uns dem süßen Nichtstun. Bei den Dänen war Recycling eine ganz große Sache, und für jede Bierflasche gab es ordentlich Pfand, weshalb reichlich Leute durch die Parks streiften und für einen die leeren Flaschen entsorgten, und da sie ja auf unser Geld – das Pfand – aus waren, klaubten sie zusätzlich noch Kronenkorken und Zigarettenkippen aus dem Gras. Was einen wunderbaren Nebeneffekt zur Folge hatte: Die Parks waren stets makellos sauber. Ganz Kopenhagen war makellos sauber. Ich sah eine Inszenierung von *Hamlet*, die gratis am Fuß eines dänischen Schlosses aufgeführt wurde. Es ist nichts faul im Staate Dänemark. Na ja, zugegeben, der Winter ist ziemlich beschissen.

Leider hat Geld die Eigenschaft, einem tendenziell auszugehen, und genau dem Problem sah ich mich schließlich selbst gegenüber. Ich hatte noch genug auf der hohen Kante, um mir ein Rückflugticket leisten und mich in der Heimat anschließend eine Weile über Wasser halten zu können, doch meine Zeit in Übersee war ebenso abgelaufen wie mein neun Monate altes Visum. Eine Rückkehr nach New Orleans konnte ich mir nicht vorstellen – das wäre gewesen, als würde ich ein Video zurückspulen und damit all die Erfahrungen löschen, die ich in der Zwischenzeit gemacht hatte. Und so schlenderte ich über den Nyhavn, auch die längste Bar der Welt genannt, setzte mich an die Mole, trank ein Bier nach dem anderen, ließ den Blick über die dichtgedrängten Häuser schweifen und überlegte, wie es weitergehen sollte, was für Pläne auf meiner Agenda standen und wo ich sie verwirklichen wollte.

New York. New York City. Ja, das war eine Option nach meinem Geschmack. Obwohl ich in meiner Jugend einen Umzug nach dem anderen mitgemacht hatte, waren wir nie in einer Großstadt an der Ostküste gelandet. Nur einmal hatte ich einen kurzen Abstecher nach New York gemacht, als Siebzehnjähriger mit meiner ersten großen Liebe. Wir waren von North Carolina hochgefahren, wo meine Familie damals »stationiert« war, und wohnten im Hotel Edison, nur einen Steinwurf vom Times Square entfernt, dessen blinkende Neonreklamen uns geradezu magisch anzogen.

Ich erinnere mich noch genau, wie wir im Edison eincheckten. Als ich nach den Aufzügen fragte, wurde mir der Rucksack quasi von den Schultern gerissen. Urplötzlich befand ich mich Auge in Auge mit einem typischen New Yorker Pagen, der bereits wie ein Schnellfeuergewehr auf mich einredete. Auf dem Weg zum Lift und im Lift selbst ging es nahtlos so weiter; sein kantiges Kinn bewegte sich im New Yorker Stakkatorhythmus auf und ab, während er sich den Wolf laberte und wir, blutjung und völlig unerfahren, uns ängstlich an der Hand hielten und zu ihm aufsahen. An seinen blassen Schläfen pulsierten dicke Venen, die seine unablässig mahlenden Kiefermuskeln mit dem nötigen Blut versorgten. Mit seinem endlosen Gefasel scheuchte er uns regelrecht auf unser Zimmer, und als wir über die Schwelle getreten waren, beendete er seine Suada fast abrupt mit dem Satz: »Tja, Leute, kaum seid ihr in der Stadt, habt ihr auch schon ein echtes Original wie mich kennengelernt.«

Und dann umfing uns plötzlich eine geradezu ohrenbetäubende Stille. Es war so still, wie es nur in einem Hotelzimmer still sein kann. Der Page starrte mich an, während die Venen an seinen Schläfen nur noch leise zuckten.

Oh, dachte ich, er will irgendwas von mir. Oh, na klar! Ein Trinkgeld! Als ich mein Portemonnaie zutage förderte, war es, als hätte jemand seine Mimik wieder angeknipst. Seine Kiefer begannen von neuem zu mahlen, und kaum hatte ich ihm ein paar Münzen in die Hand gedrückt, waren wir auch schon wieder allein, während er sich buchstäblich in Luft auflöste.

Ich habe den Mann nie vergessen. Er hatte die abrupte Stille genutzt, um mir jungem Kerl klarzumachen, dass es Zeit für ein kleines Trinkgeld war. Viele junge Leute (und sogar manche Erwachsene) haben nämlich keine Ahnung, was in der geschilderten Situation angesagt ist. So, liebe Gäste, verhält sich ein echter New Yorker Page. Auf der ganzen Welt sind Pagen heiß auf einen Dollar, doch in New York sind *alle* heiß auf einen Dollar, und deshalb werden New Yorker Pagen zu echten Psychopathen, wenn es um einen Dollar geht.

Ich überließ meine Pfandflaschen dem Leergutsammler, verließ den Nyhavn und nahm den nächsten Flieger nach New York. Im Flugzeug tat ich kein Auge zu, und wenige Stunden später hatte ich wieder New Yorker Boden unter den Füßen. Allerdings gab es ein kleines Problem, das mir bereits unter den Nägeln brannte, ein Problem, das mich rund um die Uhr beschäftigte.

Geld.

Mein Problem hieß Geld.

So ist das nämlich, wenn es einem ausgeht.

Ich mietete ein kleines Zimmer in einer WG in Brooklyn, in einer Gegend, die damals noch Bushwick hieß. Die Miete, bereits zu diesem Zeitpunkt schamlos hoch, sollte noch richtig steigen, als das Viertel erst in East Williamsburg und dann schließlich schlicht in Williamsburg umgetauft wurde. Das war zu der Zeit, als Männer noch Hosen trugen, bevor die achtziger Jahre nach Williamsburg zurückkehrten. Aber es war abzusehen: Der neue Chic lag in der Luft. Chic und Chichi. Und die Miete war immer fällig. Im ersten Monat hatte ich die Kohle. Im zweiten Monat, tja, leider nicht. Ich lieh mir Geld von meinen Eltern und verschuldete mich. Armut schien in New York regelrecht begrüßt zu werden, da hier so viele arme Hunde lebten.

Natürlich sah ich mich nach Jobs um. Aber nicht nach Hoteljobs. Ich war ganz auf eine Karriere im Gastgewerbe gepolt gewesen, dann aber fahnenflüchtig geworden. Und obwohl mein Lebenslauf sonst nicht viel hergab, sagte mir mein Bauch, dass es an der Zeit war, mich umzuorientieren. Und so bewarb ich mich für alle möglichen Jobs – in der Hoffnung, aus dem, was ich gelernt hatte, Kapital schlagen und neue Karrierepfade einschlagen zu können.

Aber was genau hatte ich eigentlich gelernt?

Allmählich ging mir der Arsch auf Grundeis, vor allem aufgrund des dumpfen Gefühls, dass ich in all den Jahren auf die falschen Pferde gesetzt hatte. Ich hatte einen Uni-Abschluss in Philosophie, der für keinen richtigen Job taugte und mir auch persönlich nichts brachte, wie ich zwischendurch zu glauben anfing. Unsinn, so ein Studium macht obercool, aber was von tatsächlichem Wert hatte ich seit meinem sechzehnten Lebensjahr zuwege gebracht? Na schön, ich war in Europa gewesen, Zeuge einer Messerstecherei geworden, hatte Strip-Lokale und Koks-Partys besucht, mich auf den Toiletten schicker Bars übergeben und einmal sogar beobachtet, wie ein toter Obdachloser wie ein Stück gefrorene Hundescheiße vom Gehsteig geklaubt worden war. Doch all das war bloß Kleinkram gegen diese gigantische, apokalyptische Stadt, die meine Ankunft selbstredend nicht zur Kenntnis genommen hatte und auch von meinem Abgang nichts mitkriegen würde, ob ich nun mit dem Bus nach Hause fuhr oder hier unter die Räder kam.

Ich stand mit leeren Händen da – und musste trotzdem irgendwie an einen Job kommen.

Und so blies ich zum Angriff auf die Verlagsbranche. Hier in New York befanden sich alle großen Verlage, regelrechte Festungen, die sich quer über Manhattan verteilten. Ich war fest davon überzeugt, dass meine Erfahrung und mein Faible für die Literatur mir im Reich der Bücher Tür und Tor öffnen würden. Aber Pustekuchen. Ich erhielt nicht mal eine Einladung zu einem Vorstellungsgespräch. Ach was, noch nicht mal eine Absage. Ich kam nicht einmal in die Gebäude hinein. Aber manchmal stand ich draußen in der Kälte und blickte durch die Fenster. Wenigstens das gestatteten sie mir.

Ich wohnte nach wie vor in der Vier-Zimmer-Wohnung in Bushwick, das nun offiziell Williamsburg hieß, zusammen mit drei WG-Genossinnen, von denen mich aber keine ranließ. Geld für die Miete hatte ich nicht, weder für den aktuellen noch für den kommenden Monat, draußen war es arschkalt, und ich soff mich mit Dosenbier obdachlos, die Halbliterkanne zu 99 Cent.

Ich stand am Fenster wie ein bankrottgegangener Gatsby und sah hinaus in den Innenhof, der allerdings nicht als Innenhof, sondern als Müllhalde genutzt wurde, auf der sich feiste Stadtratten tummelten. Jetzt war alles gnädig vom Schnee bedeckt, der in fetten Flocken unablässig vom Himmel rieselte. Die Girls waren alles andere als begeistert davon, dass ich mich ständig in unserem Gemeinschaftszimmer aufhielt, Musik hörte, stier aus dem Fenster linste und Bier aus großen fahlgelben Dosen trank, neben mir auf dem Sofa eine Papiertüte mit Empanadas, dem einzigen Essen, das ich mir noch leisten konnte. Zunächst schenkte mir der Empanada-Mann, der in einer schmierigen Blechbude neben einem heruntergekommenen Ein-Dollar-Laden stand, keinerlei Beachtung, doch dann, als ich öfter und öfter vorbeisah, begann er zögernd, meine Existenz zu akzeptieren. Als ihm schließlich aufging, dass nur seine Empanadas mich noch am Leben erhielten, schien er Mitleid mit mir zu empfinden, was sich dadurch äußerte, dass er wieder so tat, als hätte er mich nie zuvor gesehen. Trotzdem, Gott segne ihn. Selbst im fiesesten Schneesturm stand er noch seinen Mann, und er ist immer noch da,

Ecke Grand und Humboldt, falls Sie mal selbst vorbeischauen wollen. In acht Jahren hat er seine Preise gerade mal um einen Vierteldollar angehoben.

»Du hast fünfzehn Tage, um die Miete aufzubringen. Ansonsten behalten wir deine Kaution ein, und du kannst die Biege machen.«

Die warme Ansprache kam von der Wortführerin in unserer WG. Sie hockte in einem Zweimannzelt, das sie unlängst in unserem Gemeinschaftsraum aufgebaut hatte. Ich musste mich bücken und zu ihr hereinspähen, um alles mitzubekommen.

»Ist mir wurscht, was du vorschlägst. Fünfzehn Tage oder du packst deine Sachen. Und zwar EIN FÜR ALLE MAL!«

Jyll. Jyll mit y. Wir kamen einfach nicht miteinander klar. Sie war immer topmodisch gekleidet (nun ja, topmodisch für die achtziger Jahre), und ihr Freund, obwohl älter als ich, kleidete sich wie ein britischer Schuljunge und trug stets Krawatte, Jacken mit Ellbogenflicken, Khakihosen und beige Socken, die aus seinen braunen Budapestern hervorlugten. Sie und ihr New Yorker Gehabe gingen mir ziemlich auf die Eier. In New Orleans bemühten sich die Leute, miteinander auszukommen, Gemeinsamkeiten zu finden und dem anderen seinen Frieden zu lassen. Während man hier wirklich *hassen* lernte (und ich hatte keine Ahnung, *wie* gut ich in dieser Disziplin werden würde).

»Kann ich dein Faxgerät noch mal benutzen, Jyll?«

»Nee, du kannst jetzt nicht in mein Zimmer. Hmm. Na schön. Aber bloß zwei Faxe, dann ist Schluss.« Sie schlüpfte aus ihrem Zelt. »Komm schon, lass gehen.«

In jenem Augenblick, die fettige Tüte mit den Empanadas vor Augen, während mir der letzte schale Schluck Bier die Kehle hinunterrann und draußen weiter der Schnee auf die

Stadt niederging, gab ich auf. Ich gab auf wie ein geprügelter Hund.

Zwei Faxe. Die ich – Sie haben es geahnt – umgehend an zwei Luxushotels schickte.

Zwei Tage später hatte ich zwei Vorstellungsgespräche.

Einmal Hotelnutte, immer Hotelnutte.

Ich hatte mich wie eine Prostituierte verhalten, die unbedingt Sekretärin werden will. Und die der Personalchef schließlich, während er ihr womöglich noch unangenehm auf die Pelle rückt und das Knie tätschelt, mit den Worten bescheidet: »Jetzt lass mal gut sein, Schätzchen. Du bist eine Nutte. Eine *gute* Nutte. Und jetzt stell dich wieder an die Straße, Baby. So schlimm kann es doch nicht sein, oder?«

KAPITEL 6

Das erste Hotel war Mitglied der Historic Hotels of America. Was bedeutete, dass es unrenoviert war – also eine Bruchbude. Mein Vorstellungsgespräch fand in einem Kellerbüro mit flackernder Funzel an der Decke statt.

Obwohl es nicht klar aus der Anzeige hervorgegangen war, suchten sie einen neuen Housekeeping Manager: Hausrundgänge und Zimmerchecks, die ganze Palette. Die mangelnde Begeisterung stand mir ins Gesicht geschrieben – selbst bei dem Dämmerlicht. Ich wollte den Job nicht. Und dem alten Mann, der das Gespräch mit mir führte, schien es obendrein schnurzegal zu sein, ob er jemanden für die ausgeschriebene Stelle fand.

»Zugegeben, die Bezahlung ist nicht toll und wird auch nicht besser. Aber dafür nehmen wir's hier auch nicht allzu genau. Tja, aber die Schichten sind schon lang. Also, wollen Sie's machen?«

Nö.

Tatsächlich schien uns die Sache gleichermaßen am Arsch vorbeizugehen. Weshalb ich ihm unterbreitete, dass mir ein Arbeitsbeginn um sieben Uhr morgens nicht besonders behagte. Außerdem forderte ich fünftausend Dollar mehr.

»Wir haben nicht mal *fünf* Dollar Spielraum«, erwiderte er. »Und wie wollen Sie die Arbeit schaffen, wenn Sie erst um elf kommen?«

Tja, dann noch einen schönen Tag.

Das zweite Job-Interview lief um einiges professioneller ab, nicht zuletzt auch, weil es sich um ein größeres Hotel handelte. Tatsächlich fand mein Vorstellungsgespräch im Hauptquartier der Hotelkette in der First Avenue statt, kurioserweise in der geräumigen Lobby des Gebäudes, deren Wände ebenso großflächige wie geschmacklose Pop-Art-Malereien verunzierten. Das Gespräch mit mir führte eine durch und durch hyperaktive koreanisch-amerikanische Lady, die in einem fort lächelte und redete und ständig mit dem Bein wippte, als würde ihr jemand Stromstöße verpassen. Nachdem ich schwer mit meiner Erfahrung geprahlt und reichlich Phrasen gedroschen hatte (»Kundenbindung«, »Spitzenservice«, »Dienstleistungsbereitschaft«, »Liebe zum Detail« und Ähnliches von dem Kaliber), gurrte sie vor Zufriedenheit und erklärte mir den Weg zu dem Hotel, in dem ich anfangen sollte.

Ich nahm die U-Bahn und ging dann zu Fuß weiter zur Ninth Avenue, befand mich nun mitten im Herzen von … o Scheiße, Midtown. Das Hotel lag zwei Straßen westlich vom Times Square, und trotz des eisigen Winterwetters drängten sich überall Touristen mit Kameras und aufgeschlagenen Stadtplänen, Kinder hinter sich herzerrend. Es wimmelte nur so von Menschen, die von allen Seiten von Angestellten der Service-Industrie umzingelt waren, Tausenden von Dienstleistern, die dafür sorgten, dass die New Yorker Tourismusmaschine reibungslos weiterlief. Entweder war man Tourist oder trug ein Namensschildchen – so weit mein erster Eindruck von Midtown.

Ich betrat die warme Lobby des Hotels, doch bevor ich mich nach der Personalabteilung erkundigte, besah ich mir die Szenerie ein wenig genauer. Die Uniformen der Rezeptionisten wirkten ein wenig abgetragen; die Anzugjacken hatten den typischen Grauschleier von Kleidung, die zu oft durch die Waschmaschine gejagt worden ist. Überhaupt machte die Lobby einen leicht schäbigen Eindruck. Der dunkelbraune Marmor und die beigefarbenen Tapeten ließen mich unvermittelt an ein in der Mikrowelle zubereitetes Salisbury-Steak mit Stampfkartoffeln denken. Die Sofas stammten aus den Achtzigern und sackten durch, als wollten sie ein Nickerchen machen. Ein antiker, silbern gerahmter Spiegel an der Wand hing so ungünstig, dass man in ihm die schmutzigen Deckenleisten über dem Eingang sah, und unter dem Spiegel stand ein mickriger Blumenstrauß auf einem kleinen Beistelltisch. Links befand sich das Restaurant (ebenfalls in den Farben eines aufgewärmten Tiefkühlgerichts gehalten), das trotz der Mittagszeit fast leer war. Unweit des Empfangs befanden sich die Aufzüge und ein winziger Verschlag, den ich zunächst für eine Garderobe hielt, ehe ich auf den zweiten Blick erkannte, dass es sich tatsächlich um die Concierge-Loge handelte, in der sich drei Servicemitarbeiter wie Aufziehspielzeuge in einer Geschenkschachtel drängten. Und das war's eigentlich auch schon – sonst gab es nichts Bedeutendes zu sehen.

Nett.

Nennen wir das Hotel – aus verschiedenen, auf der Hand liegenden Gründen – das Bellevue.

Also, willkommen im Bellevue.

Nach meinem kleinen Geheimrundgang wurde ich quasi im Zeitraffer in meine neuen Aufgaben eingewiesen. Sie schleusten mich so schnell durch das System, dass ich bereits in den Drogentestbecher gepinkelt hatte, ehe mir zu fragen einfiel, welche Position ich überhaupt bekleiden sollte.

»Position? Oh, Rezeption. Der Anzug für dich liegt schon bereit. Dein Vorgänger, tja, also, der lebt nicht mehr in New York. Eigentlich lebt er überhaupt nicht mehr. Hmm, war bloß ein Witz. Die gute Nachricht ist, dass er ungefähr deine Größe hatte. Und? Erwarten uns irgendwelche unliebsamen Überraschungen, was den Drogentest angeht?«

»Nein, Sir.«

»Hast wohl einen dieser Entgiftungstees getrunken, was? Wie auch immer, was für ein Name kommt auf dein Schildchen?«

Es war, als wäre ich von einem Wärter gefragt worden, welche Nummer auf meinen Häftlingsdrillich gehörte. Aber ich brauchte das Geld, und obwohl es sich bloß um einen Empfangsjob handelte, zahlten sie einen erstaunlich guten Stundenlohn. Nicht dass ich besonders überrascht gewesen wäre; in der Hotellerie werden fast grundsätzlich anständige Einstiegslöhne gezahlt, da sonst dieselbe Fluktuation wie bei McDonald's herrschen würde. Und Ihnen ist sicher auch schon mal aufgefallen, dass Service bei McDonald's nicht eben großgeschrieben wird. Es kostet eben ein paar Dollar mehr, wenn Sie jemanden erwarten, der eine ordentliche Ausbildung genossen hat, für Sie da ist und nicht Ihr Gepäck durchforstet, um Ihren iPod zu stehlen.

Tja, welcher Name sollte auf meinem Schild stehen? Es war Zeit für eine kleine Veränderung.

»Angestellter X958B27?«

»Was?«

»Tom.«

»Oh, Tom. T...O...M. Ich hab's.«

Mein neuer Chef – »same as the old boss« (Textzeile von The Who) – und ich wechselten einen kurzen Blick.

»Also, willkommen an Bord«, sagte er.

Sagt das eigentlich jeder Chef, wenn man irgendwo neu anfängt? Oder ist das nur in der Hotelbranche üblich? Willkommen an Bord. Als würde man mit einer Neuanstellung eine Jacht betreten, womit Jobs in Hotels nun aber auch gar nichts zu tun haben – es sei denn, man käme an Bord, um die Klos zu putzen.

Wie auch immer, nun stand ich wieder auf den Planken. Drei lange Monate hatte ich mich nach einem neuen Job umgesehen und nichts erreicht. Und kaum achtundvierzig Stunden nachdem ich eingeknickt war, wurde bereits ein neues Empfangs-Namensschildchen für mich angefertigt. Na super. Aber keine Chance. Die Miete musste rein. So lief das eben. Danke, New York.

Jyll wirkte ziemlich enttäuscht. Offenbar hatte sie vorgehabt, meine Kaution einzubehalten und ihren affigen Lover einziehen zu lassen.

Nachdem ich die Stelle bekommen hatte, verbrachte ich die Nacht erneut damit, ein Coors nach dem anderen zu trinken und bis zum Morgengrauen aus dem Fenster zu starren. Ich fühlte mich mutterseelenallein auf der Welt. Meine Verwandten lebten quer übers Land verstreut. Meine Freunde, all die Kumpels, die ich zurückgelassen hatte, erinnerten sich wahrscheinlich nur noch eher dunkel an meine Wenigkeit. In New Orleans gab es gerade mal eine Handvoll Menschen, die ich als Freunde bezeichnen konnte, und auch sie würden mich mehr oder minder schnell vergessen, da biss die Maus keinen Faden ab. Und hier war ich gestrandet, in einer WG mit drei Frauen, die es bloß auf meinen Mietanteil abgesehen hatten und ansonsten gern auf meine Gesellschaft verzichteten. Ich blieb wach, bis sich der Himmel über der Stadt fahl zu färben begann, ehe ich mich in die Falle haute und den ganzen nächsten Tag verschlief. Und das war nicht nur besser so, sondern auch notwendig. Am nächsten Abend begann nämlich meine erste Nachtschicht.

Und so stand ich wieder am Empfang, mit meinem Namensschild am Revers buchstäblich festgenadelt. Dass neue Mitarbeiter erst mal die Nachtschicht übernehmen, ist Standardverfahren in der Hotellerie. Und auch wenn die Nachtschicht den meisten ein Gräuel ist, da man gute Miene zum bösen Spiel machen muss, bis sich endlich eine Alternative findet (will heißen, bis jemand gefeuert wird), ist es die ideale Schicht, um sich in aller Ruhe einzuarbeiten. Nachts herrscht tote Hose an der Rezeption, da hat man jede Menge Zeit, um sich mit dem System vertraut zu machen und ansonsten ausgiebig eine ruhige Kugel zu schieben. Um drei Uhr nachts erwartet niemand irgendeine Form von Superservice vom Mann am Empfang. Die Leute erwarten bloß, dass sie es nicht mit einem komplett Verrückten zu tun bekommen.

Also saß ich meine Stunden ab, brütete über dem System, bis ich Migräne bekam, und verinnerlichte die Antworten auf all die Fragen, die mir permanent gestellt wurden, immer und immer und immer wieder. Zum Beispiel: »Wo ist die Toilette?« Tja, wo zum Teufel ist die Toilette? Was kostet die Benutzung des Fitnessraums, was das kontinentale Frühstück, gibt es hier einen Golf Channel, wie kann man ins Ausland telefonieren, wie funktioniert der Zimmersafe, wer schüttelt eigentlich die Kissen auf, das ist ja wirklich *fabelhaft*, lässt sich das blinkende Licht am Telefon irgendwie abstellen, kann man hier irgendwo in der Nähe Handschellen kaufen, wie ist die Hotel-Faxnummer, ist das Zimmer mit Whirlpool und französischem Bett frei, von dem man über den Hudson River sieht, während man sich via Gratis-WLAN die heißesten Pornoseiten reinziehen kann? Ich bedaure, Sir, aber dieses Zimmer existiert nur in Ihrer Phantasie. Und der WLAN-Anschluss ist auch nicht gratis – wir berechnen 9,95 Dollar pro Tag.

Während ich mich allmählich an den neuen Rhythmus gewöhnte, merkte ich gleichzeitig, dass ich dem Job Tribut zollen musste. Wenn man wie ein Vampir lebt, wirkt sich das in mehr Lebensbereichen aus, als Sie denken. Man kann nicht mehr richtig schlafen, sich nicht mal mehr ordentlich besaufen. Zuweilen fühlt man sich tatsächlich, als würde man unter Drogen stehen, leicht benommen, als wäre man mit dem Kopf gegen eine massive Tür gelaufen. Trotzdem stehen manche Leute auf die Nachtschicht, etwa weil sie tagsüber studieren und es sich nicht leisten können, Vorlesungen und Seminare zu versäumen, vielleicht aber auch einfach nur, weil es sich um lichtscheue Gestalten oder passionierte Nachtschwärmer handelt. In jedem Fall sind sie für jedes Hotel ein Geschenk des Himmels. Für gewöhnlich ist der Job nämlich so verhasst, dass sich die Empfangsmitarbeiter, die für die ungeliebte Nachtschicht eingeteilt werden, alle naselang krankmelden, was wiederum bedeutet, dass ein Kollege von der Spätschicht einspringen muss, dem sein eigener Job fast genauso sehr aus dem Hals hängt.

Ich war dennoch absolut zuverlässig. Jeden Abend holte ich mir pünktlich um elf meinen Stempel, und freitags trudelte ich sogar ein bisschen früher ein, um die Jungs von der Spätschicht abzulösen. Vor dem Wochenende brennen sie nämlich regelrecht darauf, sich schnellstmöglich vom Acker zu machen. Erst gähnte ich nur vor mich hin, aber gegen 2:00 Uhr nachts musste ich mich schon ziemlich zusammenreißen, um nicht wegzunicken. Um 3:00 Uhr aß ich einen Schokoriegel, um 4:00 Uhr hebelte ich eine Dose Red Bull weg, um 5:00 Uhr verzog ich mich kurz ins angrenzende Büro, um mir eine *schallende* Ohrfeige zu verpassen, begrüßte anschließend die ersten Frühaufsteher, und ab sechs checkten die ersten Gäste aus. Um 6:05 Uhr hatte ich einen Geschmack im Mund, der mich an die welken Blumen auf dem Lobby-Ziertisch erinnerte, um 6:06 Uhr begann ich die Minuten zu zählen, um

6:21 Uhr überkam mich das dumpfe Gefühl, dass ich mein Leben in den Sand gesetzt hatte, um 6:32 Uhr träumte ich im Stehen, und um 6:34 Uhr blinzelte ich voller Hass in die ersten Sonnenstrahlen. Meine Birne war völlig leer, ich konnte den Kopf kaum noch aufrecht halten, und meine Augen brannten, während ich um 6:51 Uhr den Gang hinunterspähte, an dessen Ende sich, gleich neben den Aufzugtüren, die Tür zu den Personalspinden befand, hinter der sich mein Kollege von der Frühschicht hoffentlich alsbald umkleiden würde, bis ich um 7:01 Uhr die Treppe hinunterwankte und mit den Schnürsenkeln an meinen Lederschuhen kämpfte und schließlich mit der U-Bahn nach Hause fuhr, um dort ins Bett zu fallen, jenes Bett, nach dem ich mich die ganze Nacht gesehnt hatte, nur dass nun die Sonne neongelbe Muster auf meine geschlossenen Lider zeichnete und ich immer wieder aufwachte, weil mein Körper nach Aktivität verlangte – doch stattdessen zog ich mir das Kissen vors Gesicht und atmete tief ein und aus, bis ich schließlich in einen verschwitzten, unruhigen Schlaf fiel, der für gewöhnlich etwa drei Stunden anhielt.

Zwar verbrachte ich die halbe Zeit im Dämmerzustand, doch war mir klar, dass mit dem Manager der Spätschicht etwas nicht stimmte. Er hieß Julio, und obwohl es in Hotels eherne Regel ist, perfekt rasiert zum Dienst zu erscheinen (Oberlippenbärte stellen seltsamerweise eine Ausnahme dar), lief er stets mit latinomäßig gestyltem Dreitagebart auf. Außerdem bemerkte ich, dass er mir zuweilen, wenn er gerade im Gespräch mit späten Gästen war, einen misstrauischen Blick zuwarf und sich dann mit ihnen zum nächsten durchgesessenen Sofa verzog. Es waren Gäste, die bar bezahlten, Nutten im Schlepptau hatten oder später mit Nutten aufkreuzten, nachdem sie was auch immer mit Julio klargemacht hatten. Wir sprachen nur sehr wenig miteinander (was an ihm lag), und manchmal ließ er sich stundenlang nicht blicken, während ich hinter der Rezeption stand.

Und dann war da noch der Page der Spätschicht, mit dem ebenfalls definitiv etwas nicht stimmte. Er stand ständig unter Strom, war regelrecht geboren für unsere Schicht und platzte aus allen Nähten vor Energie. Ich hatte keine Ahnung, was er sich reinpfiff. Erst dachte ich an Koks, aber er nahm keine Drogen. Er hieß Filipe, doch alle nannten ihn nur *El Salvaje*, den Wilden. Selbst sein dunkles, ungebändigtes Haar schien bis in die Spitzen motiviert. Meist ventilierte er seine überschüssige Energie, indem er seinem Frust über die Mets Luft machte oder den Marmorwänden aus heiterem Himmel Bodychecks verpasste. Wir kamen super miteinander aus. Standen betrunkene Gäste am Empfang (fast alle Gäste, die nach 2:00 Uhr morgens eintrudeln, haben schwer einen im Tee), pflegte sich *El Salvaje* hinter sie zu schleichen und nach allen Regeln der Kunst nachzuäffen, indem er sich den Mund wischte und von einer Seite zur anderen schwankte. Normalerweise gelang es mir, mich zusammenzureißen und nicht laut herauszuplatzen vor Lachen; mal abgesehen davon, dass betrunkene Gäste meist nichts davon mitkriegen, was um sie herum passiert.

Einmal allerdings gingen dann doch die Pferde mit mir durch, wenn auch nicht bei einem Betrunkenen, sondern bei einem Deutschen, dessen Flieger mitten in der Nacht gelandet war. Völlig erschöpft kam er um 4:00 Uhr morgens bei uns im Hotel an – und als sich herausstellte, dass das von ihm gebuchte Zimmer nicht frei war, bekam er einen Tobsuchtsanfall.

Bevor ich dazu komme, warum ich schließlich nicht mehr an mich halten konnte, muss ich Ihnen kurz erklären, was gemeinhin passiert, wenn das System – meist gegen 2:00 Uhr morgens – umgeschaltet und *heute* zu *morgen* wird, das Datum auf den aktuellen Tag überspringt. Was bedeutet, dass alle unbestätigten Reservierungen storniert und als No-Show gekennzeichnet werden.

Will man also – wie mein erschöpfter deutscher Gast – sein Zimmer nach 3:00 Uhr morgens beziehen, sollte man ein paar Kleinigkeiten beachten. Um nach einem anstrengenden Nachtflug ein bezugsfertiges Zimmer vorzufinden, bleibt Ihnen nichts anderes übrig, als das gewünschte Zimmer bereits explizit *für den Vortag* zu reservieren. Und damit Ihr Zimmer kein No-Show wird, sollten Sie am Abend vor Ihrer Anreise noch bei uns anrufen und uns kurz über die Situation informieren, damit Sie von uns respektive dem System korrekt erfasst werden. Auch wenn Sie erst weit nach Mitternacht eintreffen, kommen Sie so zwar nicht darum herum, Zimmerpreis und Steuern für den Vortag zu bezahlen, dafür aber kommen Sie in den Genuss eines sauberen und sofort bezugsfertigen Zimmers.

Mein deutscher Gast hatte all das nicht bedacht. Er hatte sein Zimmer für den Samstag gebucht, technisch gesehen das Datum, an dem er eintreffen würde. Und bedauerlicherweise waren an jenem Morgen alle Zimmer belegt. Tatsächlich war er etwa zehn Stunden zu früh angekommen. Tja, jedenfalls war er stocksauer. Er schäumte vor Wut. Wieder und wieder richtete er den Finger auf mich, während er mich anschnauzte und mich davon zu überzeugen versuchte, dass ich falschlag, das Hotel einen Fehler begangen hatte. Als *El Salvaje*, der sich hinten im Büro aufhielt, den Zwergenaufstand an der Rezeption mitbekam, steckte er erst vorsichtig seinen Lockenkopf aus der Tür und schlich sich dann vorsichtig an den Gast an, der mich lautstark zur Sau machte. Als er dann hinter ihm stand, fuhr er die Ellbogen aus, linste ihm mal über die linke, dann über die rechte Schulter. Es sah aus wie ein merkwürdiger Synchrontanz. Alles kein Problem, jedenfalls verzog ich keine Miene. Doch dann, als er auch noch begann, die Fäuste neben den Augen hin und her zu drehen – Buhuu! Heulsuse! –, begannen unwillkürlich meine Mundwinkel zu zucken, und dann platzte ich auch schon heraus, so heftig und unerwartet, dass ich meinem Gegenüber ins Gesicht prustete. Du lieber Himmel! Ich wandte mich ab, versuchte mich mit aller Macht zusammenzureißen, und als mir das nicht gelingen wollte, flüchtete ich kurzerhand ins Büro, um mich wieder halbwegs unter Kontrolle zu bekommen.

Von dort aus hörte ich, wie der empörte Deutsche sich nun *El Salvaje* vorknöpfte – natürlich hatte er spitzgekriegt, dass sich da gleich zwei Hotelangestellte auf seine Kosten amüsierten. Ich rief den Manager auf seinem Handy an, was ich für gewöhnlich so gut wie nie machte, und kurz darauf kam Julio zu uns herunter, zugekokst bis unter die Hirnschale – Teufel auch, offenbar hatte er in irgendeiner Kammer eine kleine Party gegeben und sich sofort zwei fette Linien durch die Nase gezogen, bevor er zu uns in die Lobby geeilt war. Und so stinksauer unser Gast war, gegen Julios Endlosgelaber, seine Stakkato-Entschuldigungen, seine gewundenen Erklärungen hatte er keine Chance, ehe Julio schließlich unsere In-House-Liste checkte, bis ihm ein Zimmer ins Auge fiel, das schon für den Vortag gebucht worden war, ohne dass sich der betreffende Gast bislang hatte blicken lassen. Es konnte noch Stunden dauern, bis er eintraf, und so hackte Julio mit koksbeflügelten Fingern auf die Tastatur ein, checkte unseren deutschen Kunden ein und wünschte ihm angenehme Ruhe. Anschließend wandte er sich wieder zu uns, zog mehr Grimassen als ein durchgeknallter Trickfilmhase, und dann war er auch schon wieder auf dem Weg zum Aufzug, ohne ein weiteres Wort an uns zu richten. Cleverer Schachzug, das musste man ihm lassen.

Zwei Nächte nach dem Debakel mit unserem deutschen

Freund kam ich auf dem Weg zur Umkleide an dem Raum mit unseren Wachmännern vorbei. Beide starrten gebannt auf die Monitore und schenkten mir keinerlei Beachtung. Was nicht weiter ungewöhnlich war, da man auf den Überwachungsmonitoren in Hotels öfter echtes Spitzenmaterial zu Augen bekommt. Ich hatte Tapes mit mitternächtlichen Orgien im Business-Center gesehen, von Gästen, die es sich auf dem Faxgerät oral besorgten, Typen, die im Lift mit den Fäusten aufeinander eindroschen (Boxkämpfe im Aufzug sind eine Edeldisziplin, insbesondere wenn Unbeteiligte dabeistehen, die sich an die Wände drücken und versuchen, sich bloß keinen Schwinger einzufangen), und natürlich jede Menge Material von über die Flure torkelnden Betrunkenen, die von einer Wand gegen die andere trudeln wie schlecht geworfene Bowlingkugeln. Das Video, das die Jungs gerade abspulten, zeigte mal wieder eine Besoffski-Nummer, nur dass es sich diesmal nicht um einen Gast handelte. Es war Julio, der gebückt einen Gang entlangwankte, die Arme gegen die Brust gedrückt.

»Was hält er denn da in den Armen?«

»Guck dir den Saftsack an. Das ist Sprit aus der Minibar, Junge. Aber warte mal ab. Das wird noch besser.«

Julio streifte die Wände mit den Schultern und prallte an diversen Türrahmen ab, bis er schließlich den Notausgang erreicht hatte und die Tür zur Treppe aufstieß.

»Okay, okay. Jetzt wechseln wir zur anderen Kamera. Pass gut auf.«

Auf dem zweiten Monitor, der die Außentreppe zeigte, rührte sich einen Moment gar nichts. Dann wurde die Tür aufgestoßen, und Julio trat heraus, stellte die Minibar-Flaschen ab und hockte sich auf die Stufen. Leonard, der Wachmann, der den Überblick über die Videosequenzen behielt, spulte erst einmal vor und kreierte so eine Slapstick-Szene, in der

Julio im Affenzahntempo eine Flasche nach der anderen kippte, während sein Kopf auf und ab wippte wie bei einem hyperaktiven Wackelhund – ein echter Lacher, bis Leonard wieder verlangsamte und ich sah, wie deprimierend das Ganze war.

»Hier. Jetzt geht's los.«

Ein paar Flaschen fielen um und kullerten die Stufen hinunter, als Julio sich aufrichtete, sich an der Wand abstützte und auf die Treppe zu urinieren begann.

»Was!? Wollt ihr mich verarschen!«

»Unfassbar, oder? Und jetzt läuft ihm auch noch die Strulle über die Schuhe! Ist der 'ne Drecksau!«

Nur um eins klarzustellen: Da ich das Handwerk in einem Luxushotel in New Orleans gelernt hatte, war ich derlei Szenen absolut nicht gewöhnt. Ich war schockiert. Was in César Ritzens Namen ging hier ab? Lief das hier in New York überall so? Oder war dieses Hotel bloß von allen guten Geistern verlassen? Keine Frage, es war eine interessante Erfahrung, doch erinnerte mich diese wieder einmal daran, dass diese Welt nicht die meine war. Ich gehörte nicht hierher. Ich arbeitete hier lediglich, um meine Schulden abbezahlen und ein bisschen was auf die hohe Kante legen zu können, anschließend würde ich mich schleunigst nach einem anderen Job umsehen. Außerdem schwor ich mir, mein hohes Dienstleistungsniveau beizubehalten. Na schön, in diesem Hotel mochte es nur so wimmeln von Kriminellen und Junkies, doch deswegen würde ich es mir noch lange nicht nehmen lassen, weiter einen höflichen Umgangston zu pflegen und meine Gäste mit exquisitem Service zu verwöhnen.

Trotz meiner Ambitionen ließ ich es ab und an recht locker angehen, wenn mir das Management nicht auf die Finger sah – und während der Spätschicht hatte man ohnehin freie Bahn. So amüsierten wir – *El Salvaje* und meine Wenigkeit – uns zum

Beispiel drei Nächte lang während unserer Pause um 3:00 Uhr oben auf dem Sales-&-Marketing-Flur mit einem Senioren-Elektromobil, das für einen Gast bereitgehalten wurde, der für die kommende Woche ein Zimmer reserviert hatte. Mit einem Bettlaken befestigten wir einen Bürostuhl hinter dem Elektromobil, und dann brausten wir abwechselnd voll Stoff über die Gänge, den anderen auf dem Bürosessel im Schlepptau, bretterten um die Ecken, knallten gegen die Wände und am Ende immer unausweichlich gegen das Heck des Elektromobils, wenn derjenige, der gerade Vordermann war, hart in die Eisen stieg. *El Salvaje* hatte wenigstens seine Haare als Kopfschutz. Ich holte mir jedes Mal neue Schrammen.

Und hätte sich Julio nicht auf die Schuhe gepinkelt, hätten wir es auch noch eine vierte Nacht lang richtig krachen lassen. Nur hatten wir plötzlich einen neuen Boss – bis Ersatz für Julio gefunden war, hatte die Hotelleitung einen der Manager von der Spätschicht abgestellt.

»Wer zum Teufel bist du denn?«, begrüßte er mich.

Ich deutete auf mein Namensschild. »Ich heiße Tom.«

»Jedenfalls biste neu hier. Hör zu, Junge, du hältst jetzt die Stellung bis morgen früh. Wenn's irgendwo brennt, bin ich in Zimmer 1402. Ich schlürf jetzt ein, zwei Muscheln, guck *SportsCenter*, und dann mach ich 'n Nickerchen. Komm bloß nicht auf die Idee, mich mit irgendwelchem Kleinscheiß zu nerven.«

Die Sache mit dem Muschelschlürfen war mir zunächst ein Rätsel (inzwischen weiß ich, dass man beim Muschelschlürfen keinen Sport guckt, o nein). Es brannte auch nirgends. Nur ein paar verbraucht wirkende Late-Night-Mädels schlurften zwischendurch durchs Foyer, vermieden jeglichen Blickkontakt mit mir und huschten auf die Straße hinaus.

Hotels und Nutten. Wie Arsch auf Eimer.

William Faulkner hat sich in einem Interview mit der Zeitschrift *Paris Review* anno 1956 folgendermaßen geäußert: »Der beste Job, der mir je angeboten wurde, war der eines Bordellbetreibers. Meines Erachtens sind Hurenhäuser das perfekte Arbeitsmilieu für einen Künstler. Sie versehen ihn mit vollkommener wirtschaftlicher Freiheit, machen ihn frei von Furcht und Hunger. Der Künstler hat ein Dach über dem Kopf und kaum etwas zu tun … Während der Morgenstunden, in denen es sich ohnehin am besten arbeiten lässt, ist es schön ruhig. Und am Abend herrscht genug gesellschaftliches Treiben, damit er sich nicht langweilen muss; außerdem erlangt er durch den Job einen gewissen Status in seinen eigenen Kreisen.«

Hotels sind die Bordelle von heute. Man mietet sich ein Bett, das man für einen bestimmten Zeitraum benutzen kann, auch wenn sich der Gast nun seine eigene Hure mitbringen muss. Und mittendrin war ich, der Mitternachtsmann, der dem Kommen und Gehen zusah. Im Übrigen geht alles erstaunlich diskret vonstatten. Da gibt es Frauen, die wie Prostituierte aussehen, aber keine sind (sondern sogenannte *gold diggers*, Mädels, die sich einen reichen Kerl angeln wollen). Dann gibt es Frauen, die wie Generaldirektorinnen daherkommen, obwohl sie unter ihren beigefarbenen Kostümen nur schwarze Reizwäsche tragen. Professionelle Nutten kommen auch nie an die Rezeption. Ich erkenne sie daran, wie sie kurz noch einen Blick auf ihr Handy werfen, um sich die Zimmernummer in Erinnerung zu rufen. Dann sehen sie auf, und da bin ich, der Mitternachtsmann, der ihnen mit dem Zeigefinger den Weg zu den Aufzügen weist. Im nächsten Moment sind sie auch schon verschwunden.

Eines besonders verkehrsreichen Abends, an dem ein überaus reges Kommen und Gehen der weiblichen Spezies herrschte, notierte ich mir Ankunft und Outfit der jeweiligen

Damen, um herauszufinden, wie lange sie blieben, und somit Rückschlüsse auf die Dauer ihrer Dienste ziehen zu können. Tja, aber so funktioniert das leider nicht. Manche Männer mieten sich bloß eine Tusse, um ein bisschen mit ihr zu quatschen. Die eine oder andere Dame hätte genauso gut eine verheiratete Frau sein können, die sich mit einem Liebhaber traf. Man kriegt es einfach nicht heraus. Glauben Sie mir, bei diesem Versteckspiel tappt man auf ewig im Dunkeln, schlicht weil alle wollen, dass man im Dunkeln tappt.

Bordell hin oder her, Faulkner war nicht der einzige Schriftsteller, der zwischendurch mal am Empfang stand. Während er *Miss Lonelyhearts* zu Ende schrieb, arbeitete Nathanael West als Nachtportier in einem maroden Hotel in Manhattan und ließ sogar befreundete Autoren wie Dashiell Hammett und Edmund Wilson dort gratis absteigen. Im Gegenzug priesen sie sein Werk mit Lobeshymnen und halfen ihm, seine Arbeit bekannt zu machen. Allerdings war das damals in den dreißiger Jahren. Während meiner Arbeitszeit war es mir nicht mal erlaubt, mich zwischendurch auf einen gottverdammten Stuhl zu setzen.

Nach zwei Monaten Totengräberschicht tauchte eines späten Abends ein Ecuadorianer auf, der die gleichen Klamotten und die gleiche Krawatte wie ich trug.

»Wer bist du denn?«

»Hector«, erwiderte er, nahm sein Namensschild ab und stellte es zwischen uns auf den Empfangstresen.

»Und was machst du hier?«

»Ich bin der Neue. Der Neue für die Nachtschicht.«

»Wie? Ich komme zur Spätschicht?«

»Wusstest du das nicht? Mann, hier sagt einem aber auch gar keiner was. Ist wie bei der Scheißarmee.«

KAPITEL 7

Die Pagen waren die Ersten, die mich einzuschüchtern versuchten.

»Jetzt hörst du mir mal gut zu, Junge. Sobald ich sehe, dass du jemandem den Zimmerschlüssel in die Hand drückst, schneide ich dir die Eier ab. Sobald ich dich jemanden fragen höre, ob du ihm helfen kannst, schneide ich dir ebenfalls die Eier ab. Du hältst einfach die Fresse. Du rufst einen von uns und gibst dem dann den Schlüssel. Wenn jemand sein Gepäck selbst nach oben schleppen will und meine Kleine wegen ihm hungern muss, soll er mir das selbst ins Gesicht sagen. Und falls du ihm den Schlüssel gibst, muss ich davon ausgehen, dass *du* meine Kleine hungern lassen willst. Tja, und in dem Fall kriege ich raus, mit welcher Bahn du nach Hause fährst, Freundchen, und dann ist Schluss mit lustig, kapiert?«

Aufmunternde Worte, oder? Und das nun schon zum zweiten Mal. Allmählich begann ich New York wirklich zu lieben – erst meine WG-Genossin, die mir wegen der Miete die Hölle heißgemacht und mich damit gezwungen hatte, mich wieder nach einem Job in der Hotellerie umzusehen, und nun dieser Page, der mich exakt eine Minute nach Beginn meiner ersten Spätschicht von der Seite anquatschte. Sie hatten mich zu dritt in eine Ecke der Lobby gezogen, und während der Anführer mir erklärte, was Sache war, standen ihm die beiden anderen Flanke und nickten nachdrücklich. Der Kopf des Trios hieß

Ben, wenn man seinem Namensschild Glauben schenken durfte. Ben der Bellboy. Inzwischen weiß ich, dass er mir bloß einen gutgemeinten Rat erteilen wollte.

»Es ist zu deinem eigenen Besten, uns die Tour nicht zu vermasseln«, beendete er seinen Sermon, ehe sich die drei wieder verzogen.

Also, herzlich willkommen in der ersten Liga – Spätschicht. 16:00 bis 23:00 Uhr. Die Nachtschichten waren eine ziemlich deprimierende Rückkehr in die Branche gewesen: die ernüchternde Stille in der Lobby um drei Uhr morgens, durchbrochen nur vom rasselnden Husten einer Nutte, die auf die Straße zurückkehrte, und dem Geräusch meiner eigenen Gedanken, während ich allein hinter dem Empfangstresen stand.

Jetzt war Schluss mit einsam. Immer noch leicht von der Rolle nach dem Pagen-Überfall, trat ich wieder hinter den Empfang und kümmerte mich um die anstehenden Gäste. Niemand hatte mich in die Feinheiten des Systems eingewiesen so wie seinerzeit in New Orleans, und niemand sah mir über die Schulter. Hier in New York schien es dem Management sogar egal zu sein, ob ich überhaupt aufkreuzte.

Doch nachdem ich Position bezogen und mich eingeloggt hatte, hörten auch meine Nerven auf zu flattern. Schließlich war ich ein alter Hase unter den Desk-Jockeys, beherrschte die Klaviatur wie im Schlaf.

In null Komma nichts war klar, welchem Faktor in meiner neuen Umgebung die höchste Priorität zukam: TEMPO. In New Orleans hatten wir uns gleichsam wie in Sirup bewegt; niemand hatte es im Geringsten eilig. Eine Spätschicht in New York hingegen erlebt man so, als hätte man vier Linien Koks in die Nase gezogen und anschließend noch einen Energy Drink gekippt. Nach einer Woche Spätschicht begann ich mein Arbeitstempo zu verdreifachen. Man spart zum Beispiel satte fünf Sekunden Zeit, wenn man schon mal die Zimmernummer auf das Mäppchen mit der Schlüsselkarte schreibt und die eine oder andere Frage des Gasts beantwortet, während seine Kreditkarte online überprüft und autorisiert wird. In New Orleans hatte ich mich während solcher fünf Sekunden höchstens gefragt, ob ich mir gleich noch ein Schlückchen Heineken genehmigen oder dem Gast vielleicht ein nettes Lächeln schenken sollte. Wer in Manhattan auf die Idee kommt, fünf wertvolle Sekunden mit Lächeln zu verschwenden, muss aufpassen, dass er nicht umgehend in die nächste Anstalt eingewiesen wird.

Während der Spätschicht bekam ich nun auch mit, welches Ansehen das Bellevue in der Manhattaner Hotelszene genoss. Es hatte einen guten Ruf. Leider stammte er aus Zeiten, die schon zehn Jahre her waren. Zu unseren Gästen gehörten sogar ein paar B-Promis, nette Kerle wie Tony Danza, der gern hier abstieg, weil die Pagen keine Manschetten hatten, »Eyyy, Toneee« quer durch die Lobby zu brüllen, wenn er hereinstolziert kam, und man sah ganz genau, dass ihm dabei *echt einer abging*. Dazu kamen reichlich Geschäftsleute aus aller Herren Länder, eine extrem internationale Klientel, und überhaupt traf man hier auf eine weit multikulturellere Kundschaft als in New Orleans: Australier, die aus Südafrika einflogen, um mit der *Queen Mary* nach England überzusetzen. Katalonische Juden, die nichtjüdische Helfer benötigten, um den Sabbat regelkonform begehen zu können – jemanden, der den Aufzugknopf für sie drückte, die Zimmertür öffnete und vielleicht, ganz vielleicht die Sport-News anschaltete, ehe er sich wieder aus dem frommen Hotelzimmer verdrückte. Und dann waren da natürlich noch die Japaner, die stets nach getrennten Betten verlangten, da sie nicht neben ihren Ehefrauen schlafen wollten, sowie nach genügend Platz, um sich anständig verneigen zu können. Der durchschnittliche japanische Geschäftsmann verneigt sich etwa fünfhundertmal am Tag (sogar am Telefon).

Und die verdammten Pagen wollten mich nicht in Ruhe lassen. Selbst nach zwei Wochen hörten sie nicht auf, mich zu behelligen: Mindestens zweimal am Tag musste ich einem Pagen aus dem Weg springen, um nicht einen tonnenschweren Samsonite-Koffer in die Nüsse zu bekommen. Doch im Lauf der Zeit entwickelte ich allmählich Verständnis für ihre Lage.

Der gemeine Page, auch Bellboy genannt: ein Anachronismus, eine Kreatur, die buchstäblich nicht mehr gebraucht wird. Die Leute schleppen ihr Gepäck zur Haustür, die Einfahrt hinunter, vom Auto zum Check-in-Schalter, vom Gepäckband zum Taxi, durch die Drehtüren zum Empfang, und dann, dann *auf einmal* kommt irgendein dahergelaufener Bursche mit Bürstenhaarschnitt auf die Idee, seine Hilfe anzubieten? Sie haben Ihren Koffer 2500 Meilen weit hinter sich hergezogen, und auf den letzten paar Metern will Ihnen ein behandschuhter Affe plötzlich das Ding abnehmen und dafür auch noch die Hand aufhalten? Na, schönen Dank auch, oder?

Deshalb hatte mir Ben seine Warnpredigt gehalten. Keine Frage, wenn die Prinzessin von Abu Dhabi mit mehr Koffern anreist, als ihre Leibwächter tragen können, benötigt sie jemanden, der ihr unter die Arme greift. Damit ist nicht gesichert, dass sie auch Trinkgeld gibt, aber sie benötigt ganz zweifellos Hilfe, ebenso wie ihre sieben Nichten und Neffen, die alle ihre eigenen Kissen mitgebracht haben. Wie auch immer, 98 Prozent aller anderen Gäste würden gern auf derartigen Beistand verzichten, und ein Page kann mit einer Erfolgsquote von zwei Prozent nicht überleben.

Daher bedient er sich zweier Werkzeuge, um seine Quote zu maximieren: Schuldgefühl und Angst. Frage ich einen Gast, ob er Hilfe braucht, erhalte ich stets dieselbe Antwort: Nein.

Nein, nein und nochmals nein. Winke ich aber verstohlen einen Pagen heran, drücke ihm den Schlüssel in die Hand und erkläre den Gästen mit ein wenig verbalem Nachdruck, dass der Page sie nach oben bringen wird, geht die Quote steil nach oben. Sofort sieht man den Gästen das schlechte Gewissen an, und zudem schleicht sich leise Angst in ihren Blick. Sie kämpfen mit ihrem schlechten Gewissen, weil sie sich eigentlich das Trinkgeld sparen wollen, und gleichzeitig haben sie Angst davor, dem Pagen (entschlossene Miene, Schlüssel in der einen, Koffer in der anderen Hand) kurz und bündig ins Gesicht zu sagen, dass sie ihr Gepäck auch allein tragen können. Häufig jagte ihnen der jeweilige Page solche Angst ein, dass sie sich allen Ernstes *an mich* wandten: »Ähm, schon okay, wirklich, das geht auch so, kein Problem.« Ein echter Brüller – *Oh, bitte, Sir, bitte, pfeifen Sie den bösen Mann zurück!!!* Worauf ich dann stets dem Pagen mit einem Nicken bedeutete, sich wieder ins Unterholz zurückzuziehen und auf das nächste Opfer zu warten. Kurz darauf aber änderte ich einfach meine Strategie. Sobald sich der Page auf mein Zeichen hin näherte, verlieh ich ihm Geschichte und Kontur, indem ich sagte: »Das ist mein alter Freund Ben. Er wird Sie jetzt auf Ihr Zimmer begleiten.« Und wenn irgendwelche Japaner am Empfang standen, die ohnehin kein Wort verstanden, pflegte ich noch ein bisschen weiter auszuholen: »Das ist mein alter Freund Ben, Pate meiner Tochter und Intimus meiner Ehefrau.« Die Nummer brachte Ben zwar kein Kleingeld, aber es klang einfach so cool, dass wir nicht genug davon kriegen konnten.

Die Portiers haben es um einiges einfacher, da die Taxifahrer den Kofferraum direkt beim Vorfahren öffnen. Weshalb der Portier Ihr Gepäck bereits in Händen hat, bevor Sie überhaupt ausgestiegen sind, ob Ihnen das nun gefallen mag oder nicht. Wenn er nur ein winziges bisschen an Ihr schlechtes Gewissen appelliert, werden Sie ihm gern einen oder zwei Dollar in die Hand drücken, damit er Ihre persönlichen Sachen in Ruhe lässt. Pagen müssen erheblich mehr Initiative aufbringen.

Das Leben ist hart. Würde ich Ihnen raten, stets die Hilfe eines Pagen anzunehmen und ein bisschen Kleingeld für ihn bereitzuhalten? Ja, aber hallo. Dennoch gibt es Momente, in denen Gäste nicht in der Stimmung sind, sich von einer behandschuhten Plaudertasche den Wolf labern zu lassen. Vielleicht haben Sie gerade das Gefühl, dass Ihr Leben den Bach runtergeht, und keine Lust, sich darüber auszulassen, wo Sie gerade herkommen. Am einfachsten erlangen Sie Ihren Zimmerschlüssel (und Ihre Freiheit) vom Pagen zurück, indem Sie schlicht sagen: »Danke sehr, aber das geht auch so.« Oder: »Nett von Ihnen, aber ich finde den Weg auch allein, wenn's Ihnen nichts ausmacht.«

Selbstverständlich nicht. Bleiben Sie einfach höflich. Einmal habe ich sogar einen Gast erlebt, der einen Pagen abschlägig beschied und ihm trotzdem zwei Dollar gab, einfach fürs *Nichthelfen*. Natürlich war er für den Rest seines Aufenthalts in aller Munde. Als wäre urplötzlich ein Guru im Bellevue erschienen. *He, das ist der Typ, der Ben zwei Dollar für lau gegeben hat.* Hätte er sich seine Koffer hinauftragen lassen und anschließend zwanzig Dollar Trinkgeld abgedrückt, hätte das sicher nur halb so viel Aufsehen erregt.

* * *

Leider musste ich mich nicht nur mit den Portiers und Pagen herumschlagen, die Stammgäste des Bellevue machten es mir nicht eben leichter. Das Hotel in New Orleans war brandneu gewesen; sowohl Angestellte als auch Gäste hatten bei null angefangen. Im Bellevue brauchte ich eine kleine Ewigkeit, bis ich über manche Gäste einigermaßen Bescheid wusste. Ein gewisser Mr Sandbourg, der seit fünfzehn Jahren jede Woche für drei Tage im Bellevue abstieg, zeigte allerdings wenig Verständnis für meine Probleme als Neuling. Sandbourg hatte in jedem, buchstäblich *jedem* Zimmer schon einmal übernachtet, und obwohl ich mich nach Kräften bemühte, ihm möglichst attraktive Räumlichkeiten anzubieten, pflegte er meine Offerten jedes Mal eiskalt abzuschmettern. Zimmer 1503? Nein. Zimmer 702? Nein. Zimmer 4104? Nein. Am liebsten hätte ich ihm selbst eine geschmettert.

Ein anderer Stammgast weigerte sich, in irgendeinem Zimmer zu übernachten, dessen Ziffern addiert nicht die Zahl neun ergaben. Was bedeutete, dass ich mir vorkam wie seinerzeit in der Mathestunde, und ehrlich gesagt war ich nie ein großes Rechengenie gewesen. Außerdem hatte er einen leichten Schlaf (eins von vielen Psycho-Problemen, wie ich annahm), weshalb Zimmer in Liftnähe ebenfalls ausschieden. Zimmer 1503? Zimmer 702? Zimmer 4104? Selbst Adam Riese wäre irregeworden.

Meine neuen Kollegen am Empfang assistierten mir, so gut es eben ging, warnten mich vor den Marotten der Gäste, manchmal sogar vor den Gästen selbst. Während eines Check-ins mit einer besonders schwierigen Kundin winkte mich Kayla, eine Kolumbianerin Anfang dreißig mit wunderschönen schwarzen Locken, zu sich an ihren Computer: »He, Tom, ich glaube, das Zimmer hier könnte für die Dame genau richtig sein.« Mit ihrem manikürten Zeigefinger deutete sie auf den Bildschirm und die Botschaft, die sie für mich verfasst hatte: »Vergiss die alte Hexe, die meckert immer endlos rum. Mach ihr einfach irgendein Zimmer schmackhaft, erzähl ihr, wie großartig es ist, und schick sie nach oben. Wenn sie erst mal auf ihrem Zimmer ist, beschwert sie sich auch nicht mehr.« Wir nutzten den Computerbildschirm häufig, um uns Botschaften zu schreiben, meist strategische Kommuniqués, mittels derer wir Probleme mit Gästen zu lösen versuchten. Manchmal schrieb ein Kollege aber auch einfach nur: »Kannst du die Hübsche mal fragen, ob sie mein Ding in den Mund nehmen würde?« Macht Spaß, wenn man sich dann grinsend wieder an die betreffende Dame wendet, als wäre nichts passiert.

Kaylas Methode war jedenfalls unschlagbar. Und bald hatte ich die Nummer ebenso gut drauf wie sie.

»Na, dann hätten wir's ja. Mrs Lansing, das Zimmer wird Ihnen mit Sicherheit gefallen, dafür verbürge ich mich. Das ist übrigens mein alter Freund Ben. Er wird Sie nach oben begleiten.«

»Ich kann nur für Sie hoffen, dass das Zimmer in Ordnung ist.« Naserümpfend fuhr sie fort: »Außerdem brauche ich keinen Pagen. Mein Koffer hat Räder.«

* * *

Bernard Sadow: Das ist der Mann, den alle Pagen hassen, auch wenn sie noch nie von ihm gehört haben. Anno 1970 hat er den Rollkoffer erfunden, eine existentielle Bedrohung für jeden Pagen auf diesem Planeten. Zuvor war der Page eine Notwendigkeit gewesen, jemand, der einem das Leben im wahrsten Sinne des Wortes leichter machte, ein ausgesprochen nützliches Mitglied der Gesellschaft. Doch als Sadow im Oktober 1970 seinen ersten Prototyp an das Kaufhaus Macy verkaufte, löste er damit einen katastrophalen Wandel im Dienstleistungsgewerbe aus. Er zwang den einst edlen Wilden zum Rückzug, ja zwang ihn, sich als Abzocker neu zu erfinden. Genauso gut hätte Sadow den Spruch erfinden können, den kein Page hören will, jenen Spruch, der leere Hände hinterlässt und Weihnachten versaut: »Nein danke, das geht schon.« Oder die ebenso weitverbreitete wie saublöde Phrase: »Ach, machen Sie sich keine Umstände.« Keine Umstände? Der Mann hat Familie. Hier wird niemand belästigt.

Und so streifen diese armen, obsolet gewordenen Jäger durch die Weiten der Lobbys unserer Welt, stets auf der Suche nach einem neuen Opfer. Und wie alle Raubtiere, die sich auf wendigere, besser ausgerüstete Opfer einstellen müssen, entwickelt auch jeder Page seine eigenen Methoden, seinen ureigenen Stil. Ich beobachtete ganz genau, wie Alan es machte, der seit neunzehn Jahren im Bellevue arbeitete und der zweitälteste Page im Haus war. Alan – Mitte fünfzig, graumelierter Bürstenhaarschnitt, Brille mit Silberrahmen – zieht folgenden Stiefel durch: Er geht in die Hocke, begrüßt Ihre Kinder mit einem freundschaftlichen High-five-Abklatscher, erkundigt sich, was für ein Spiel sie gerade auf ihrem Gameboy spielen, erzählt den kleinen Mädchen, wie superchic sie aussehen, fragt die Kids, ob sie sich schon auf die berühmten New Yorker Cupcakes freuen, und so weiter, und so fort. Wenn Alan Sie an einem Freitag zu Ihrem Zimmer begleitet, werden Ihre Kids samstags freudestrahlend durchs Foyer rennen, um sich mit ihm abzuklatschen und ihm zu erzählen, was sie am Vorabend alles erlebt haben.

Und just in dem Moment, wenn Sie so richtig Bauklötze staunen, was für ein wunderbarer Mann (und wahrscheinlich auch wunderbarer Vater) sich so rührend um Ihre Kinder kümmert, wird er den Kopf heben, Sie einfach nur durch seine Brillengläser fixieren und Ihnen allein damit bereits einen echten Schock versetzen. Du lieber Himmel – Sie haben auch nicht den entferntesten Gedanken daran verschwendet, dass dieser warmherzige Page für seine ebenso liebens- wie denkwürdige Performance auch *entschädigt* werden möchte. Alans Blick, durchdringend und bedeutungsschwanger zugleich, werden Sie so schnell garantiert nicht wieder vergessen. Von einer Sekunde auf die andere hat er Ihnen nonverbal zu verstehen gegeben, dass seine Dienste *Geld kosten.* Vielleicht machen Sie sich also lieber schnell auf den Weg zum nächsten Bankomaten. Alan passt gern solange auf die Kinder auf.

Man nennt ihn auch den Grauen Wolf.

New Yorker Pagen bauen Häuser, richten sogar Stipendienfonds ein – alles auf der Basis von Ein- und Fünf-Dollar-Noten. Das Kleingeld ist ihr Maßstab, prägt und definiert ihr gesamtes Leben. Ich gebe mal ein kleines Beispiel. Nennen wir das Ganze *Hotelpagen im Nebel: Die Hundert-Dollar-Show.*

»Jetzt tu bloß nicht so, als würdest du's nicht fühlen, Tom«, sagt Alan.

»Ähm, was denn? So 'ne Art mystische Aura? Als würde der Schein eine Art eigener Energie ausstrahlen?«

Inzwischen liegen drei Monate Spätschicht hinter mir, und mein Verhältnis zu den Jungs ist um einiges lockerer geworden. Alan lehnt am Empfangstresen, in der Hand einen Stapel Ein-Dollar-Noten, so dick wie ein oberfettes De-luxe-Sandwich. »Zähl mal durch, Alter. Ich mach Feierabend für heute.«

Ich senke den Kopf und zähle einen Schein nach dem anderen ab, in der Hoffnung, nicht dabei gestört zu werden. Die kleinen Scheine des Grauen Wolfs zu zählen gehört nun eigentlich nicht zu meinen Aufgaben. Wenn jetzt irgendein Gast an den Empfang kommt, muss ich den Stapel beiseitelegen und anschließend wieder von vorn anfangen. »Siebenundvierzig, achtundvierzig, neunundvierzig …«

»Hat dir nie jemand gezeigt, wie man Banknoten abzählt, Mann? Du legst die Scheine auf die Hälfte zusammen, und dann nimmst du den Daumen und …«

»Zweiundsechzig, dreiundsechzig – halt die Klappe –, vierundsechzig, fünfundsechzig ...«

Das Ritual des Geldzählens ist für jeden Pagen und Portier der Höhepunkt des Tages. Die echten Topverdiener unter den Pagen und Portiers, die wahren Meister ihres Fachs können locker 100000 Dollar im Jahr abschöpfen, alles in bar und in kleinen Scheinen.

Angesichts dessen stellen Sie sich hoffentlich nicht ernsthaft vor, dass die Jungs ihre Scheine in Müllsäcken in ihre winzigen Mietwohnungen schleppen, oder?

Der Hundert-Dollar-Schein ist das Maß aller Dinge, die Quintessenz ihres Daseins. Und die Hunderter stapeln sie zu Hause. Wenn Sie es also auf den Reichtum eines Pagen abgesehen haben, brauchen Sie ihm nur in seine eigenen vier Wände zu folgen. Wobei ich Ihnen das nicht empfehlen würde: Hotelpagen sind nämlich wie Grizzlybären – wenn jemand zwischen sie und ihre Trinkgelder gerät, zerfetzen sie ihn in der Luft, feixen über der Leiche und genehmigen sich dann erst mal ein paar Bier.

»Achtundneunzig, neunundneunzig, und hundert.«

»Sehr schön«, flötet Al und wedelt mit den Fingern – *Lass schon rüberwachsen, Alter*. Ich gebe ihm einen Hunderter, doch er zieht eine abfällige Miene. »Was is'n das für 'n trauriger Lappen? Heb den mal für 'nen Gast auf. Du hast doch wohl 'nen frischeren Schein auf Lager, oder?«

Immer dasselbe. Knackige Banknoten sind ein echter Fetisch für die Jungs. Ich lege fünf Scheine vor ihn auf den Tresen und lasse ihn auswählen. Und jetzt sollten Sie mal sein Gesicht sehen – durch seine Brillengläser späht er wie ein Achtjähriger in die Auslage eines Süßwarenladens, während er die Hunderter in Augenschein nimmt.

»Den da nehme ich. Mal ehrlich, kannst du's wirklich nicht

fühlen? Die Power, die von 'nem knackfrischen Hunni ausgeht? Das ist 'ne göttliche Kraft, Mann, unmöglich, das nicht zu spüren.«

»Du lieber Himmel.«

»Ich mein's ernst. Lass mich blind in 'nen Sack mit Scheinen greifen, und ich greif dir in null Komma nichts den Hunni raus. Kannst mir jetzt gleich die Augen verbinden.«

»Das ist der größte Schwachsinn, den ich je gehört habe«, sage ich.

»Ach so? Na, wie wär's dann mit 'ner kleinen Wette?«, gibt Al zurück, den Blick auf Benjamin Franklins Konterfei gerichtet. »Was willst du setzen?«

»Einen Zwanziger«, sage ich, während ich fünf Einer und fünf Hunderter aus der Kasse nehme. »Ich verbinde dir die Augen, reiche dir je zwei Scheine, und du sagst mir, welcher der Hunderter ist. Liegst du dreimal richtig, wird mein Zwanziger zu deinem Zwanziger.«

»Darauf habe ich nur gewartet, Junge. Okay, ziehen wir die Hundert-Dollar-Show ab, aber nicht mit mir. Warte, ich hole mal eben Jay – der hat das noch 'nen Tick besser drauf als ich.«

Fünf Minuten später bahnt sich Jay in seiner Portiersuniform den Weg zwischen Aberdutzenden von Gepäckstücken hindurch, die auf ihre Abholung warten, als würde er sich eine Schneise durch hohes Dschungelgras schlagen. Als er schließlich unser Büro betritt, hat der Graue Wolf die Scheine bereits auf dem Tisch des Managers ausgebreitet, und ich halte meine Krawatte in Händen, ziehe sie straff, als wollte ich Jay damit erdrosseln.

»Was soll der Scheiß? Ihr bringt mich um die Kohle, die ich draußen machen kann.«

»Krieg dich ein, Jay, den Schotter kassierst du jetzt hier«, erwidert Alan beschwichtigend. Es ist nämlich schon gefährlich, zwischen einen Portier und das Geld zu geraten, das er *potentiell* einstecken könnte. Und Jay ist wahrlich ein gottverdammter Grizzly: ein Riesenkerl mit kantigem Kinn und Monsterpranken, eine echt furchteinflößende Erscheinung.

Vorsichtig trete ich mit der Krawatte zu ihm. »Nur mit der Ruhe, Mann.«

»Mach schon, Jay«, sagt Al. »Pflanz deinen Arsch auf den Stuhl, und schon geht's los. Also, unser junger Freund hier verbindet dir jetzt die Augen, okay? Dann kriegst du 'nen Geldschein in jede Hand, in die eine 'nen Einer, in die andere 'nen fetten Hunni. Erkennst du den Hunni, hast du die Runde gewonnen. Fünf Versuche, und wenn du's dreimal schaffst, sahnen wir 'nen Zwanziger ab und machen halbe-halbe.«

»Bist 'n Schatz, Wolf. Na, dann leg mal los, Tommy. Das mach ich im Schlaf, mein kleiner Freund.«

»Hat er sich selbst ausgedacht.« Al legt mir väterlich die Hand auf die Schulter.

Ich verbinde Jay die Augen, und wir beginnen mit der ersten Runde.

Und das muss man wirklich gesehen haben, wie der Grizzly, seiner Sicht beraubt, sich ganz auf seine natürlichen Instinkte verlässt. Wie er den Kopf leicht zur Seite neigt, wie die Nasenflügel beben. Er nimmt den einen Schein in die Hand, schnuppert daran, reibt ihn prüfend zwischen den Fingern.

»Das ist der Hunni.«

»Was?«, platze ich heraus. »Du hast ja nicht mal den anderen Lappen angefasst.«

»Hey«, erwidert er. »Der Schein hat zu mir *gesprochen*. Nächste Runde.«

Nun liegen zwei nahezu pressfrische Scheine auf dem Tisch, der Einer vielleicht nicht mehr ganz superbrandneu, aber letztlich kaum von dem Hunderter zu unterscheiden.

Oh, aber der Grizzly steht auf die Herausforderung. Die frischen Scheine machen ihn heiß, richtig heiß. Er schnaubt, bewegt unruhig den Kopf hin und her, zerknüllt die Scheine direkt unter der Nase, drückt sie zusammen, als handele es sich um ein paar leckere Salatblätter. Dann erstarrt er mitten in der Bewegung, als hätte irgendwo in der Ferne ein Zweig geknackt, senkt langsam eine Hand nach der anderen und lässt den Schein in seiner Rechten zu Boden fallen.

»Hunni«, sagt er, führt den Hunderter an seine Nase und zieht den Duft tief in seine Lungen.

»Wie bitte? Wollt ihr mich verarschen? Das ist doch totaler Kokolores!«

»Ich hab's dir doch gesagt«, sagt Al beschwichtigend. »Kinderleicht, das Ganze.«

»Moment, wir sind noch nicht fertig. Runde drei. Jay, du gieriger, geldgeiler Gorilla. Mach dich bereit.«

Diesmal zerknüllen Al und ich die Banknoten. Wir falten, knittern und quetschen sie, bis wir zwei identische Bällchen in den Fingern halten. Ich schließe die Augen, und ich schwöre Ihnen, beide fühlen sich komplett und absolut gleich an.

Dem Grizzly gefällt überhaupt nicht, was wir ihm in die Hände drücken. Der vergewaltigte Hunderter, welcher von den beiden Scheinen er nun auch sein mag, erregt seinen Zorn. Aber – ha! – jetzt hat er keinen Plan mehr, die Fährte verloren, klar erkennbar daran, wie er seinen Kopf hin und her dreht. Er schnuppert mal an dem einen, mal an dem anderen Bällchen und schnaubt genervt, da er zu keinem Ergebnis kommt. Dann jedoch spannen sich seine Kinnmuskeln an, während er die zusammengeknüllten Scheine zwischen den Fingern prüft, mit den Daumen über sie streicht. Reglos wie ein Berg hockt er da, konzentriert bis in die Haarspitzen, und hält Zwiesprache mit jenem Gott, den man auch Mammon nennt.

Dann pfriemelt er, die Augen nach wie vor verbunden, den einen Schein vorsichtig auseinander und streicht ihn behutsam auf seinem Knie glatt. Wieder ist es der Hunderter, und mein ungläubiger Blick schweift zu Al, der nur bewundernd den Kopf schüttelt. Und nachdem Jay den Hunderter perfekt geglättet hat, legt er ihn auf den Schreibtisch, schließt die Faust um den anderen Schein und reckt die Hände in die Luft.

»Der Schein der verfickten GÖTTER!«, dringt es rau aus seiner Kehle.

Im selben Moment wird die Tür aufgerissen, und Kelly Madison, unsere Rezeptionschefin, bleibt einen Moment lang wie angewurzelt stehen, während sie uns konsterniert in Augenschein nimmt: Al und mich, der eine im Überschwang des Triumphs, der andere im Angesicht der Niederlage, und dazwischen Jay mit meiner Dienstkrawatte über den Augen, die geballten Fäuste hoch über dem Kopf, als würde jede Sekunde das Menschenopfer hereingeführt.

»Was, zum Teufel, ist denn hier los? Verdammt noch mal, Tom, hast du eine Ahnung, wie viele Leute gerade draußen am Empfang stehen? Und du, nimm die Krawatte ab! Und du legst sie dir jetzt besser schleunigst wieder um, Tom – hast du vergessen, WOFÜR DU HIER BEZAHLT WIRST? Was, zum Teufel, treibt ihr hier eigentlich?! Seid ihr nicht ganz dicht, oder was?«

Jay steht auf und zieht sich die Krawatte von den Augen. Er wirft einen Blick auf den zerknitterten Hunderter in seiner Hand, ehe er mit einem irren Flackern in den Augen zu Kelly aufsieht. Unwillkürlich tritt sie einen Schritt zurück.

Wortlos verlässt Jay den Raum.

Kelly blickt Al an, und dann blickt Al mich an. Nun wendet Kelly den Blick von Al und sieht ebenfalls mich an. Ich blicke durch die Tür hinaus in die Lobby. Vor dem Empfang steht eine Schlange, die fast bis zu den Drehtüren reicht.

* * *

Nun vertraut mit dem New Yorker Arbeitstempo und den Gepflogenheiten im Bellevue, lebte ich mich immer besser ein. Auch die Pagen freundeten sich mehr und mehr mit mir an. Meine Geldprobleme hatten sich im Handumdrehen in Luft aufgelöst. Die noch ausstehende Miete hatte ich inzwischen bezahlt, und in unserer WG war wieder Friede, Freude, Eierkuchen eingekehrt. Mein Anfangsgehalt war fast doppelt so hoch wie seinerzeit in New Orleans, und mit den ganzen Überstunden ließ sich gut was extra verdienen. Und apropos Überstunden: Einmal arbeitete einer unserer Gepäckträger (unter anderem auch dafür zuständig, Faxe zu überbringen, die Gepäckwagen auf Hochglanz zu polieren, die Zimmermädchen anzuschnauzen, wenn sie zwischendurch eine rauchen, Hundescheiße vom Lobbyboden abzukratzen oder mitten in der Nacht Kondome zu beschaffen, und so weiter, und so fort) satte zweiunddreißig Stunden am Stück. Als ich um 16 Uhr frisch und ausgeschlafen die Lobby betrat, stand er halb komatös hinter einem Gepäckwagen; sein eines Auge war geschlossen, das andere auf mich gerichtet.

»Wer bist du denn?«

»Tom. Wir kennen uns doch. Ich arbeite hier schon seit fünf Monaten.«

»HALT EINFACH DIE FRESSE, VERDAMMT NOCH MAL!«

»Sorry, ich wollte dir nicht zu nahe treten.«

»Was hast du da gerade gesagt?«

»Nichts.«

»Freut mich, dich kennenzulernen«, sagte er, während er sich an einer der Streben des Gepäckwagens festhielt.

»Ehrlich, wir kennen uns schon. Keine Ursache.«

Wie Sie sehen, brauchte es im einen oder anderen Fall durchaus ein bisschen Zeit, bis ich meine Kollegen richtig kannte. Generell lernt man die Crew eines Hotels am besten kennen, indem man sich mit den Jungs und Mädels nach Dienstschluss in der nächsten Bar ein paar Drinks hinter die Binde kippt. In unserer Vollstress-Branche gehört ein gepflegtes Besäufnis einfach dazu. Vergessen wir nicht, wie Sanford der Portier mich seinerzeit in New Orleans an die Flasche zurückgebracht hatte. Doch wenn ich in New York mit meinen Kollegen saufen ging, kamen dabei auch Dinge heraus, die ich ziemlich uncool fand. Kelly Madison, die Managerin, die unsere Hundert-Dollar-Show so jäh beendet hatte, stand immer unter Dauerstress, selbst wenn sie nicht im Dienst war. Mir war ohnehin seit der Zusammenarbeit mit meinem ersten Overnight-Manager klar gewesen, dass diese »Manager« Probleme hatten. Wenn es sich nicht um Stress handelte, waren es Drogen. Oder sie klauten wie die Raben.

Ich wusste also bereits, dass ich es mit einer ziemlich dubiosen Mischpoke zu tun hatte. Doch nachdem meine Kollegen ein bisschen aus dem Nähkästchen geplaudert hatten, konnte ich kaum glauben, was hier täglich an Abzocke betrieben wurde.

Die meisten Firmen, die Zimmerkontingente buchen, übernehmen den Zimmerpreis plus Steuer, aber nicht die Extrakosten (Videos, Minibar etc.), weshalb der überwiegende Teil der Gäste diesen Teil der Rechnung bar bezahlt. Und nach einer Weile fiel mir auf, dass meine Empfangskollegen vor der Erfassung der Barzahlung die jeweiligen Gäste fragten, ob sie eine Quittung benötigten. Erhielten sie ein explizites Nein, gaben sie das Wechselgeld heraus, wünschten dem Gast noch einen schönen Tag, und sobald er ins Taxi zum Flughafen gestiegen war, trugen sie die Kosten aus, schrieben »Streitfall« dahinter und steckten das Geld selbst ein. Und da, wie ich an anderer Stelle bereits erklärt habe, es wegen Videos und Minibar-Entnahmen ständig zu Unstimmigkeiten kommt, kümmert sich auch niemand darum, weshalb diese Kosten storniert worden sind. Trotzdem war ich komplett baff, wie dreist so mancher Kollege die Schwächen des Systems ausnutzte. Jede Barzahlung, für die der Gast keine Quittung verlangt, kann so in die eigene Tasche wandern. Betrug? Man darf es auch schlicht Diebstahl nennen.

All das war Teil meiner neuen Heimat, des New Yorker Milieus, in dem ich mich bewegte. Wenn man um jeden Dollar kämpfen muss, kann jeder nicht eingenommene Dollar den privaten Ruin bedeuten. Und da Hotelpagen sich dauernd damit konfrontiert sehen, »angeschmiert« zu werden – will heißen: leer auszugehen –, ist es nur natürlich, dass sie sich nicht nur mit dem Gedanken tragen, undankbaren Gästen richtig fett eins auszuwischen.

Und was bedeutet das für die Miesepeter, die einem Pagen die Tür vor der Nase zuknallen, während dieser höflich darauf wartet, vielleicht ein, zwei verkrumpelte Dollarscheine in die Hand gedrückt zu bekommen? Tja, jedenfalls sollte er seine Zahnbürste an selbigem Abend lieber nicht mehr benutzen (am besten überhaupt nie mehr). Und wenn nachts um drei das Telefon klingelt und eine zärtliche Stimme in den Hörer wispert: »Schön, dass du nicht zu Hause bist, ich fick nämlich grad deine Frau« – tja, dann ist man manchmal eben nicht falsch verbunden.

* * *

»Wie nimmst du deinen Kaffee, Tom?«, fragte mich Trey, der ebenfalls zu unserer Pagentruppe gehörte. »Hell und süß?«

»Hell und süß« – ein wunderbar griffiger New-York-Ausdruck für Kaffee mit reichlich Milch und Zucker. »Gehst du welchen holen?«, fragte ich und griff nach meinem Portemonnaie.

»Das geht auf mich. Hör mal, wir wissen, dass du hier ’nen echt guten Job machst. Glaub bloß nicht, wir hätten das nicht bemerkt. Übrigens ... die Neue am Empfang, die mit dem hübschen Arsch, kannst du vielleicht mal mit der reden? Sie gibt den Gästen nach wie vor einfach die Schlüssel, statt einen von uns zu rufen, und das wirkt sich allmählich auf unseren Geldbeutel aus.«

»Kein Problem, Trey. Ich kümmere mich drum.«

»Bist ’n wahrer Freund.«

»Aber dafür will ich deine Mutter von hinten.«

»Verdammt, Tom. Na gut, du kriegst noch ’n Donut obendrauf.«

Nicht schlecht, dachte ich. Ich habe eben einen Extra-Donut abgesahnt, indem ich die Mutter eines Kollegen verbal in die Hundestellung befördert habe. Offenbar bin ich auf dem besten Weg, vom Luschenstatus in den New-York-City-Status aufzurücken. Retrospektiv gesehen fühlte sich das Ganze an, als wäre ich im Knast gelandet und hätte mir in meinem Zellenblock erst einmal Respekt verschaffen müssen. Ich hatte den Ball flachgehalten, eine Zeitlang allein in der Cafeteria gegessen und hingenommen, dass man mich blöd von der Seite anquatscht, aber ich hatte mir nichts bieten lassen, wenn es darauf ankam. Und nach ein paar Monaten klopften mir plötzlich alle auf die Schultern. Meine Mitinsassen betrachteten mich als einen der ihren und bezogen mich mit ein, wenn sie jemanden ausgrenzen wollten.

Manche hatten sich hier quasi häuslich eingerichtet; das waren die Lebenslänglichen. Trey hatte seine Frau, eines der Zimmermädchen, hier im Hotel kennengelernt, und bei ihrer Hochzeit waren fast ausschließlich Kollegen aus dem Bellevue zugegen gewesen. Mittlerweile hatten sie drei Kinder, die vielleicht auch irgendwann hier im Hotel anfangen würden. Es tat gut, endlich akzeptiert zu werden und am Leben meiner Kollegen teilhaben zu können.

* * *

Es dauerte satte acht Monate, bis Ben mich in das Geheimnis der Hundert-Dollar-Show einweihte.

Tja, wie sich herausstellte, haben die neuen Hunderter ein zusätzliches Sicherheitsmerkmal. In der rechten unteren Ecke des Scheins befindet sich die Zahl 100, die je nach Blickwinkel kupferfarben oder grün erscheint. Und diese Zahl hat – na, was wohl? – ein fühlbares Relief. Der geldgeile Gorilla musste also bloß ein bisschen herumtasten, und fertig war die Laube. Im Nachhinein konnte ich es kaum fassen, auf was für eine verdammte Schau ich da reingefallen war.

Nachdem Ben mich freundlicherweise über den Trick aufgeklärt hatte, hatte ich noch eine kleine Frage an den Grauen Wolf.

»Al, warum hast du die Nummer nicht einfach allein durchgezogen? Schließlich hättest du den Zwanziger dann nicht teilen müssen.«

»Tja, Tom.« Er sah mich über den Rand seiner silbernen Brille hinweg an. »Wenn man älter wird, stellt man fest, dass Spaß am besten kommt, wenn man ihn mit anderen teilt. Du warst so grün hinter den Ohren, Junge, so naiv, dass ich mir den Lacher nicht allein gönnen wollte.«

»Okay. Und wieso ausgerechnet Jay?«

»Oh. Aus zwei Gründen. Einmal, weil ich wusste, dass er seinen Part perfekt spielen würde. Du hattest 'nen Zwanziger in die Runde geworfen und dir damit 'ne erstklassige Performance verdient. Und dann deswegen, weil ich ihn anno '97 mit derselben Nummer verarscht habe. Er hat damals einen ganzen Hunni verloren und war komplett fertig deswegen, bis ich ihm zwei Jahre später die Wahrheit gesteckt habe. Na ja, und da habe ich gedacht, ich könnte mich wenigstens mal mit einer kleinen Entschädigung revanchieren.«

Ist das nicht großartig? Diese Solidarität, dieser Kameradschaftsgeist? Meine eigene Familie war weit, weit weg, und so wurde Al zu meiner Vaterfigur im Bellevue, dem väterlichen Freund, dem ich mich anvertraute, wenn es mit irgendeiner Frau mal wieder nicht rundlief, und im Gegenzug erklärte ich ihm, wie sein neues Handy funktionierte, mit dem er ums Verrecken nicht klarkam. Ben wurde zu meinem Bruder und Saufkumpan – und zu dem Mann, der mir, wenn ich mich je über die winterliche Arschkälte in New York beklagte, schlicht riet, mir einfach ein paar Fäustlinge in die frierende Muschi zu stecken.

In vielerlei Hinsicht *sind* Pagen das Hotel. Betreiber kommen und gehen, Manager kommen und gehen, und der Teppich in der Lobby wird auch irgendwann ausgewechselt. Erst die Pagen verleihen einem Hotel ein bleibendes, unverwechselbares Gesicht. Inzwischen schätzte ich mich glücklich, von so interessanten und, ja, durchaus liebenswerten Kollegen umgeben zu sein. Und als es im Bellevue zu massiven, teils ausgesprochen unerfreulichen Veränderungen kam, waren es die Pagen, die das Leben im Hotel erträglich machten.

Ausgenommen Jay. Der Scheißkerl ist gefährlich.

KAPITEL 8

Jeder Wochentag verlief nach einem bestimmten Muster.

Montags checken fast ausschließlich Geschäftsreisende ein. Manche wohnen nur eine Stunde Zugfahrt entfernt in Connecticut oder einem anderen angrenzenden Staat, buchen aber von montags bis freitags ein Hotelzimmer, um Ruhe vor ihrer Familie zu haben und sich die übliche 95-Stunden-Woche zu geben – typische Workaholics, die tatsächlich glauben, diese Art von Leben würde sie glücklich machen. Mr Hockstein, einer der Stammgäste des Bellevue, kam jeden Montag mit minimalem Gepäck an und switchte für den Rest der Woche zwischen seinen Terminen hin und her. Hockstein war still, unleidlich und grundsätzlich für keinen Schwatz zu haben. Andere Gäste waren sehr viel offener – so zum Beispiel der Finanzvorstand eines Kabelsenders, der jeden Montag zwischen 20:15 und 20:30 Uhr eincheckte, sein Gepäck aufs Zimmer bringen ließ, sich im Pub gegenüber stets dasselbe Essen zum Mitnehmen bestellte und es sich anschließend mit aufs Zimmer nahm. Wenn ich eine Doppelschicht schob, bekam ich mit, wie er um Punkt 7:35 Uhr das Hotel verließ und um 20:00 Uhr mit seinem Essen aus dem Pub zurückkehrte. Obwohl er in der Chefetage eines Riesenunternehmens saß, kam nie auch nur die kleinste Klage von ihm. Nie verlangte er Upgrades oder hatte sonst irgendwelche Sonderwünsche. Weshalb wir ihn permanent bevorzugt behandelten, ihm jeden Wunsch von den Augen abzulesen versuchten. Als ich schließlich herausfand, dass er gern ein Bud Light trank, nur *eins*, bevor er schlafen ging, sorgte ich dafür, dass er am Abend stets ein eisgekühltes Bier seiner Lieblingsmarke in seinem Zimmer vorfand.

Dienstags kommen noch mehr Geschäftsleute sowie der eine oder andere europäische Traveller.

Am Mittwoch besteht unsere Klientel eher aus Touristen, sagen wir aus dem Mittelwesten, die den Times Square bestaunen wollen und einen Kurztrip während der Woche gebucht haben, um Geld zu sparen.

Donnerstags treffen vorwiegend Touristen ein, die länger in der Stadt bleiben; gleichzeitig reisen viele Geschäftsreisende wieder ab.

Freitags fallen die üblichen Touristenhorden ein sowie die ganzen Affen aus New Jersey – wieso tragen die eigentlich immer Ed-Hardy-Klamotten? –, die ihre silikonverstärkten Schnallen mit einem Wochenendausflug nach New York ruhigzustellen versuchen, damit sie in der Woche darauf wieder diskret ihre Sekretärin vögeln können.

Samstag: Noch mehr Touristen und hin und wieder ein New Yorker Paar, das sich mal etwas Besonderes gönnen will – oder natürlich ein Pärchen, das seine Ehepartner hintergeht.

Am Sonntagmorgen checken fast alle aus, und der Gepäckraum ist derart proppenvoll, dass Taschen und Koffer sich bis in die Lobby stapeln. Das Gepäck wird dann von uns mit einer roten Samtkordel abgesperrt, um wenigstens die Illusion von Sicherheit zu vermitteln. Und wenn der große Run auf die Gepäckstücke vorbei ist, machen wir klar Schiff und stellen uns auf die nächste Woche ein.

Ein derartiger Sonntagnachmittag kann sich für die Pagen zu einer ziemlich nervigen Angelegenheit auswachsen. Wie schon gesagt, den ganzen Morgen lang bringen die Gäste ihr Zeug herunter, und dann, gegen 15 Uhr, rücken sie alle wieder an, weil sie ihr Gepäck haben wollen, und zwar *pronto.* An einem Sonntagnachmittag war Trey als einziger Page im Dienst und versuchte der Lage Herr zu werden, während vor dem Gepäckraum eine endlose Schlange von Leuten stand, die mit ihren Abholscheinen wedelten und allesamt *dringend* zum Flughafen mussten.

Als Trey mit zwei schweren Taschen aus dem Gepäckraum kam, wurden sie ihm von einer Mittvierzigerin aus den Händen gerissen – und weg war sie, ohne ihm ein Trinkgeld zu geben. Der nächste Gast zog dieselbe Nummer ab und ließ Trey ebenfalls leer ausgehen. Nach dem dritten Reinfall in Folge blieb Trey – zwar nicht mal 1,60 Meter groß, aber potentiell einschüchternd wie ein tollwütiger Dobermann – urplötzlich wie angewurzelt stehen und ließ den Blick über die wartenden Gäste schweifen. Und dann, als der nächste Kunde in der Schlange gerade den Mund öffnen wollte, reckte Trey das Kinn und gab ein für alle vernehmbares Schnauben von sich.

»Glaubt ihr, das macht Spaß, dauernd in die Röhre zu gucken, oder was? Ist Geiz jetzt so geil, dass ich hier den Gratishansel spielen muss?«

Und das sagte er auch noch so laut, dass es unmöglich jemand *nicht* mitbekommen haben konnte. »Du liebe Scheiße«, murmelte ich.

Nachdem Trey die nächsten Abholscheine an sich genommen hatte und wieder im Gepäckraum verschwunden war, behielt ich die Menge im Auge. Es schien, als hätte Treys Anwurf die Gäste zu einer verschworenen Gemeinschaft zusammengeschmiedet; sie schüttelten die Köpfe und taten unverblümt ihren Unmut kund.

»Unverschämtheit!«

»Das ist ja wohl der Gipfel!«

»Von mir sieht der Kerl keinen Cent!«

Just in dem Moment, als sich alle einig waren, kam Trey wieder aus dem Gepäckraum. Hinter sich her zog er zwei XL-Hartschalenkoffer, auf die er noch zwei Handgepäck-Trolleys gepackt hatte, und unter seinem Kinn baumelte ein fetter Rucksack, den er sich vor die Brust gehängt hatte.

Von einer Sekunde auf die andere verstummte das Rumoren, und jeder einzelne der wartenden Gäste, sogar die, die ganz hinten standen, zückte sein Portemonnaie und brachte ein bisschen Dollargrün in die Lobby. Erst hatten sie ihm allesamt die kalte Schulter zeigen wollen, doch Trey hatte sie eiskalt ausmanövriert wie ein mit allen Wassern gewaschener Kartengeber im Spielkasino, der mal eben ein Ass auf den Tisch legt. Und nachdem er ihnen so gezeigt hatte, wo der Hammer hing, war auch der Allerletzte bereit, Trinkgeld zu geben und die Klappe zu halten.

Keiner hat es so drauf wie New Yorker Pagen.

Während der weniger betriebsamen Stunden am Empfang – für gewöhnlich ist dienstags und mittwochs nicht viel los – pflegten Kayla und ich uns über die Gäste zu amüsieren, die durch die Lobby spazierten. Und irgendwann war es so, dass ich genau wusste, auf welchen Knopf ich drücken musste, um sie zum Lachen zu bringen. Ich musste sie nur diskret auf irgendjemanden aufmerksam machen (*irgendwen*, das war Teil des Ulks, schließlich war es ja nicht persönlich gemeint) und dann sagen: »Heiliges Kanonenrohr, wie sieht denn der aus?« Oder: »Boah, der Typ schlägt dem Fass echt den Boden ins Gesicht.« Oder: »Leck mich fett, das ist jetzt aber nicht wahr.« Über kurz oder lang hatte ich sie jedes Mal so weit, dass sie erst mal kurz in unser Büro gehen musste, weil sie sich sonst vor Gackern nassgemacht hätte.

Gar keine Frage, die lockere Atmosphäre im Bellevue färbte auf uns alle ab. Niemand scherte sich darum, dass wir uns ab und an ein Späßchen gönnten, und die AAA schien ebenfalls niemanden zu interessieren.

AAA sind die Arschgeigen, die Hotels mit Diamanten klassifizieren. Wie auch immer, für Luxushotels stellte der fünfte und letzte Diamant eine ganz spezielle Sache dar, da eine derartige Auszeichnung das Markenprofil stärkt und im Idealfall reichlich neue Kunden bringt. In New Orleans hatten sie uns jede Woche mit diesem Schwachsinn gequält, uns gewarnt, der AAA-Inspektor könne – selbstredend unangekündigt – jede Sekunde eintreffen, ja, vielleicht sei er sogar bereits da, was jedes Mal zu den üblichen Versuchen führte, den ungebetenen Gast anhand diverser verräterischer Hinweise zu identifizieren: Für gewöhnlich hat er direkt gebucht (also nicht über Hotels.com oder Expedia, über deren Service ebenfalls das Bewertungsschwert der AAA schwebt) und steigt für zwei bis drei Nächte ab. Mit hoher Wahrscheinlichkeit taucht sein Name zum ersten Mal im System auf, und eine Reservierung zum Abendessen im hauseigenen Restaurant kann in diesem Zusammenhang ebenfalls höchst verdächtig erscheinen. Manche Gäste wurden tatsächlich hofiert wie der König von Persien, nur weil sie haargenau in dieses Raster – *Vorsicht, möglicher Hoteltester!* – passten. Die Inspektoren lassen sich grundsätzlich von einem Pagen aufs Zimmer bringen, nehmen stets den Zimmerservice in Anspruch, beschweren sich wegen der kleinsten Kleinigkeit und notieren sich jeden einzelnen Namen. Und wenn der Rezeptionist dem Inspektor bei der Abreise schließlich die Rechnung aushändigt, tut dieser erst so, als würde er weggehen, macht dann aber auf dem Absatz kehrt, zückt seine AAA-Visitenkarte und verlangt den Direktor zu sprechen. Und jetzt geht von einer Sekunde auf die andere alles drunter und drüber, als hätte soeben jemand den Bombenalarm ausgelöst: Alle drehen *komplett* durch. Anschließend inspiziert der Hoteltester wahllos fünf freie Zimmer, den Hoteldirektor im Schlepptau, der dem bösen Mann meterweit in den Hintern kriecht und sich gleichzeitig vor Angst in die Hose macht. Zwar versucht er keine Miene zu verziehen, aber jedes Mal, wenn er eine Zimmertür öffnet, geht ihm der Arsch auf Grundeis, dass sich dahinter eine verblutende Nutte oder ein Minibar-Kontrolleur verbergen könnte, der es gerade mit einem Zimmermädchen treibt.

Ein paar Wochen später folgt dann der *detaillierte* Bericht des Inspektors, in dem nicht nur jede Menge Namen genannt werden, sondern sogar Dialoge zwischen ihm und dem Personal aufgeführt sind – als wäre er William Shakespeare höchstpersönlich! Es reicht schon, wenn ein Zimmermädchen zwischendurch auf ihrem Handy telefoniert oder ein Empfangsmitarbeiter ihn nicht mit seinem Namen angeredet hat. Der Ofen kann bereits aus sein, wenn man die Rechnung auf den Empfangstresen legt, statt sie dem Inspektor persönlich in die Hand zu drücken. Ein klitzekleines Versäumnis, und schon ist Stress angesagt, den man buchstäblich *schmecken* kann.

Im Bellevue hingegen schien ein derartiger Besuch niemanden zu tangieren. Vielleicht, weil das Hotel, nun ja, ein wenig heruntergekommen war. Unsere Zimmer waren nicht mal mit Wi-Fi ausgestattet; einige Zimmer hatten zwar einen DSL-Anschluss, aber das kostete extra. Selbst billige Motels an ländlichen Highways waren komplett mit Wi-Fi ausgerüstet. Du liebe Güte, mittlerweile konnte man in jedem x-beliebigen McDonald's ins Netz gehen, wenn man sein Laptop dabeihatte.

Einmal war ein berühmter Musiker bei uns zu Gast, ein echter Innovator aus dem Punk/Hardcore-Bereich, der nicht nur in seiner eigenen Szene höchsten Respekt genoss. Andere Empfangsmitarbeiter hätten ihn wahrscheinlich nicht erkannt, aber ich wusste sofort, wen ich vor mir hatte, und quartierte ihn vorzugsweise in einem Zimmer mit Blick auf den Central Park ein. Er schien sehr zufrieden mit dem Upgrade, doch fünf Minuten später stand er wieder bei mir an der Rezeption und meinte, er brauche unbedingt Internet-Anschluss. Worauf ich erwiderte, dass die Zimmer mit DSL leider keinen Blick auf den Park boten.

»Ohne Internet geht gar nichts«, beharrte er.

»Kapiert. Und Sie können ja auch auf www dot centralpark dot com gehen. Da haben Sie fast den gleichen Ausblick.«

Er musterte mich schweigend. Offenbar stand er nicht auf Witze. Der Typ war Hardcore pur.

Es gab eine ganze Reihe von Gründen, warum das Bellevue nicht die Beine breit machen musste, um einen zusätzlichen fünften Stern rauszuschinden. Der fehlende Wi-Fi-Anschluss war nur die Spitze des Eisbergs. Aber immerhin hatte das Bellevue einen Swimmingpool und war dadurch vielen New Yorker Hotels mehr als nur eine Nasenlänge voraus. Es gibt eine lange Liste von Einrichtungen, mit denen ein Hotel aufwarten muss, um einen fünften Stern zu ergattern, und ein Swimmingpool steht dabei ziemlich weit oben; allerdings auch ziemlich weit hinter einem kompletten Wellness-Bereich, womit wir wiederum nicht aufwarten konnten. Wie auch immer, die Liste der AAA beinhaltete großteils völlig groteske Anforderungen, selbst die Minimumgröße des Fernsehers und – komplett gaga – die Länge des Türriegels waren festgelegt. Und das war wohl mit ein Grund, warum in unserem Hotel alles so lax gehandhabt wurde. Das und der Umstand, dass die Betreibergesellschaft den Laden quasi aufgegeben hatte. Für Renovierungen oder Neuanschaffungen wurde kein müder Dollar ausgegeben, was inzwischen auch unsere Gäste bemerkten. Unsere Fernsehbildschirme waren schlicht nicht flach genug.

Und so erlaubte die allgemeine Laisser-faire-Stimmung Kayla und mir, die Ellbogen auf den Empfangstresen zu stützen und über die Gäste abzulästern. »Scheiße, sieh dir den Lackel da drüben an. Hammer, oder?«

Niemand schien sich den Teufel um irgendetwas zu scheren, nicht mal unser Hoteldirektor. Er hieß Shawn Reed, und Ben hatte ihn einmal so beschrieben: »Der Kerl ist 'n echt abgefuckter Alki«, hatte er gesagt, dann jedoch mit dem üblichen horizontalen Karateschlag unterstrichen: »Voll abgefuckt, aber echt in Ordnung.«

Reed stellte mir grundsätzlich nur eine einzige Frage – und diese jedes Mal, wenn er am Empfang vorbeilief. Schweren Schrittes bahnte er sich den Weg durch den Korridor zwischen Aufzügen und Lobby, sein Körper wie meist deutlich in Schieflage, die rechte Hand stets in der Hosentasche, und dann legte er die Linke auf den Empfangstresen, ehe er sich kurz räusperte und das immergleiche Wort an mich richtete: »Ähm, wie sind wir heute ausgelastet?«

»Bis jetzt zu dreiundsiebzig Prozent, Sir.«

Dann räusperte er sich erneut – manchmal schnaufte er auch nur wie eine Druckluftbremse –, ehe er die Hand wieder vom Tresen nahm und leicht schwankend in Richtung Lobby-Bar verschwand.

»Direkt auf den Sprit zu«, sagte Ben.

»Vielleicht will er sich einfach nur erkundigen, wie's läuft«, erwiderte ich. »Wie viele Reservierungen es zum Lunch morgen gibt oder so.«

»Tom, der bestellt sich einen Scotch im To-go-Becher. Siehste, was hab ich gesagt?«

Logo, das da im Becher hätte auch Kaffee sein können. Aber die Indizien sprachen klar dagegen.

»Hier geht's echt drunter und drüber«, sagte ich.

Der graue Wolf, der gerade damit beschäftigt war, Gepäckscheine an ein paar Koffern anzubringen, sah auf und kam zu uns herüber.

»Denk, was du willst, Tom. Aber Ben erinnert sich genau wie ich daran, wie der Boss damals den Stromausfall gemanagt hat. Seither sehe ich ihn mit ganz anderen Augen.«

»Was ist da passiert?«

»Er hat sofort gehandelt«, erzählte Ben, »von einer Minute auf die andere. Erst mal hat er Taschenlampen ans Personal verteilen lassen, so dass wir den Gästen die Treppen hinauf- oder hinunterhelfen konnten. Dann hat er Rollbetten und Decken in die Lobby bringen lassen, Kaffee und Orangensaft ausgeschenkt und im Hotel gegenüber angerufen und die gebeten, die Liefereinfahrt zu öffnen und die Notstromlampen anzuschalten, damit wir Licht in der Lobby hatten. Er hatte alles voll im Griff.«

»Und ihr seid über Nacht hiergeblieben?«

»Aber hallo. Wir haben in der Lobby geschlafen und die Gäste mit Taschenlampen zu ihren Zimmern gebracht, bis hoch in die oberste Etage. Der Boss hat den Überblick behalten, ist immer cool geblieben. Die ganze Nacht über war er in der Lobby, hat nicht eine Sekunde geschlafen. Im Gegensatz zu *El Salvaje* – Junge, hat der sich einen abgeschnarcht! Die Gäste, die sich in der Lobby sicherer fühlten, konnten es echt nicht fassen. Dabei hatte er nicht mal 'ne Pritsche oder 'ne Decke. Er hat sich einfach an der Rezeption eingerollt wie ein fetter Obdachloser und losgeratzt.«

Er hätte gern noch weitererzählt, doch in jenem Moment strömte eine Busladung wild gestikulierender und lautstark durcheinanderredender Italiener in die Lobby, flankiert von einem Reiseleiter, der alle zu übertönen versuchte, während er die Meute zum Empfang lotste.

Hinter ihnen bahnte sich Eduardo der Portier seinen Weg in die Lobby. Er hatte irgendein Problem mit Touristen: Eines Abends, als ich ein paar Minuten nach den anderen zum Absacker in den Pub gekommen war, hatte Eduardo kurz zuvor einem Touristen mit einem Serviettenspender k. o. geschlagen. Als ich den Pub betrat, wurde unsere gesamte Crew gerade des Lokals verwiesen.

»Was habe ich verpasst?«, fragte ich.

»Alles«, hatte Ben erwidert, während er seinen letzten Schluck Bier kippte. »Absolut alles.«

Als Eduardo nun zu mir an die Rezeption trat, spiegelte sich ein ungut irritierter Ausdruck auf seiner Miene, was in seinem Fall wie ein irres Lächeln aussah. Im Großen und Ganzen äußerte sich überhaupt jede seiner Gefühlsregungen (traurig, bitter, happy, verwirrt, gestresst) in diesem Psycho-Lächeln. Seinen Akzent konnte man wegen seiner Brummbärstimme kaum verstehen, und aus irgendeinem unerfindlichen Grund hatte er stets schmutzige, schwarzgeränderte Fingernägel, die immer irgendwie auch leicht blutig wirkten.

»Was is'n das für 'ne Reisegruppe? Der Bus blockiert die ganze Straße! Ich will sofort den Direktor sprechen!«

Eduardo drohte grundsätzlich sofort damit, die Chefetage informieren zu wollen – eine echte Lachnummer, was ihm auch selbst bewusst war. Standen keine Becher neben dem Wasserspender, machte er gleich Theater: »Das darf doch wohl nicht wahr sein! Was sind das hier für Zustände! Wo ist der Direktor?« Dabei lächelte er, als hätte er nicht alle Latten am Zaun. Bei Gästen, die ihm noch nichts in die Hand gedrückt hatten, machte er es genauso, schob ihnen seinen großen schwarzen

Schnauzbart regelrecht ins Gesicht und griente dabei wie ein Volltrottel, bis es ihnen so unangenehm wurde, dass sie ihm schleunigst Trinkgeld gaben, damit sie ihn endlich wieder loswurden. Und anschließend beschwerten sie sich dann bei mir über seine Aufdringlichkeit. Bei mir! Ich liebte Eddie. Ich arbeitete jeden Tag mit ihm zusammen, während ich den jeweiligen Gast vielleicht ein halbes Minütchen zu Gesicht bekam und meist nie wieder. Natürlich lag mir daran, dass sich die Gäste bei uns wohl fühlten, und selbstredend kann es einem schwer auf die Eier gehen, wenn einem ein verdammter Portier zu nah auf die Pelle rückt. Andererseits leistet Eddie perfekte Arbeit, wenn er das Gepäck der Gäste auf seinem Wagen verstaut, außerdem steht es den Gästen frei, ihm kein Trinkgeld zu geben – warum also noch auf ihm herumhacken und mich mit ins Boot ziehen wollen? Ich bin nämlich nicht mit im Boot. Sondern der Ansicht, dass Eddie ein Trinkgeld verdient hat – oder zumindest ein Dankeschön, irgendeine Form der Anerkennung. Stattdessen verhalten sich manche Gäste, als würden sie ihn gar nicht bemerken. Und genau das ist auch der Grund, warum er ihnen mit seinem Schnauzbart zu Leibe rückt: weil er seine Existenz gewürdigt wissen will. Ist das zu viel verlangt?

»Keine Becher, Tom? Sind wir Hunde, oder was? Soll ich das Wasser etwa aus den Händen saufen?«

»Nee, nicht aus den Händen, Eddie. Bloß nicht aus den Händen. Nicht, dass du dir noch 'ne Krankheit einfängst.«

Nun war er stocksauer wegen dieser Reisegruppe, all diesen Italienern, deren Koffer erst einmal in die Lobby geschleppt werden mussten, ehe die Pagen sich des ganzen Krams annehmen würden. Womöglich hatte der Direktor den Bus sogar vorfahren sehen, die kohlrabenschwarze Augenbraue hochgezogen, noch ein Schlückchen Scotch aus seinem To-go-Becher genommen und sich klammheimlich in die Stadt verdrückt. Wie auch immer, es wäre schön gewesen, wenn uns irgendjemand vorgewarnt hätte. Der andere Portier, der mit Eddie zusammenarbeitete, machte gerade eine ihm »gewerkschaftlich zustehende« Pause drüben im Pub, und am Empfang standen nur Kayla und ich, und Kayla war voll und ganz auf ihren Computerbildschirm konzentriert, da sie sich – im Dienst streng verboten – gerade bei Mi Gente (Mein Volk) eingeloggt hatte, dem lateinamerikanischen Pendant zu Facebook.

Das hier war kein Luxushotel. Weshalb die Situation auch nicht so heikel war, dass sie ein Höchstmaß an Fingerspitzengefühl verlangte. Ich ballte die Fäuste und brüllte: »Nur KREDITKARTEN bitte! Stecken Sie Ihre Ausweise wieder ein! Wir sind hier NICHT BEI DER EINREISE! Ich benötige nur Ihre KREDITKARTEN!« Vor mir wogte ein Meer aus roten Reisepässen, und rein technisch gesehen wäre ich verpflichtet gewesen, mir mit der Kreditkarte auch den Ausweis vorlegen zu lassen. In diesem Fall aber wusste ich, dass es am schlauesten war, die Reisegruppe schnellstmöglich aus der Lobby zu schaffen. Nur weg mit dem Volk. Jeder weitere zufällig hereinschneiende Gast, der dieses Tohuwabohus ansichtig wurde, musste unweigerlich glauben, er habe sich auf den Hauptbahnhof von Rom verirrt.

Die Vorlage der Ausweise ist Standard in so gut wie jedem Hotel, aber um ehrlich zu sein, kontrolliere ich grundsätzlich keine Papiere. Ebenso gehört es zum Standard, kurz zu checken, ob die jeweiligen Gäste schon einmal da waren, und wenn ja, sie erneut herzlich willkommen zu heißen. Nur ist es mir noch nie gelungen, das eine mit dem anderen in Einklang zu bringen. Einerseits sollte ich also »Schönen guten Tag! Ich freue mich, Sie wieder in unserem Haus begrüßen zu dürfen!« sagen, und kaum strahlte der Gast über das ganze Gesicht, war ich andererseits gezwungen, sozusagen den knallharten

Bullen raushängen zu lassen und die Papiere zu kontrollieren. Meiner unmaßgeblichen Meinung nach passte das nicht zusammen, und obwohl Kreditkartenbetrug eine ernste Sache ist, stand für mich persönlich fest, dass auf 100000 Gäste vielleicht ein Kreditkartenabzocker kam, also letztlich kein sehr großer Schaden entstehen würde. Mal ganz abgesehen davon, dass man beim Check-in nicht vorwärtskommt, wenn man dauernd Ausweise inspiziert. Außerdem ging mir die Gästekontrolle schwer auf den Keks.

Wie auch immer, Kayla und ich kümmerten uns erst mal um die Italiener, verteilten sie allesamt auf unsere definitiv unattraktivsten Zimmer, wohl wissend, dass 97 Prozent von ihnen eh nicht gut genug Englisch sprachen, um sich richtig beschweren zu können. Schließlich war das *die* Gelegenheit, unsere Raucherzimmer und die lärmigen Zimmer in Aufzugnähe loszuwerden. Die schlechtesten Zimmer gehen immer an bestimmte Gäste, und das aus ganz bestimmten Gründen. Als Mitglied einer Reisegruppe läuft man immer Gefahr, in Räumlichkeiten zweiter Klasse untergebracht zu werden. Auch Gäste, die über einen Billiganbieter im Internet gebucht haben, brauchen sich keinen Illusionen hinzugeben. Sie finden das unfair? Lassen Sie mich versuchen, diese Vorgehensweise aus der Sicht eines Hoteliers zu erklären. Zunächst einmal verdienen wir am wenigsten an solchen Buchungen, was für ein kapitalistisch orientiertes Unternehmen eigentlich schon Begründung genug sein sollte. Der Kunde bezahlt bei dem jeweiligen Internetportal einen bestimmten Preis, von dem das Hotel wiederum nur einen bestimmten Anteil bekommt. Das sieht in etwa so aus: Bei uns kostet eine Übernachtung 500 Dollar. Expedia kauft Zimmerkontingente bei uns und bietet eine Übernachtung in unserem Haus für 399 Dollar an, die der Gast online bucht und vorausbezahlt. Wir wiederum rechnen direkt mit Expedia ab, die die Zimmer für den Spottpreis von 199 Dollar gekauft haben. Tja, aber warum lassen wir uns überhaupt auf so einen Deal ein? Ganz einfach: Weil das Hotel von jedem belegten Bett profitiert, egal wie niedrig die Gewinnmarge sein mag. Erstens sind 199 Dollar immer noch besser als ein unbelegtes Zimmer, und zweitens setzen wir darauf, dass die Gäste bei uns im Restaurant essen, den Zimmerservice in Anspruch nehmen, aus der Minibar konsumieren, Videos gucken und den einen oder anderen Drink in unserer Lounge nehmen. Aber warum verfrachten wir Expedia-Gäste dann in unsere unattraktivsten Zimmer? Nun ja: Weil diese Kunden sich nicht wegen der Vorzüge unseres Hauses für uns entschieden haben, sondern weil es ihnen in erster Linie darum ging, ein Schnäppchen zu machen. Aber dann gibt es eben auch jene Gäste, die unser Hotel bewusst ausgewählt und ein Zimmer für 500 Dollar reserviert haben – wie zum Beispiel jene Dame, die stets bei uns absteigt, wenn sie nach New York kommt, und vorher *unsere* Website konsultiert, statt sich aufs Geratewohl irgendein Hotel in Tribeca herauszusuchen, das gerade einen Spartarif anbietet. Und weil wir mit an Sicherheit grenzender Wahrscheinlichkeit davon ausgehen können, dass unsere Internetgäste uns ohne fetten Rabatt nie wieder beehren werden, hat es durchaus Hand und Fuß, unsere besten Zimmer für jene Gäste zu reservieren, die sich bewusst für unser Haus entschieden haben.

Und glauben Sie mir: Es gibt *immer* ein besseres Zimmer.

Will ich damit sagen, dass Sie jedes Mal, wenn Sie über Hotels.com oder Expedia buchen, ein schlechtes Zimmer bekommen werden? Auf keinen Fall. Es besteht nur eine größere Chance. Aber gibt es Möglichkeiten, sich von den üblichen Schnäppchenjägern abzugrenzen und sich ein schönes Zimmer zu sichern? Definitiv. Zuallererst sollten Sie sich nach der

Buchung mit dem jeweiligen Hotel in Verbindung setzen und mit einem Empfangsmitarbeiter sprechen – und schon sind Sie nicht mehr Teil der Schleuderpreis-Kohorten, sondern jemand, der nächste Woche anreist und nachfragt, was für eine Art Zimmer ihn erwartet. Der Rezeptionist wird dann ein hübsches Zimmer für Sie reservieren, und Sie können sich darauf verlassen, dass Ihr Anliegen ernst genommen wird. Aber – das nur als kleine Warnung – eine Woche ist lang, und wenn plötzlich ein hoher Andrang von VIPs und voll zahlenden Gästen herrscht, kann es mit Ihrem Zimmer urplötzlich Essig sein. Und was dann? Tja, nun kommt es darauf an, wie Sie den Rezeptionisten bei Ihrer Ankunft um den Finger wickeln. Mit Höflichkeit und Freundlichkeit kommen Sie auf jeden Fall ein erhebliches Stück weiter, und mit ein bisschen Glück und Geschick gelingt es Ihnen vielleicht doch noch, Ihre Billigheimer-Reservierung in eine Ecksuite umzuwandeln.

Höflichkeit ist nicht Ihre Stärke, von Freundlichkeit ganz zu schweigen? Keine Sorge, auch das ist kein Problem.

Lassen Sie einfach diskret einen Zwanziger über den Empfangstresen wandern. Und dann sagen Sie: »Ein hübsches, ruhiges Zimmer, wenn's geht.«

Wie auch immer, nach dem Italiener-Tsunami hatten wir *nur noch* Top-Zimmer übrig. Plötzlich herrschte wieder himmlische Ruhe in der Lobby, während die Pagen sich um das Gepäck kümmerten und die Wagen beluden, als wären sie Packesel auf einer Südstaatenplantage.

Aber kaum hatten wir uns wieder zurückgelehnt, um erst mal schön zu chillen, tauchte überraschend meine Kollegin Orianna auf, die bei uns im Business-Center arbeitete, und erwischte mich wahrhaftig auf dem falschen Fuß. Ich erschreckte mich halb zu Tode, als sie urplötzlich auf der *Herrentoilette* hinter mir stand.

Orianna versuchte nun schon seit geraumer Zeit, uns Empfangsmitarbeiter – das Business-Center gehörte zu unserem Bereich – zum Beitritt in die Gewerkschaft zu bewegen. Sie nahm ihre Agenda todernst. Und dafür hatte sie zwei gute Gründe. Zum einen war ihr Job als »Königin der Kopiermaschine« in Gefahr. Das Management schnüffelte mal wieder herum, und sicher würden sie sich über kurz oder lang die Frage stellen, warum sie jemanden dafür bezahlten, dass er den lieben langen Tag im Business-Center herumhockte, statt einfach einen Selbstbedienungskopierer hineinzustellen und damit noch ein hübsches Extrasümmchen einzustreichen. Ihr anderer Beweggrund war sehr viel bedeutenderer Natur; ich sollte erst eine ganze Weile später dahinterkommen.

Sie kam hinter mir herein wie ein stummer Ninja, und ich, die Hand bereits am Reißverschluss, fuhr jäh herum. In der Hand hielt sie eine kleine gelbe Karte, und mit den Lippen formte sie das Wort »Gewerkschaft«.

Wieso sie mich auf der Herrentoilette überfiel? Weil jemand, der sich während der Arbeitszeit für die Gewerkschaft starkmachte, mit seiner fristlosen Kündigung spielte. Wer dabei erwischt wurde, konnte sofort seine Sachen packen, und tschüs. Wie auch immer, wenn es ihr gelang, mehr als 51 Prozent unseres Personals zum Gewerkschaftsbeitritt zu bewegen, war die Gewerkschaft berechtigt, das Hotel zu betreten und für unsere Rechte als Gewerkschaftsmitglieder einzutreten.

In New Orleans war niemand in der Gewerkschaft gewesen. Aber hier in New York tickten die Uhren anders. Die Zimmermädchen waren in der Gewerkschaft. Die Pagen waren in der Gewerkschaft. Die Minibar-Kontrolleure waren in der Gewerkschaft. Die Jungs vom Zimmerservice waren in der Gewerkschaft. Welche Konsequenzen ergaben sich daraus? Zuallererst einmal, dass mir niemand einen Gefallen tun wollte. Wenn in New Orleans Not am Mann gewesen war und zusätzliche Zimmer gereinigt werden mussten, hatte ich immerhin die Möglichkeit gehabt, die Zimmermädchen mit Geduld und guten Worten zu bezirzen oder ihnen sogar ein zusätzliches Taschengeld anzubieten; hier im Bellevue war das schlicht illegal. Es müssen mehr Zimmer gereinigt werden? Ruft ein Zimmermädchen an, das heute frei hat. Es hat keins frei? Stellt ein neues ein. Nicht mal Gewerkschaftsmitglieder durften anderen Gewerkschaftsmitgliedern eine Gefälligkeit erweisen. An meiner vorherigen Arbeitsstätte war es selbstverständlich gewesen, dass jeder für jeden einsprang. Wasser auf dem Boden in der Lobby? Einfach aufwischen. Ein Zimmerservice-Tablett auf einem Flur, wo die Sauce hollandaise bereits stinkt wie ein toter Vogel? Einfach entsorgen. Aber so lief das hier nicht. Selbst wenn ein ebenfalls gewerkschaftlich organisierter Kollege sich des Tabletts angenommen hätte, hätte das ausgesprochen unschöne Folgen haben können, und selbst wenn *ein Gast* mich gebeten hätte, das Tablett doch bitte wegzuschaffen, hätte ich es nicht anfassen dürfen. Ich könnte lediglich versichern, dass sich umgehend jemand darum kümmern würde; allerdings wäre mein Versprechen einen Scheißdreck wert, wenn sich der für das Stockwerk zuständige Zimmerservice-Mitarbeiter gerade sein gewerkschaftlich zugesichertes Päuschen gönnte. Für mich war das alles purer Nonsens, eine Lizenz zum Abhängen. Was für ein Schwachsinn.

»Hier unterzeichnen«, sagte Orianna und reichte mir die gelbe Karte.

»Hey. Ich wollte gerade pinkeln, und …«

»Bist du erst zehn, oder warum kannst du nicht eine Sekunde einhalten? Jetzt unterschreib schon.«

»Na ja, also, ich bin mir da nicht so sicher wegen der Gewerkschaft. Mal ehrlich, ist das nicht so ’ne Art Einladung, sich auf die faule Haut zu legen?«

»Nur wenn man Jobsicherheit mit Faulheit gleichsetzt.«

»Genau das meine ich. Angestellte, die es sich so bequem in ihrem Job einrichten, dass am Ende keiner mehr etwas zu tun hat.«

»Und das soll gegen die Gewerkschaft sprechen? Jobsicherheit plus weniger Arbeit – klingt doch super. Also, jetzt unterschreib schon.«

»Gewerkschaft und Top-Hotel, das geht doch nicht zusammen«, erwiderte ich.

Du lieber Himmel! Inzwischen identifizierte ich mich dermaßen mit meinem Arbeitgeber, als hätten sie mir einen Chip ins Gehirn gepflanzt! Stets stand das Hotel für mich an erster Stelle. Was durchaus okay gewesen wäre, wenn ich umgekehrt ebensolche Wertschätzung erfahren hätte. Was leider nicht der Fall war.

»Tom, die wollen meine Stelle einsparen. Wenn wir uns der Gewerkschaft anschließen, werden sie einen anderen Job für mich finden müssen, womöglich sogar am Empfang, weil ich ja zu eurer Abteilung gehöre. Oder mir zumindest eine Abfindung zahlen. Und da ich hier schon einige Jahre arbeite, werden sie sich das dreimal überlegen. Willst du raten, was mir ohne Gewerkschaftsanschluss zusteht?«

Ich unterschrieb.

Nachdem ich gepinkelt hatte.

»Bitte sehr«, sagte ich und gab ihr die Karte zurück. »Ich hoffe bloß, dass …«

»Du hast unterschrieben? Damit wären wir jetzt bei sechzig Prozent. *Mañana comenzamos la revolución.* Gratuliere, weißer Bruder.«

»Danke, Orianna.«

Manchmal muss man dazu gezwungen werden, das Richtige zu tun.

Aus vielerlei Gründen war es ausgesprochen schlau, der Gewerkschaft beizutreten. Zum Beispiel angesichts der Tatsache, dass es mit der amerikanischen Wirtschaft ein paar Jahre später schwer den Bach runterging. Vor jener Rezession herrschte in der Hotelbranche eine geradezu legendäre personelle Fluktuation. Im Großen und Ganzen lohnte es sich gar nicht, eine neue Hand zu schütteln. Eine Woche später meldete sich der betreffende Mitarbeiter nicht mehr, verschwand einfach von einem Tag auf den anderen, und dann kam irgendein Neuer mit dem nächsten Namensschildchen am Jackett. Ich hatte Freunde, die ein, zwei Wochen am Empfang arbeiteten, dann anscheinend genug Geld verdient hatten und sofort nach Atlantic City flogen, um es dort zu verzocken. Doch als CNN anfing, uns jeden Tag vorzubeten, dass es kein Geld, keine Jobs und schon gar keine Hoffnung gab und wir Gott jeden Tag auf Knien für unsere Schuhputzer-Stellen danken sollten, rückte unsere Mannschaft enger zusammen als die Flaschen in den Minibars. Und die Gewerkschaft sorgte dafür, dass wir unsere Jobs auch behielten.

Unter Pagen hingegen gibt es traditionell nur wenig Fluktuation, ob sie nun gewerkschaftlich organisiert sind oder nicht. Wer irgendwo als Page anfängt, der bleibt dort auch (ausgenommen diejenigen, denen der Job schlicht nicht liegt). Die Jungs von der Pagenfront ziehen ihren Gig durch bis zum bitteren Ende, erarbeiten sich mit den Jahren die besten Schichten, während andere alt und eisgrau gewordene Pagen abdanken und sich zum Sterben gleichsam in die Wälder zurückziehen. Fragen Sie einen Pagen, wie viel er im Jahr verdient, versuchen Sie, ihm irgendwie eine Antwort zu entlocken. Sie werden keine bekommen. Nicht mal ihre Frauen wissen, was die Jungs jährlich einsacken. *Insbesondere* ihre Frauen nicht. (»I keep all my big bills, give my wifey the ones.« – 50 Cent) Ich war mit diversen Pagen befreundet, habe mit ihnen und ihren Familien Thanksgiving gefeiert, einmal sogar einen Abend mit ein paar von den Jungs in einer Zelle verbracht, weil wir auf der Upper West Side einen Joint durchgezogen hatten, und trotzdem habe ich keinen Schimmer, was sie abkassieren. In dieser Hinsicht verhalten sie sich wie Ärzte: Es ist, als hätten sie Schweigepflicht.

Da wir gerade von Ärzten sprechen: Über die Gewerkschaft waren wir nun auch kostenlos krankenversichert – ein Segen, dessen sich die meisten Amerikaner nicht erfreuen durften. Und das war der zweite Grund, warum Orianna so massiv darauf gedrängt hatte, dass wir uns der Gewerkschaft anschlossen. Sie hatte vergebens versucht, schwanger zu werden, und sie und ihr Mann wussten nicht mehr weiter. Sie hatten es mit Medikamenten probiert, es in den wildesten Stellungen miteinander getrieben, immer wieder versucht, den Eisprung genau abzupassen, und nichts hatte geklappt. Ihre letzte Option war eine In-vitro-Fertilisation. Und so eine künstliche Befruchtung ist weiß Gott nicht billig. Außerdem gibt es keine Garantie, dass die Sache auch funktioniert, und im Fall eines Misserfolgs sieht man sein Geld natürlich auch nicht wieder. Wie auch immer, als Selbstzahler hätte sie dafür ein Drittel ihres Jahresgehalts hinlegen müssen, und nun kam die gewerkschaftliche Krankenversicherung für alles auf. Bald darauf bekam sie eine wunderschöne kleine Tochter.

Ein echtes Gewerkschaftsbaby.

Alles war gratis. Für meinen wöchentlichen Gewerkschaftsbeitrag – Gegenwert: ein Long Island Iced Tea in der Bar um die Ecke – konnte ich nun in jedem x-beliebigen Gewerkschaftskrankenhaus (eins in jedem Bezirk) ohne Termin vorstellig werden, mir Blut abnehmen, mich durchchecken, abtasten, röntgen und umsorgen lassen, ohne auch nur meinen Ausweis vorzeigen zu müssen. Ich brauchte lediglich meine Sozialversicherungsnummer anzugeben, und schon stand mir das Paradies der kostenlosen medizinischen Versorgung offen. Mein Portemonnaie musste ich nur für Medikamente öffnen, und dabei waren nie mehr als fünf Dollar fällig.

Von den neuen Kollegen akzeptiert und obendrein noch gewerkschaftlich abgesichert – doch just in dem Moment, als ich dachte, dass eigentlich alles wie am Schnürchen lief, legte mir Eduardo der Portier seine schmutzige Pranke auf die Schulter und zog mich zur Seite. »He, Tom, hast du schon die Nachrichten gesehen?«, fragte er, während er ein schiefes, wie immer leicht irres Lächeln aufsetzte, das offenbar Besorgnis ausdrücken sollte. »Deine Stadt ist überflutet, Mann. In New Orleans ist die Hölle los.«

Ich verließ den Empfang und eilte in die Personal-Cafeteria. Alle hatten sich vor dem Fernseher zusammengerottet. Ausnahmslos *alle*, was in einem New Yorker Hotel bedeutet, dass Vertreter so gut wie jeder Nation der Welt zugegen sind. Ich kam mir vor wie bei der UN-Vollversammlung – eine Gruppe Nigerianer drängte sich Schulter an Schulter mit einer Gruppe Türken, Chinesen umringten denselben Tisch wie ein paar Bangladescher, mehrere Russen versuchten zwei unserer französischen Köche zu übertönen, und überhaupt redeten alle wild in ihren Muttersprachen durcheinander. Normalerweise sitzen alle an den Tischen, doch an diesem Tag standen alle, starrten entsetzt auf die Katastrophe, die der Hurrikan Katrina an der Golfküste anrichtete. Ein Jahr zuvor hatten wir schockiert mitverfolgt, wie der Tsunami die Küste Indonesiens verwüstet hatte, doch das hier war New Orleans. Und New Orleans stand komplett unter Wasser.

Über die Sturmwarnungen hatte ich mir keine großen Gedanken gemacht. Während meines Aufenthalts in New Orleans war ich mehr als fünfmal evakuiert worden, doch letzten Endes hatte sich alles stets mehr oder weniger in Wohlgefallen aufgelöst. Das Auge des Sturms richtete stets weniger Schaden an als vorausgesagt oder zischte wie eine schlecht geworfene Bowlingkugel in Richtung Texas oder Florida. Diesmal aber hatte es New Orleans frontal erwischt, und ich konnte nur hoffen, dass sich meine Kumpels, meine Freunde und Bekannten rechtzeitig in Sicherheit gebracht hatten. Jeden Tag saß ich vor dem Fernseher und verfolgte bangen Auges die Bilder auf den Nachrichtenkanälen, auch wenn das natürlich niemandem etwas brachte. Selten hatte ich mich so hilflos gefühlt.

KAPITEL 9

»Ich bin schon ganz aufgeregt!«, sagte sie.

»Eine Nacht also, Abreise morgen.«

»Ich habe Geburtstag!«

»Nichtraucherzimmer, Doppelbett. Ich benötige dann noch Ihre Kreditkarte.«

»Ist es auch ein schönes Zimmer?«

»Und ob. Wie viele Schlüssel brauchen Sie?«

»Kann ich vier haben? Danke, Thomas«, sagte die junge Frau, beugte sich über den Empfangstresen und presste die Brüste zusammen. Ich hatte kürzlich ein neues Namensschild erhalten, nachdem ich mein altes vorsätzlich entsorgt und meiner Sammlung an Namensschildchen hinzugefügt hatte. Nicht, dass mir besagte Sammlung sonderlich am Herzen gelegen hätte; tatsächlich wollte ich erzwingen, dass sie mir ein neues Namensschild anfertigten. Es war mal wieder Zeit für eine Veränderung. Nach all den Jahren am Empfang des Bellevue bat ich um ein Schild mit der Aufschrift »Thomas«. Warum? Aus zwei guten Gründen. Zum einen hatte ich die Nase voll von Gästen, die mich dauernd anquatschten, als wären wir alte Kumpels. He, Tom, hören Sie mal, Tom, ich würde gern mal mit dem Empfangschef sprechen, Tom. Dabei kannten mich die Typen gar nicht. Bloß weil es ihnen gefiel, meinen Namen abzulesen, waren wir noch lange keine Freunde. Außerdem hatte mich mein Lebtag noch niemand Thomas genannt, nicht mal meine Mutter; das neue Namensschild zwang alle, mich förmlich mit »Thomas« anzureden und ein bisschen Respekt zu zeigen. »Sehr schön, ihr Pappnasen, für euch immer noch *Thomas*.« Nicht zuletzt half mir das neue Schild herauszufinden, welche Manager mich wirklich kannten und welche bloß den Namen ablasen. Wenn ich jemanden berichtigte und aufforderte, mich Tom zu nennen, war das ein Freundschaftsangebot. Wenn ich jemanden aufforderte, mich Tom zu nennen, und derjenige mich weiter mit »Thomas« anredete, waren wir Kollegen. Und wenn ich mich einfach weiter Thomas nennen ließ, konnte ich mein Gegenüber schlicht nicht leiden.

Das Namensschild war nicht die einzige Veränderung. Inzwischen hatte ich lange genug am Empfang gestanden, um mitzubekommen, dass hier krumme Touren liefen. Ich verfolgte genau, wie das Spiel lief und wer es wie anstellte, nebenbei ein paar Scheine abzugreifen. Wir hatten kürzlich einen neuen Empfangsmitarbeiter bekommen, einen Kubaner namens Dante, der seit neuestem auch die eine oder andere Spätschicht übernahm. Er war neu im Bellevue, aber zweifellos ein alter Hase im Abgreifgeschäft. Tatsächlich brachte er sogar seine eigenen Kunden mit. Ein Empfangskollege, der seine *eigenen* Gäste im Schlepptau hat? Wie bitte?

Schon bei unserer zweiten gemeinsamen Schicht ließ er mich allein, während eine Schlange von Gästen vor dem Empfangstresen stand. Während ich sie bediente, ließ ich ihn nicht aus den Augen. So bekam ich mit, wie er einer ziemlich zwielichtigen Gestalt mit einem fiesen Schnauzer, die in einer Ecke auf ihn wartete, einen Satz Schlüssel zusteckte und sich die beiden anschließend die Hände schüttelten – ein typischer *money shake* wie bei einer Drogenübergabe im Tompkins Square Park. Außerdem konnte ich erkennen, dass Dante offenbar ein Vollprofi war, da er nicht mal einen verstohlenen Blick in seine Hand warf, während er gemächlich zum Empfang zurücktrabte. Als er merkte, dass ich ihn beobachtete, lächelte er und machte eine Riesenschau daraus, seine Krawatte zu richten, während er den Geldschein diskret in seiner Jackentasche verschwinden ließ.

Wenn man so etwas mitkriegt, sieht man doppelt genau hin. Später bekam ich heraus, dass es ausgesprochen profitabel sein kann, exklusiver Ansprechpartner für bestimmte Gäste zu sein. Wenn man die Reservierungen für künftige Daten entgegennahm, seinen speziellen Kunden bereits im Vorfeld die besten Zimmer zuwies, gewisse Posten nicht berechnete und letztlich als privater Concierge zu Diensten stand, befand man sich in Dantes dunklen Gefilden – in jenen dunklen Ecken, in denen man Trinkgeld für Serviceleistungen erhielt, die unter der Hand getätigt wurden.

Da draußen war eine Menge Cash in Umlauf, und ich versuchte herauszubekommen, wie ich einen Teil davon in meine Taschen fließen lassen konnte. Mit den echten Profis hätte ich mich trotzdem nie im Leben messen können.

Aber manche Gäste waren auch nicht besser als die Haie am Empfang. Mit allen möglichen Tricks versuchten sie sich Upgrades oder Preisnachlässe zu erschwindeln: Sie beschwerten sich lauthals, machten sich wichtig oder brachten Kakerlaken in Ziploc-Beuteln zu mir herunter, Schaben, die schon zerkrümelten und mindestens fünf Jahre alt zu sein schienen. Leute, die mir totes Getier in Plastikbeuteln auf den Tresen legen, bringen mich echt auf die Palme.

So auch das Geburtstagsgirl mit den ausgestellten Brüsten. Ich ahnte sofort, dass sie die geldlose Variante probierte: Schmeicheln statt Schmieren. Aber nicht mit mir. Möglich sogar, dass sie die Geburtstagsnummer abzog und mit der durchsichtigsten aller Maschen kombinierte. Viele Gäste *faken* einen Geburtstags- oder Jahrestag, um ein besseres Zimmer zu ergattern. Aber ich arbeite für Cash, nicht für eine Nippel-Show. Vielleicht war sie sogar ein echter Blickfang, aber ehrlich gesagt hatte ich sie mir bis jetzt nicht mal richtig angesehen. Ich wusste, dass kein Geld für mich heraussprang, und war nicht interessiert an sonstigen Offerten.

»Ich habe einen runden Geburtstag, Thomas«, sagte sie. »Es wäre wirklich toll, wenn Sie etwas für mich tun könnten.«

Eine Woche zuvor hatte ich selbst Geburtstag gehabt. Dreißig war ich geworden. *Und, Schätzchen? Wo waren du und deine Titten, als ich dich brauchte?*

»Ich werde dreißig«, sagte sie. Als ich nun doch aufsah, lächelte sie mich an, und okay, es war ein reizendes, überaus einnehmendes Lächeln. Und wie gesagt war ich ja kürzlich selbst erst dreißig geworden. Jedenfalls erweichten mich diese beiden Umstände ein wenig – und es konnte ja nicht schaden, mal ein bisschen nett zu sein.

Mein dreißigster Geburtstag war nämlich der pure Horror gewesen. Kurz zuvor war ich von einem Kurzurlaub zurückgekehrt, den ich mit ein paar von unseren Pagen und einem unserer Concierges (wer, zum Teufel, hatte den bitte eingeladen?) in den Pocono Mountains in Treys Wochenendhütte verbracht hatte – unglaublich, der abgebrochene Riese besaß allen Ernstes ein fettes Ferienhaus mit Frühstückstresen, Gewölbedecken und beheizbarem Marmorboden. Zum Frühstück tranken wir Bier, zum Mittagessen Wodka und zum Abendessen Whiskey, und als wir auf der Rückfahrt durch den Holland-Tunnel kamen, spürte ich, wie mein Körper die Schotten dicht machte. Offensichtlich waren meine Nieren enttäuscht von mir, mehr noch, sie schienen schwer sauer, ja regelrecht wütend auf mich zu sein. Und drei Tage vor meinem dreißigsten Geburtstag litt ich plötzlich brutale Schmerzen, während ich meinem Job am Empfang nachging. Ich besorgte mir einen Termin beim Arzt und wurde von diesem an eine Diagnoseklinik verwiesen, wo ich einer Computertomographie unterzogen werden sollte – ausgerechnet an meinem Geburtstag. Wie überaus deprimierend – ich wurde dreißig, und mein erstes Geschenk war eine Gratis-CT und die freudlose Gewissheit, dass mein Körper nicht mehr richtig mitspielte und ich womöglich bald den Löffel abgeben würde. Während ich mit schmerzverzerrtem Gesicht die nächsten Gäste begrüßte, fühlte ich mich, als hätte mir jemand zwei Messer in die untere Rückenhälfte gebohrt, und zu allem Überfluss schien dieser Jemand nun auch noch Spaß daran zu haben, alle naselang an den Messergriffen zu drehen und die Klingen noch tiefer in mich zu stoßen, so dass es mir vorkam, als würden Teile meiner Eingeweide jede Sekunde vorn zwischen den Rippen austreten. So hatte *ich* meinen dreißigsten Geburtstag gefeiert.

Und nun, eine Woche später, stand diese attraktive junge Frau vor mir, die ihren dreißigsten Geburtstag in einem besonders schönen Zimmer feiern wollte. Und bis jetzt war sie mir, wie so viele Gäste, weder dumm noch unhöflich gekommen. Außerdem verband uns unser gemeinsamer, nur ein paar Tage auseinanderliegender Geburtstag. Und so lenkte ich schließlich ein.

»Okay«, sagte ich zu ihren Brüsten, und dann hatte ich sie auch schon in einem Zimmer mit Blick auf den Central Park einquartiert und ihr die Schlüssel überreicht. »Zur Feier des Tages lasse ich Ihnen ein paar Fläschchen Rotwein nach oben kommen. Dann noch einen angenehmen Aufenthalt. Der Nächste, bitte!«

»Vielen, vielen Dank«, erwiderte sie. »Ich heiße übrigens Julie.«

»*Feliz cumpleaños*. Der Nächste, bitte!«

Fünf Minuten später informierte mich Kayla, ich hätte einen Anruf von Zimmer 3618.

»Schönen guten Abend, hier Thomas vom Empfang«, setzte ich die Phrasendreschmaschine in Gang. »Was kann ich für Sie tun?«

»Hey, hier ist Julie. Noch mal ganz besonderen Dank für das SUPER ZIMMER!«

Aha, die hier war also zur Abwechslung mal richtig nett. Und völlig aus dem Häuschen über das Zimmer, das ich ihr gegeben hatte. Mir wurde fast ein bisschen warm ums Herz, als ihre Stimme an mein Ohr drang.

»Wunderbar. Freut mich sehr.«

»Ähm, nachher kommen noch ein paar Freundinnen von mir – können Sie die Mädels dann zu mir hochschicken, wenn Sie nach meiner Zimmernummer fragen?«

»Selbstverständlich. Ich notiere das direkt, nur für den Fall, dass zufällig ein anderer Kollege mit Ihren Freundinnen spricht.«

»Besten Dank. Das Zimmer ist der nackte Wahnsinn.«

Ich spürte, wie nun doch ein Lächeln auf meine Züge trat. »Keine Ursache.«

Eine Stunde später kam der nächste Anruf für mich.

»Schönen guten Abend, hier Thomas vom Empfang.« So ist das, wenn man zum Roboter abgerichtet worden ist. »Was kann ich für Sie …«

»Hey, Thomas, ich bin's. Julie.«

»Wie kann ich Ihnen behilflich sein?«

»Können Sie mal zu uns hochkommen?«

»Wie bitte?«

»Können Sie vielleicht mal auf einen Sprung zu uns hochkommen? Nur für ein paar Minuten?«

»Ich bedaure, das ist leider nicht möglich.«

»Wir feiern eine Dessous-Party, Thomas. Wir sind zu acht, alles Mädels, und führen uns gegenseitig Unterwäsche ...«

»Es tut mir wirklich leid, aber ...«

»Moment, lassen Sie mich ausreden. Außerdem gibt es Champagner und Erdbeeren mit Schokoguss. Acht heiße Mädels in Reizwäsche, Thomas.«

»Hören Sie, ich arbeite hier. Da kann ich nicht zwischendurch mal eben ein bisschen abfeiern.«

»Wann haben Sie denn Feierabend?«

»Vergessen Sie's. Ich kann in meinem eigenen Hotel keine Partys feiern.«

»Oh. Das enttäuscht mich jetzt aber.«

Ich legte auf, und zwei Sekunden später trat Ben zu mir.

»Was stimmt denn mit dir nicht?«

»Acht Weiber in Schlüpfern, Ben. Zimmer 3618. Die ziehen da eine Dessous-Party ab.«

»Dann geh ich mal hoch und frag, ob sie Eiswürfel brauchen. Du weißt schon, für ihre Nippel.«

Drei Stunden später war meine Schicht zu Ende. Ich saß im Büro und machte Kasse, als Dante mir mitteilte, dass Zimmer 3618 für mich am Apparat sei. Nicht schon wieder! Ich raunte ihm zu, er solle ihr sagen, ich sei nach Hause gegangen.

»Was wollte sie denn?«, fragte ich hinterher.

»Sie hat gefragt, ob wir Bibeln hätten.«

»Bibeln?«

»Exakt, Scheffe.«

»Und worum ging's genau?«, fragte ich.

»Keine Ahnung, aber nach Betschwestern klangen die gar nicht. Da schien eher 'ne Orgie abzugehen.«

Am nächsten Tag lag ein Umschlag in meinem Fach. Geld war nicht drin, nur eine Telefonnummer. Auch nicht schlecht.

Ich rief sie an, sie lud mich auf ein paar Drinks ein, und bei der Gelegenheit fragte ich sie dann, was es mit den Bibeln auf sich gehabt hätte.

Tja, sie hatten bloß eine Unterlage benötigt, um einen Joint zu bauen. So einfach war das.

Aber im Bellevue gibt es keine Bibeln.

Zwei Jahre lang führten Julie und ich eine On-and-off-Beziehung. Ihr Leben verlief völlig anders als meins. Sie war nach New York gekommen, um das süße Großstadtleben in vollen Zügen zu genießen, und nachdem sie mittlerweile eine bestens bezahlte Position in der Finanzbranche innehatte, konnte sie es sich auch leisten. Sie speiste in den angesagtesten Restaurants und besuchte fast jede Theaterpremiere. Sie wurde zu Vernissagen ins Museum of Modern Art eingeladen und zu Cocktailpartys im Stil der zwanziger Jahre, bei denen die Gäste Strohhüte trugen und Sidecars tranken. Sie ließ sich gern in Limousinen mit Chauffeur durch die Stadt kutschieren. Ihr Lieblingsgetränk war Champagner.

»Ich trinke grundsätzlich nur Champagner, und mit Warten habe ich noch nie meine Zeit verschwendet.«

Originalzitat von ihr.

Trotzdem kamen wir super miteinander aus. Da sie aus keiner reichen Familie stammte, störte es sie nicht, dass ich kein Großverdiener war. Es machte ihr Spaß, mit mir als »galantem Begleiter« um die Häuser zu ziehen, und wir trieben es an allen möglichen öffentlichen Orten, zum Beispiel in einem Lastenaufzug und einmal auf der mit Vanilleduft veredelten Toilette eines mit Michelin-Stern ausgezeichneten Restaurants.

»Was ist eigentlich deine echte Haarfarbe?«, fragte ich sie manchmal. »Mal ehrlich, jetzt sag schon.«

Dann zog sie jedes Mal eine verärgerte Miene und deutete mit dem Zeigefinger auf ihren Kopf. »Die hier.«

Irgendwie war das bezeichnend für New York. Es spielte keine Rolle, wo man herkam oder was für ein Mensch man einmal gewesen war. Hier konnte man sich als Tablettenjunkie, Transvestit, Singer / Songwriter, Cowboy, Hip-Hopper oder Künstler neu erfinden. Sein, was immer man sein wollte.

Wer bist du wirklich? Zeig einfach auf deinen Kopf und sag: »Der hier.«

Was für ein Mensch war ich? Ein Lakai der Reichen! Und ein ziemlich unzuverlässiger Lakai obendrein, da ich mittlerweile mehr oder weniger die schlechten Gewohnheiten meiner Empfangskollegen übernommen hatte. Zuerst meldete ich mich tageweise krank, machte blau, weil ich einfach keine Lust hatte. Dann begann ich, zwei Tage hintereinander krankzufeiern, was laut Gewerkschaft ohnehin nur als ein Krankentag zählte, ehe ich mutiger wurde, mich zwei Tage vor dem Wochenende krankmeldete und anschließend montags noch mal irgendein Wehwehchen erfand, um noch mal zwei Tage abzuhängen. Dafür kassierte ich meine erste Abmahnung, da das Management ein »Muster« in meinen Fehlzeiten festzustellen glaubte. Natürlich hatten sie recht, doch mit der Rückendeckung der Gewerkschaft hätte ich mir noch sehr viel mehr herausnehmen können. Dante – mal ganz abgesehen von seinen kleinen Nebengeschäften – brachte es allein in seinem ersten Jahr auf rekordverdächtige fünfundvierzig Krankmeldungen. Und? Wurde er gefeuert? Von wegen. Und damit konnte jeder im Bellevue ziemlich sicher davon ausgehen, nichts befürchten zu müssen, ehe er nicht Dantes Rekord brach.

Wir machten, was wir wollten. Tage und Wochen verstrichen, verschwammen wie in einem Nebel, der nur hin und wieder von einem herausragenden Ereignis durchbrochen wurde.

Por ejemplo: Eines Nachmittags checkte ich Roger Daltrey

von The Who ein, und die ganze Transaktion lief ab, als würden wir einen Koks-Deal abwickeln. Er kam herein, beäugte mich aus dem Augenwinkel und rückte ein wenig näher, um mir sein Pseudonym anzuvertrauen.

Und da wir gerade davon reden, hier meine liebsten Promi-Pseudonyme:

Doug Graves
Dick Shunairy
Tim Tation

Und noch ein besonders lautmalerischer Deckname, den aus irgendwelchen Gründen besonders Rockbassisten bevorzugen:

Saul Goode

Wie auch immer, Daltrey nannte sein Pseudonym, und ich beugte mich zu ihm und lauschte seinen Sonderwünschen, während er mich weiter misstrauisch aus dem Augenwinkel fixierte, ehe ich ihm schließlich verstohlen die Schlüssel zu Zimmer 4202 zuschob, als lägen dort drei Kilo feinster kolumbianischer Stoff unter dem Bett versteckt. Er zog den Kopf ein und huschte zum Lift davon. Am folgenden Tag, nachdem The Who im Madison Square Garden aufgetreten waren, taumelte ein Bekloppter mit geschwollenem Gesicht durch die Drehtür in die Lobby. Dabei heulte er wie ein Schlosshund, so heftig, dass seine Tränen auf den Marmorboden tropften. Er schlurfte hinüber zu unserer Concierge, und ehrlich gesagt konnte ich mir ein Grinsen nicht verkneifen, während er dem Mädel schluchzend einen Briefumschlag überreichte.

Zehn Minuten später kam die Kleine – ein Mädchen namens

Annie, die gerade bei uns angefangen und noch nicht die Zeit gehabt hatte, sich zur arroganten Kuh zu entwickeln – zu uns herüber und fragte, was sie unternehmen solle.

»Hör mal, hast du das gerade mitgekriegt? Den Dicken, der sich die Augen ausgeheult hat?«

»Hab ich. Was war denn los?«

»Anscheinend hat er einen Narren an Roger Daltrey gefressen, und irgendwoher weiß er, dass Daltrey hier abgestiegen ist. Er hat mir den Brief hier gegeben und mich hoch und heilig schwören lassen, dass ich ihn weiterleite.«

»Kennt er den Decknamen?«

»Natürlich nicht.« Sie warf einen Blick auf den Umschlag und fuhr fort: »Ich bin versucht, den Brief tatsächlich weiterzuleiten. Der Mann war völlig aufgelöst. Tja, was machen wir jetzt?«

Ich nahm ihr den Brief aus der Hand. »Wir *lesen* den Schrieb, ist doch wohl klar.« Ich steckte ihn ein, und keine Minute später, als wolle er sich höchstpersönlich überzeugen, ob ich meinen Entschluss wirklich in die Tat umzusetzen gedachte, trat Roger an den Empfang und ließ seine Schlüssel ebenso diskret wie unauffällig über den Tresen gleiten.

»Es war uns eine Ehre, Mr Daltrey. Wir würden uns freuen, Sie bald wieder bei uns begrüßen zu dürfen.«

Gleich nachdem er in seine Limousine gestiegen war, nahmen wir uns den Brief vor. Was da stand, war Freakshow pur. Offenbar war der Typ bei dem Konzert gewesen, und als Daltrey auf der Bühne das Mikro herumgewirbelt hatte wie einen Propeller, hatte sich das Ding vom Kabel gelöst und war wie ein mongolischer Morgenstern ins Publikum geflogen. Es hatte den Mann nur an der Schulter gestreift, doch als er »nach einem ersten Gefühl der Erleichterung« den Blick wieder auf die Bühne gerichtet hatte, war ihm sofort aufgefallen, »wie geschockt, wie tief besorgt um seine Fans« Roger gewesen war – und in jenem Moment hatte er sich seiner Erleichterung »zutiefst geschämt«, war völlig am Boden zerstört darüber gewesen, dass Roger »dieses furchtbare Drama« hatte miterleben müssen. Die halbe Nacht hatte er heiße Tränen vergossen, befürchtet, Roger habe ein irreparables Trauma erlitten. Und wie ein echter Rock-Bekloppter konnte er nicht anders: Er musste Roger einfach mitteilen, dass niemand zu Schaden gekommen war, dass er ein Riesenfan von ihm war, seine Musik über alles *liebte*, »und bitte, Roger, bitte melde dich unbedingt, wir sollten uns unbedingt sehen, wir müssen einfach darüber reden«. All das las sich, als wollte er gar nicht mehr aufhören zu heulen, bis die ganze Sache endlich geklärt war. Und zum krönenden Abschluss standen dort noch acht (!) Möglichkeiten, wie Roger mit ihm in Kontakt treten konnte: zwei Telefonnummern, drei E-Mail-Adressen, zwei Anschriften und eine Postfachadresse.

»Ach du lieber Gott!«, sagte Annie.

»Hammer, oder?«

»Der Typ hat ja 'ne Vollmeise.«

»Also, das nenne ich mal den Liebesbrief des Jahres.«

»Gut, dass wir ihn nicht weitergeleitet haben.«

»Aber hallo. Daltrey hat sich eh schon verhalten, als wollte ich ihm jede Sekunde Handschellen anlegen. Die Nummer hätte ihm bestimmt nicht gefallen.«

»Und was machen wir jetzt mit dem Brief?«

Ich überlegte einen Moment. »Wir antworten dem Kerl.«

Dante, der gerade ein überaus enervierendes Telefonat mit einer besonders schwierigen Kundin geführt hatte – er musste ihr *schwören*, dass wir fähige Parkhilfen hatten, die sich aufopfernd um ihr Auto kümmern würden –, legte auf und war gleich Feuer und Flamme für meine Idee. Wir mussten ihn nicht weiter über die Heularie oder den Inhalt des Briefs aufklären, da er trotz des Endlosdisputs mit der begriffsstutzigen Kuh alle Details mitbekommen hatte. In dieser Hinsicht sind Empfangsprofis wie Barkeeper. Ich kann problemlos mit dem Housekeeping telefonieren, einem Pagen winken, eine Kreditkarte checken und gleichzeitig Fragen über die Ausstattung unseres Fitnessstudios beantworten, während ich zuhöre, wie Kayla sich neben mir am Telefon mit ihrem Mann zofft, mal ganz abgesehen davon, dass sie sogar *will*, dass ich alles mitkriege, damit ich ihr hinterher versichern kann, dass sie völlig richtiglag, auch wenn sie ihn bloß komplett unfair zur Schnecke gemacht hatte. Wir sind stets über *alles* im Bilde, was in unserer Lobby abgeht. Es ist nicht mal besonders schwierig, nur eine Fähigkeit, die man im Lauf der Jahre wie von selbst perfektioniert, wie ein Basketballspieler, der den Ball problemlos auf seinem ausgestreckten Zeigefinger rotieren lassen kann: Für das Spiel selbst sind solche Nummern völlig unwichtig, aber irgendwann hat man sie trotzdem aus dem Handgelenk drauf, ohne irgendetwas dafür tun zu müssen.

»Geile Nummer«, sagte Dante. »Wir schreiben dem Burschen 'nen handgeschriebenen Brief – von Roger höchstpersönlich, mit 'ner Einladung nach London zu einem Privatkonzert, inklusive Fluginfo und so weiter. Er muss bloß noch zum Flughafen fahren, wo sein Ticket bereits auf ihn wartet, glaubt er jedenfalls, und dann geht's heulsusenmäßig erst richtig ans Eingemachte! Also, entweder wir machen's so, oder wir schreiben ihm in Rogers Namen, er würde es echt bereuen, ihn mit dem Mikro nicht direkt in die Fresse getroffen zu haben. Und darunter schreiben wir: ›Fuck you, Fanboy – The Rog.‹«

Wir favorisierten letzteren Vorschlag – er war einfach lustiger.

Dann aber bliesen wir die Sache doch ab. Zum einen waren

wir keine Sadisten, und zum anderen wollten wir einen wahrscheinlich mehr oder minder harmlosen Stalker nicht zum gnadenlosen Killer machen.

Kurz nach dem Daltrey-Desaster hatte ich das Vergnügen, Brian Wilson kennenzulernen. Eigentlich war ich kein großer Fan der Beach Boys, die Hits reichten mir, und ehrlich gesagt legte ich sie auch nur dann auf, wenn ich betrunken war. Nun aber stand er an der Rezeption, gefühlte 2,30 Meter groß. Er trug eine Trainingshose und zog die Schultern ein wie ein Teenie beim Tanztee. Leider checkte ich ihn nicht selbst ein, denn ich kümmerte mich gerade um eine ältere Dame, die den Inhalt ihrer abgeranzten Handtasche quer über meinen Tresen verstreut hatte, ein halbes Dutzend benutzter Papiertaschentücher und diverse Brillenetuis. Sie fahndete nach etwas, was sich als »mögliche Zahlmethode« eignete. Aber genau genommen hat Brian Wilson sich auch nicht selbst eingecheckt. Zwei lässig gekleidete Gentlemen besprachen die Details seiner Reservierung mit Kayla, der das Ganze komplett am Arsch vorbeiging. Hätte ich ihr erklärt, was Brian Wilson und die Beach Boys für die Geschichte der Popmusik bedeuteten, hätte sie wahrscheinlich geantwortet:

»Na schön, aber wieso steht er dann so dumm in der Gegend rum? Mein Onkel Ramón glotzt auch immer so, wenn er sich gerade in die Hose gepinkelt hat – der alte Säufer.«

Mein Freund Brian schien so unbeeindruckt wie ein Siebenjähriger im Museum; er wippte auf den Zehenspitzen, mit schüchternem Gesichtsausdruck und ohne eine Miene zu verziehen. Der alten Dame vor mir war es inzwischen gelungen, ihre Wells-Fargo-Kundenkarte zwischen all den benutzten Tempos zu finden, und ich beschloss, sie mir so schnell wie möglich vom Hals zu schaffen, weshalb ich unseren Pagen ein Zeichen gab. Diskret, versteht sich – nicht dass die Alte noch auf die Idee kam, ich wäre derjenige, der ihr den bösen Mann mit Handschuhen auf den Hals hetzt, der ihr das Gepäck aus den Fingern reißt und dafür hinterher womöglich auch *belohnt* werden will. Leider reagierte keiner auf meinen Wink. Die Jungs, noch restalkoholisiert von letzter Nacht, sahen sich vermutlich gerade irgendwelche Sexvideos an, die sie mit ihrem Handy aufgenommen hatten, oder waren damit beschäftigt, ihr Trinkgeld zu zählen.

Keine Chance, sie auf mich aufmerksam zu machen, und obendrein herrschte jede Menge Hektik in der Lobby. Mir blieb keine andere Wahl, und so röhrte ich lauthals »PAGE!« durch die Lobby, und allein die erste Silbe ließ meinen Freund Brian einen halben Meter in die Luft springen, und als er wieder auf dem Boden aufkam, stand ein Ausdruck schieren Entsetzens auf seinen Zügen. Das *nackte Grauen* spiegelte sich in seinem Blick, und er sah aus, als würde er jede Sekunde in Tränen ausbrechen.

»O Gott, das tut mir leid, Mr Wilson, aufrichtig leid«, sagte ich, kehrte beschwichtigend die Handflächen nach oben und bedachte seine beiden Begleiter mit einem geschäftsmäßigen Lächeln. »Es ist mir eine Freude, Sie bei uns begrüßen zu dürfen.«

In den Folgejahren stieg Mr Wilson stets bei uns ab, wenn er sich in New York aufhielt. Mit der Zeit bekam ich ein Bild von seiner wirklichen Verfassung. Wiederholt beobachtete ich auch, dass er nie allein war, stets wenigstens zwei männliche Begleiter im Schlepptau hatte. Er sprach nie mit jemandem, trug für gewöhnlich eine Trainingshose, machte generell den Eindruck, als wolle er sich am liebsten verstecken, auch wenn er keineswegs immer unglücklich wirkte. Eher wie ein großer, still ruhender See, dessen Wasser nur selten in Bewegung geriet – außer natürlich, wenn ihn etwas in PANIK versetzte.

Eines schönen Frühlingsmorgens sah ich, wie Brian und seine Jungs aus dem Lift kamen. Seine zwei Begleiter gingen voraus, während er leichten Schrittes, ja regelrecht beschwingt hinter ihnen hertrottete. Seine Riesenhände schwangen wie Pendel an seinen Seiten, und ich hörte, dass er ein Lied vor sich hin summte, eine kleine, echt starke Melodie, die anscheinend regelrecht in seinem Kopf explodierte und ihn sichtlich in Hochstimmung versetzte. Ich heftete mich an seine Fersen, solange ich konnte, lauschte seinem Summen, während ich ihm durch die Lobby bis nach draußen folgte, dabei sogar mein Namensschild abnahm, nur für den Fall, dass seine Begleiter meine Verfolgernummer bemerkten. Aber den lässig gekleideten Gentlemen war mittlerweile ohnehin klar, dass ich ein »Sympathisant« war, vielleicht der Einzige, der die Bedeutung ihres Schützlings erkannte.

Mehr als das, denn Annie, unsere Concierge, die im Lauf der Jahre doch tatsächlich zu einer richtig guten Freundin wurde, machte mich erst wirklich mit den Beach Boys vertraut, indem sie mir diverse Alben von ihnen brannte, darunter *Friends*, *20/20*, *Wild Honey* und *Smiley Smile*, die ich allesamt auf meinen iPod lud, von morgens bis abends hörte und mich komplett in der dunklen, verrückten Schönheit von Brians Songs verlor. Gar keine Frage, Brian Wilson ist etwas ganz Besonderes, ein Genie.

Es war unglaublich, mit einem Menschen zu tun zu haben, den ich schließlich so sehr bewunderte. Ich sollte noch andere Stars kennenlernen, die ich bewunderte. Auch Stars, die ich alles andere als bewunderte. Und Stars, von denen ich noch nie gehört hatte und die trotzdem Horden von Mädchen anzogen, die wie entfesselt in unserer Lobby herumkreischten.

Und zu alldem komme ich jetzt. Bleiben Sie dran.

KAPITEL 10

Ben der Page steuerte auf den Empfangstresen zu. Im Hotel herrschte mal wieder so richtig tote Hose, entsprechend war ich damit beschäftigt, neue BUK zu kreieren – Büro-Utensilien-Kunst: Mit Hilfe von Federhaltern, Kugelschreibern, Tintenpatronen und Textmarkern schuf ich wahre Kunstwerke; ich zeichnete, malte, tauchte Büroklammern in Tinte und kleckste oder schmierte mit dem Büroklammer-»Pinsel« auf Hotelpapier herum, was das Zeug hielt. Meine Werke sahen wie die eines Anstaltsinsassen aus. Oder – was ungefähr das Gleiche ist – wie die Werke von jemandem, der am Empfangstresen eines Hotels arbeitet. Was nicht heißen soll, dass sie nicht auch irgendwie großartig waren, tatsächlich hatte ich neulich erst eins für fünf Dollar an einen Zimmerkontrolleur verkauft. Nichts gegen ein paar Scheine extra, oder?

Mit meinem heutigen Projekt aber betrat ich Neuland: Mittels eines Gratisnähetuis versuchte ich aus zwei Servietten ein kleines besticktes Kissen zu machen, das ich mit Papiertaschentüchern ausgestopft hatte. Ich benutzte alle zur Verfügung stehenden Fäden, um das Kissen möglichst hübsch zu dekorieren, und es sah schon ziemlich bunt aus.

In jenem Augenblick trat Ben der Page zu mir an den Tresen, um meinen Ausflug ins Reich der schönen Künste jäh zu unterbrechen.

»Schon die Neuigkeiten gehört, Pissbär?«

Ben nannte mich »Pissbär«, weil wir inzwischen eng befreundet waren. Auch das ist New York: Je dicker die Freundschaft, desto heftiger die Beleidigungen. Zwischendurch hatten wir mal einen Manager aus Japan, der frustriert fragte, ob wir nicht mal einen Tag Ruhe geben und aufhören könnten, uns permanent zu verunglimpfen. Worauf wir, gerade mal wieder dabei, uns die schlimmsten Titulierungen an den Kopf zu werfen, ihm erklärt hatten, dass wir uns prächtig amüsierten und allesamt bestens miteinander auskamen.

»Welche Neuigkeiten?«, fragte ich, während ich an meinem Papierkissen herumfingerte.

»Was'n das? Ein Kissen für deinen Mickerschwanz?«

»Ha! Na ja, der Gute braucht ein bisschen Ruhe, nachdem ich's die ganze Nacht …«

»Sag's nicht, Tom.«

»… deiner Mutter besorgen musste.«

»Ich fass es nicht. Wie auch immer, schon gehört, dass das Hotel verkauft worden ist? Ganz im Ernst.«

»Was? An wen?«

»An eine Private-Equity-Gesellschaft, was zum Teufel das auch immer sein mag.«

In einer Hinsicht sind Hotels wie Restaurants: Neuigkeiten verbreiten sich so schnell wie Heroin im Blutkreislauf eines Junkies, völlig egal, ob gerade ein Manager ein Zimmermädchen geschwängert hat oder jemand achtkantig rausgeworfen worden ist. Pausenlos tratschen wir über unsere Kollegen, weil wir uns sonst zu Tode langweilen würden.

Natürlich wird auch über die Gäste hemmungslos geklatscht. Und da ich mir nur allzu gern die Zeit damit vertrieb, die neuesten Storys herumzuerzählen, nannten mich meine Kollegen bald Tom Jennings – nach Peter Jennings, dem ehemaligen Nachrichtensprecher der ABC *World News.*

»He, Dante, hast du das mitgekriegt? Die Sache mit Mr Hockstein?«

»Ta-taah, ta-taah, ta-taah! Und hier ist Tom Jennings live aus der Lobby des Bellevue. Mann, du bist echt die größte Labertasche auf diesem Planeten.«

»Na, einer muss hier doch den Chefreporter spielen. Hier übrigens das Neueste vom Neuen: Empfangschefin Kelly Madison scheint einen neuen Lippenherpes auszubrüten. Details beim Mittagessen.«

Der erwähnte Mr Hockstein war schon Gast im Bellevue gewesen, als ich noch keine Schamhaare gehabt hatte. Er war so groß wie eine Mülltonne, trug sein mit überreichlich Pomade in Form gebrachtes Haar penibel gescheitelt und sprach mit niemandem, nicht mal mit unseren Pagen, die normalerweise jeden zum Reden brachten, da ein kleiner Austausch fast immer sicheres Trinkgeld bedeutete. Für gewöhnlich checkte Hockstein montags mit wenig oder gar keinem Gepäck ein und irgendwann im Lauf des Freitags wieder aus, oft ohne sich überhaupt am Empfang abzumelden, in welchem Fall dann montags seine Sekretärin durchrief und uns bat, ihr die Rechnung zu faxen. Nach einiger Zeit beschloss ich, mich bei ihm beliebt zu machen, indem ich ihn bevorzugt behandelte: Schließlich war er ein Stammgast, der eine Menge Geld bei uns ließ, und wenn er in einer Schlange am Empfang anstand, holte ich mir seine Reservierung auf den Schirm, bat die Familie vor mir, sich doch bitte einen Moment zu gedulden, ich würde ihnen eine besonders schöne Suite geben (fette Lüge), was mir genug Zeit ließ, Mr Hockstein in ein erstklassiges Zimmer einzuchecken und die Schlüssel zu codieren.

»Einen Augenblick bitte, Mr Dingsbums, ich spreche nur kurz mit dem Pagen da drüben, um ganz sicherzugehen, dass das Zimmer, das ich für Sie ausgesucht habe, auch tatsächlich das größte ist.« Mr Dingsbums war schwer angetan, obwohl ich nicht den kleinsten Finger für ihn gerührt hatte, aber Mr Hochstein würde sicher erst recht schwer beeindruckt sein, wenn ich plötzlich neben ihm stand und ihm die Zimmerschlüssel zusteckte.

»Alles bereits erledigt, Sir. Ein kleiner Extraservice für einen langjährigen Stammkunden. Genießen Sie Ihren Aufenthalt!«

Er kam nicht mal auf die Idee, mir ein noch so kleines Lächeln zu schenken. Er nahm die Schlüssel, grapschte die oben verschlossene Einkaufstasche, die zu seinen Füßen stand, machte auf dem Absatz kehrt und eilte zum Lift. Ich verstand die Welt nicht mehr. Das war die Art von Service, von der andere Menschen nur träumen konnten. Die eine oder andere ältere Dame wäre wahrscheinlich vor Freude *gekommen.* Ihm jedoch schien alles komplett am Arsch vorbeizugehen.

Kurz darauf aber fand ich heraus, warum er sich so merkwürdig verhielt. Am Donnerstag kam Terrell, der die Wäscherei unter sich hatte, an die Rezeption und lehnte sich grinsend über den Tresen.

»Was geht ab, Mann? Alles frisch so weit? Zieh dir das rein, Mann, der Gast von 3215 hat 'ne Einkaufstüte auf seinem Zimmer vergessen. Und als das Zimmermädchen sie in den Müll geworfen hat, ist die Tüte aufgegangen – und jetzt darfst du dreimal raten, was drin war. Jede Menge Sexspielzeug! Jede Menge Dildos, alter Schwede! Sogar 'ne Gummipuppe! *Whoo!* Ihr Weißen habt voll einen an der Waffel! Nichts als Perverse in diesem Schuppen.«

Noch bevor er mir die Story auch nur halb erzählt hatte, holte ich mir Zimmer 3215 auf den Schirm.

Teufel auch. Hockstein, Hockstein, Hockstein. *Cockstein.* Ja, hörte der Wahnsinn denn eigentlich nie auf?

»Yo, Terrell, ich *kenne* den Typen. Aber bloß vom Sehen, der spricht nämlich nie mit jemandem. Tja, also, das nächste Mal, wenn er mir über den Weg läuft … Ach, du liebe Scheiße.«

Im selben Moment schob sich Hockstein durch die Drehtür, wobei er aber nicht den Griff benutzte, sondern mit der flachen Hand gegen die Scheibe drückte – was ich auf den Tod nicht leiden kann, da ich gleich wieder jemand losschicken muss, der das Glas saubermacht. Den Blick zu Boden gerichtet, marschierte er zum Lift, ohne uns auch nur die geringste Beachtung zu schenken.

»O nein«, sagte ich.

»Was'n jetzt los?«

»Das *ist* er.«

»Der Dildo-Mann? Der geht wieder auf sein Zimmer? Das ist jetzt nicht wahr, oder? Ich glaube, ich verpiss mich lieber wieder.«

Fünf Minuten später stand Hockstein am Ende der Schlange, die vor dem Empfang wartete. Er war puterrot und ballte die Fäuste; die Venen an seinen Schläfen pulsierten, und seine Lippen waren so eng zusammengepresst, als hätte sie jemand zugenäht.

Irgendwie spürte ich, dass es jetzt besser war, ihn nicht mit seinem Namen anzureden. »Was kann ich für Sie tun, Sir?«

»WO SIND MEINE PERSÖNLICHEN DINGE? WIESO HAT SIE JEMAND AUS MEINEM ZIMMER ENTFERNT?« Er klang tonlos wie ein Irrer kurz vorm Durchdrehen. Ich dachte, gleich explodiert sein Kopf.

»Äh, wie bitte, Sir?«

»IN MEINEM ZIMMER WAR EINE EINKAUFSTASCHE, EINE EINZELNE EINKAUFSTASCHE. WER HAT DIE TASCHE ENTFERNT? ICH CHECKE ERST MORGEN WIEDER AUS.«

Es wäre die perfekte Gelegenheit für ihn gewesen, mich anzuschnauzen und nach allen Regeln der Kunst zu beschimpfen. Aber dass kein einziger Fluch über seine Lippen drang, war irgendwie noch einschüchternder. Es wirkte, als könnte er jede Sekunde Amok laufen.

»Nun ja, Sir, wahrscheinlich hat das Zimmermädchen gedacht, Sie wären bereits abgereist, und wollte Ihnen unnötige Kosten ersparen.«

»Ich reise *immer* freitags ab, das wissen Sie genau«, zischte er mich an. *»Wo sind meine persönlichen Sachen? Wo ist meine Einkaufstasche geblieben?«*

»Ich fürchte, sie ist in den Müll gewandert, Sir.«

Er sah mir direkt in die Augen, schien sich aber allmählich wieder in den Griff zu bekommen. Er atmete tief ein und aus, und ich sah genau, womit er sich zu beruhigen versuchte – vielleicht hatte ja niemand in die Tasche gesehen, und selbst wenn, würde kein Mensch den Inhalt der Tasche mit ihm in Verbindung bringen, zumindest nicht visuell. In der Zwischenzeit machte die Geschichte die Runde quer durchs Haus. Am anderen Ende der Lobby schmückte Dante das Ganze gerade offenbar ein bisschen aus, während er Trey einweihte – und dann beugte er sich über einen fetten Hartschalenkoffer, während Trey so tat, als würde er ihn mit einem Hotelregenschirm von hinten penetrieren.

Herr des Himmels! Trotzdem brach ich angesichts solcher Späße nicht mehr lauthals in Gelächter aus. Ich war inzwischen Profi und lachte *in mich hinein*, selbst wenn Gäste mich ANBRÜLLTEN und wie den LETZTEN ARSCH behandelten. Ich steckte alles weg und grinste mir eins (außer wenn ich auf der Toilette vor Frust zu heulen anfing).

Dante ging wieder hinter den Empfang, so breitbeinig, als hätte er ein Rektaltrauma erlitten.

»Ich bitte noch einmal um Entschuldigung, Sir«, sagte ich laut genug, dass Dante es mitbekommen konnte. Dann trieb ich das Ganze genüsslich auf die Spitze. Ich zog einen Notizblock zu mir heran und zückte meinen Federhalter. »Wenn Sie mir kurz sagen, welche Gegenstände Sie vermissen, sorge ich dafür, dass Sie Ihnen innerhalb der nächsten Stunde ersetzt werden.« Erstklassiger Stunt, oder?

Hockstein sah zu Dante hinüber, und offensichtlich gefiel es ihm überhaupt nicht, dass nun auch noch jemand mithörte. »Nein danke, nicht nötig. Die Mühe können Sie sich sparen. Veranlassen Sie bitte lediglich, dass so etwas nie wieder vorkommt. Aber wahrscheinlich ist es ohnehin besser, wenn ich mich nach einem neuen Hotel umsehe.«

Was er nie tat. Er stieg weiterhin bei uns im Bellevue ab, und wir sorgten dafür, dass so etwas nie wieder vorkam. Dass er sich bei uns rundum wohl fühlen konnte. Wir wahrten Diskretion. Aber so ist das eben in Hotels: Alle sind über alles im Bilde. Er ging davon aus, dass keiner von uns etwas mitgekriegt hatte, während im ganzen Haus in Bezug auf ihn nur noch von »Cockstein« oder »Anal-Blockstein« (Jays Kreation war allgemeiner Favorit) gesprochen wurde. Wie auch immer, später am selben Tag informierte uns Terrell darüber, dass er und seine Jungs die Bumspuppe aus dem Müll geholt, gereinigt, aufgeblasen und in eine Zimmermädchenuniform gesteckt hatten. Sie befand sich jetzt in der Wäschekammer in der elften Etage, wo sie sich jeder ansehen konnte. Oder benutzen.

Während ich nun am Empfang stand, mein Serviettenkissen in der Hand, war mir also klar, dass auch andere bereits von der Neuigkeit wussten. Ein Private-Equity-Unternehmen hatte also das Bellevue gekauft. Wir hatten nur keine Ahnung, was das für uns bedeutete.

Drei Wochen später sollte uns das ganze Ausmaß der Veränderungen klarwerden.

Unser Direktor sah aus, als hätte man ihm das Herz gebrochen. Alle Lebensgeister schienen aus ihm gewichen zu sein, wenn ich ihn durch die Lobby schlurfen sah, und er war nicht annähernd so betrunken, wie es ihm zugestanden hätte. Er wirkte, als wäre er zu traurig, um sich noch ordentlich besaufen zu können. Am liebsten hätte ich ihn in den Arm genommen.

An einem Montagnachmittag wurde die Lobby dichtgemacht. Für gewöhnlich geht man bei der Renovierung eines Hotels etagenweise vor. Zunächst werden etwa die Stockwerke 19–21 geschlossen, um dort alles auf Vordermann zu bringen, dazu noch die 18. und die 22. Etage, die als Lärmpuffer dienen. In diesem Fall aber wollte die Private-Equity-Gesellschaft Tabula rasa machen und das gesamte Hotel regelrecht entkernen, sprich: alles herausreißen und entsorgen. Normalerweise hätte man uns in einem solchen Fall beurlaubt, die Türen verrammelt, das Hotel renoviert und dann wiedereröffnet. Aber so lief das nicht mit unseren neuen Arbeitgebern. Diesen Arschlöchern (Entschuldigung, Wichser-Arschlöchern) ging es nur um eins: Geld. Und sonst gar nichts. Dieses Unternehmen war eine Maschine, die mit Geld betrieben wurde und sich einen Scheißdreck um die Betroffenen scherte, egal ob es sich um Angestellte oder – jetzt wird es wirklich grotesk – Gäste handelte.

Sie schlossen das Restaurant. Sie schlossen die Bar. Sie schlossen die hausinterne Wäscherei. Sie schlossen sogar die verdammte Lobby.

Aber was ist ein Hotel ohne diese Bereiche? Nichts weiter als eine endlose Reihe von Zimmern. Weshalb man glauben könnte, dass damit auch die Pforten des Bellevue geschlossen waren. Aber unsere neuen Besitzer hatten eine bessere Idee in Sachen Profitmaximierung.

Der Hase lief so: Sobald das Bellevue neu eröffnete, würden sich die Zimmerpreise verdoppeln. Für ein Zimmer, das zuvor 299 Dollar pro Nacht gekostet hatte, würde der Gast dann 599 Dollar berappen müssen. Und bei derart dramatischen Preiserhöhungen konnten sie logischerweise davon ausgehen, dass im Bellevue eine völlig neue Klientel Einzug halten würde. Die Geschäftsleute und Touristen, die seit zwanzig Jahren zu uns kamen, standen damit finanziell auf verlorenem Posten und würden auf günstigere Hotels umsteigen müssen. »Was?«, würden sie sagen. »Aber sonst habe ich doch nur die Hälfte bezahlt. Bei solchen Spesen spielt meine Firma definitiv nicht mit. Können Sie mir nicht irgendwie entgegenkommen?«

Leider nein.

Nun ja, was soll's? So ist das Leben: Die Erde dreht sich weiter, Hotels werden renoviert, Preise explodieren, Gäste steigen in anderen Häusern ab. Wie auch immer, vor der Neueröffnung des Bellevue, während Dutzende von Kollegen noch beurlaubt waren und man sich im Hotel nicht mal eine Schale Pommes frites bestellen konnte, gaben die neuen Besitzer keinerlei Order heraus, unsere Gäste bei der Buchung über den Zustand des Hotels aufzuklären.

»Ja, zum üblichen Preis, Sir. Dann bis nächste Woche.«

Wenn die Gäste dann durch die Drehtür traten, standen sie statt in der Lobby mitten auf einer Baustelle, zwischen lauter Gerüsten, die eine Art Geisterbahntunnel bildeten, während um sie herum Bohrer dröhnten und Kreissägen kreischten. Dann nahmen sie den Lift zu den Konferenzräumen im dritten Stock, wo sich unser provisorischer Empfang befand, ein winziger Tisch im Nirgendwo. Keine Sofas, keine Musik, keine Kunst an den Wänden, gar nichts. Ein Konferenzraum mit einem einsamen Rezeptionisten, der aus dem Fenster auf die Ninth Avenue hinausstarrte. Ein absolut deprimierender Anblick. Und das war erst der Anfang.

»Ist das die Lobby?«

»Ja, Sir.«

»Sie haben also gar keine Lobby.«

»Nein, Sir.«

»Kein Restaurant, keine Bar?«

»Nein, Sir.«

»Aber das Fitnesscenter hat doch bestimmt geöffnet.«

»Oh … ähm. Nein, Sir.«

Und spätestens jetzt begannen es die Gäste persönlich zu nehmen. »Wieso bin ich darüber nicht informiert worden? Es ist ja wohl die Höhe, dass ich dafür den vollen Zimmerpreis zahlen soll! Ich will sofort Ihren Vorgesetzten sprechen. Das war das letzte Mal, dass ich hier abgestiegen bin!«

Natürlich waren sich unsere neuen Besitzer darüber im Klaren. Und genau darin bestand auch der springende Punkt. Sie gingen davon aus, dass unsere Gäste sich das Bellevue in Zukunft sowieso nicht mehr leisten konnten – warum also nicht auf die Schnelle noch die letzten Dollar plus Steuer bei ihnen abkassieren? Anschließend konnten sie sich dann gefälligst ein für alle Mal verpissen.

Es war alles andere als einfach in jenen Tagen. Zu vielen unserer Stammgäste pflegte ich ein herzliches, fast freundschaftliches Verhältnis, und es tat mir in der Seele weh, wie mit ihnen umgesprungen wurde. Das war nicht fair. Aber es wurde noch viel unfairer.

6:00 Uhr morgens.

Wenn die verdammten Drillbohrer einsetzten.

Es klang, als wären wir in Beirut.

Absurderweise hatte ich es tatsächlich mit weniger Beschwerden als sonst zu tun. Was aber einzig und allein dem Umstand zu verdanken war, dass unsere Gäste nicht an der Rezeption vorbeikamen, wenn sie das Gebäude verließen, sondern direkt in den Aufzug stiegen, der sie nach unten in den Geisterbahntunnel brachte. Ich schätze, dass neunzig Prozent aller Leute sich überhaupt nicht beschweren würden, wenn sie nicht gerade am Empfang vorbeikämen. Es ist immer dieselbe Nummer: Jemand wirft einem im Vorbeigehen einen kurzen Blick zu, hält dann urplötzlich inne, hebt den Zeigefinger und sagt: »Also, eigentlich wollte ich Sie nicht damit behelligen, aber …«

Der umfunktionierte Konferenzraum, in dem wir nun saßen, hatte ein großes Panoramafenster, das auf die Straße hinausging. Ich verbrachte Stunde um Stunde damit, das Gewimmel dort unten zu verfolgen. Ein ums andere Mal stach mir derselbe Obdachlose ins Auge, einer von diesen fetten Gossenjesustypen, immer unterwegs mit einem schwarzen Müllsack, den er gegen Mittag stets die Straße hinauf- und dann gegen 14:00 Uhr wieder hinunterschleppte. Gegenüber befand sich ein Parkhaus, vor dem ein alter Latino stand, der den lieben langen Tag ein orangefarbenes Fähnchen schwenkte, um vorbeikommende Autofahrer dazu zu bewegen, ihr Vehikel für zwanzig Dollar die Stunde in seinem gottverdammten Betonbau abzustellen. Je mehr Stunden verstrichen, desto lahmer wurden seine Gesten, bis er das Fähnchen nur noch kraftlos auf und ab bewegte. Irgendwie machte es mich immer todtraurig, wenn ich ihn dabei beobachtete.

Auch die Pagen hatten jede Menge Zeit totzuschlagen. Kleine Ewigkeiten, um genau zu sein. Da während des Umbaus nur eine sehr begrenzte Anzahl an Zimmern zur Verfügung stand, hatten wir an manchen Tagen weniger als fünfzig Gäste. Vierzig von ihnen wimmelten die Jungs gleich von vornherein ab, und wegen des erbärmlichen Hotelzustands weigerten sich von den verbleibenden zehn Kunden dann noch weitere fünf, auch nur das allerkleinste Trinkgeld zu geben.

Jeden Tag wurde ihnen aufs Neue eingetrichtert, dass sie lieber den Blick in die strahlende Zukunft richten sollten, statt in ihre leeren Geldbörsen zu starren. Bald würde das Hotel wiedereröffnen, alles doppelt so teuer sein und bei uns eine Klientel einziehen, die einen Zwanziger nicht von einem Hunderter unterscheiden konnte – weil sie es schlicht nicht nötig hatte.

Monate später waren wir endlich wieder vollzählig, als das Management feierlich die neue Lobby einweihte. Aus versteckten Lautsprechern waberte cooler Trance-Sound, und wir verköstigten uns mit Kanapees, tranken alkoholfreien Punsch und sahen uns in unserem neuen Zuhause um.

Jay, der vom ersten Tag an zur Belegschaft des Bellevue gezählt hatte und, wie er es formulierte, »quasi noch am Spatenstich« beteiligt gewesen war, trank seinen Punsch so langsam, als hätte er sich noch etwas Kräftigeres hineingekippt. Er nahm sich ein Schnittchen und beförderte es umgehend auf die Platte zurück.

»Tja, Jungs, die haben unser Foyer ja regelrecht mit Goldmünzen zugeschissen.«

Die Lobby bestand jetzt ganz aus schwarzem Marmor. Im Schimmer der roten Lounge-Beleuchtung wirkte alles superschick und obersexy, aber auch ein wenig klaustrophobisch. Das einzige Gemälde war ein riesiges abstraktes Monster von einem Bild, doch obwohl es lediglich eine endlose Ansammlung weicher goldener Wolken zu zeigen schien, glaubte ich genau in der Mitte einen Totenkopf zu erkennen. Einen großen goldenen Totenkopf, der mich unmittelbar an Geld denken ließ. Nicht an Geld, das jemand für Lebensmittel oder

Disneyland-Tickets ausgibt, sondern an Private-Equity-Geld, dem alles egal ist, für das Menschen nicht zählen, durch und durch teuflisches Geld, das nie ausgegeben wird, sondern sich nur immer weiter und weiter anhäuft, eine gigantische gelbe Giftwolke aus Geld, die schließlich die Form eines wahrhaft grauenerregenden Totenschädels annimmt, eine Wolke, deren toxischem Fallout niemand entkommen kann.

Am nächsten Tag wurden die ersten Kollegen entlassen.

Der neue Direktor – er hieß Barry Tremblay – schien aus dem Nichts zu kommen, aber aus irgendeinem Loch musste er ja wohl gekrochen sein. Offensichtlich hatte er eine gewisse Erfahrung in der Gastronomie gesammelt, aber das war's dann auch schon. Wir hatten alle einen smarten, eleganten Cheftypen erwartet, der wie die Faust aufs Auge zum neuen Ambiente des Bellevue passen würde. Stattdessen sah Tremblay aus wie der übergewichtige Highschoolschüler, der immer der Watschenmann gewesen war und sich seine jetzige Machtposition nur erkämpft hatte, um sich für die erlittenen Demütigungen nun an anderen zu rächen. Beim Gehen kippte sein Rumpf immer leicht nach hinten, als würde er an den Knien vorwärtsgezogen. Er trug teure Anzüge, aber wahrscheinlich hätte selbst eine Riesenaubergine besser in ihnen ausgesehen. Wenn er sprach, klang er, als wäre seine Zunge zu groß für seinen Mund, und die Worte kamen stets wie fette Fische über seine Lippen.

Und seine ersten Worte lauteten anscheinend: »Feuern wir alle, die wir können.«

Das kleine gelbe Gewerkschaftskärtchen, das ich seinerzeit so zögernd unterzeichnet hatte, rettete mir den Job. Allen nicht gewerkschaftlich organisierten Kollegen wurde fristlos gekündigt. Am ersten Freitag nach der Eröffnung des Foyers bestellte Tremblay alle Sicherheitskräfte des Bellevue um

15:00 Uhr in einen der Konferenzräume. Die Jungs dachten, der Hoteldirektor wolle sich ihnen vielleicht mit ein paar warmen Worten persönlich vorstellen und eventuell noch ein wenig über die Bedeutung ihrer Arbeit sprechen.

Er feuerte sie alle miteinander, sagte ihnen, sie könnten sofort ihre Sachen packen, und drückte jedem einen Scheck mit dem Gehalt für die nächsten zwei Wochen in die Hand. Vielen Dank für die treue Mitarbeit während der letzten zwanzig Jahre. Wir wünschen weiterhin viel Erfolg. Und jetzt verzieht euch.

Einigen von ihnen standen Tränen in den Augen. Leonard – er hatte mir damals die Aufnahmen von Julios Pinkelaktion gezeigt – hatte gerade eine Hypothek für ein Häuschen in den Poconosmountains aufgenommen und war am Boden zerstört. Rafael, seit jeher stolz und unbeugsam, trat vor den neuen Direktor, schüttelte ihm die Hand und sagte: »Fick deine Mutter, du armseliger Arsch.« Anschließend verließen er und die anderen das Gebäude, während draußen auf der Straße in einer Reihe bereits ihre Nachfolger warteten, lauter Achtzehnjährige ohne Ausbildung, die bereit waren, für den halben Stundenlohn zu arbeiten. Bestimmt gab es jetzt in den Kinos an der Forty-Second Street keine Kartenabreißer mehr, die trieben sich jetzt alle bei uns in der Lobby herum, schmale Hemden in zu großen Klamotten, die darum beteten, dass hier niemals ein Brand ausbrechen oder es zu einem Bombenalarm kommen würde.

Auch waren die Entlassungen völlig unverständlich. Rafael kannte die besten Restaurants im Umkreis von zwanzig Blocks, wusste so gut wie alles über die jeweiligen Küchenchefs und wartete jederzeit auch gern mit interessanten Fakten über die Geschichte von Midtown auf. Leonard konnte einem den schnellsten Weg zum Yankee-Stadion erklären und wusste nach einem kurzen Blick aufs Ticket, welchen Blick man aufs Spielfeld haben würde. Und all diese Experten und Profis hatten sie jetzt kurzerhand vor die Tür gesetzt und durch einen ständig wechselnden Clan von erschreckend beschränkten Jüngelchen ersetzt, die selbst auf die einfachsten Fragen unserer Gäste nur eine Antwort kannten: »Was? Oh, hmm ... Ähm, nee, sorry, weiß ich nicht.«

Niemandem leuchteten die Entlassungen ein. Das neue Management hatte uns nicht einmal die Chance gelassen, uns von unseren Freunden und Kollegen zu verabschieden, und abgesehen von dem bisschen Einsparung ergaben die Kündigungen schon rein unternehmerisch keinen Sinn. Wer die Preise anhebt, sorgt für gewöhnlich auch für besseren Service. Ein Restaurant investiert nicht Tausende von Dollars in brandneue Weinbelüfter, um sie anschließend mit Pampelmusensaft zu füllen. Niemand baut ein neues Opernhaus und bestückt es anschließend mit Stühlen vom Discounter.

Eins war jedenfalls klar: Auch wenn sie uns nicht feuern konnten, wollten sie uns schnellstmöglich loswerden. Speziell die Empfangsmitarbeiter. Ein Blick aus Tremblays dunklen Augen sagte mehr als tausend Worte. Er hasste uns allesamt wie die Pest. Und wir begegneten ihm selbstredend mit derselben Wertschätzung.

Sind Sie schon mal jemandem begegnet, der gleich beim ersten Mal herablassende Witze über Sie macht? Hatten Sie schon mal mit jemandem zu tun, der Respekt einfordert, statt ihn sich zu verdienen?

Nichts war mehr wie zuvor. Nun hieß es nur noch Gewerkschaft gegen Chefetage. Es herrschte ein gnadenloser Krieg. Die neuen Manager ließen überall Überwachungskameras installieren, führten strengste Kassenkontrollen durch und checkten aufs Geratewohl unsere Spinde.

Um sich die Gewerkschaft vom Hals zu schaffen, hätten sie unsere gesamte Belegschaft per Abfindung nach Hause schicken müssen. Und da sie die Kosten scheuten – die meisten von uns waren schon seit Jahren im Bellevue beschäftigt –, sahen sie uns nun pausenlos auf die Finger, legten Protokolle über uns an. Permanent versuchten sie, uns Fehlverhalten und Pflichtverletzungen nachzuweisen und auf diese Weise aus dem Haus zu ekeln. Über kurz oder lang würden wir schon freiwillig hinschmeißen. Aber da hatten sie sich gehörig geschnitten.

Und noch etwas hatte sich geändert: unsere Klientel. Die renovierten Zimmer waren doppelt so groß wie die der anderen Manhattaner Hotels und mit Flachbildschirmen, iPod-Stationen und Designersofas ausgestattet. Firmenbosse und Vorstandschefs begannen bei uns abzusteigen. Prominente buchten das Penthouse, und Paparazzi lungerten draußen vor dem Foyer herum.

Doch trotz des Erfolgs verschlechterte sich das Betriebsklima mit jedem Tag. Die Manager folgten uns sogar bis zur Toilette und standen wie Gefängniswärter vor der Tür, bis wir wieder herauskamen. Sie stoppten unsere Pausen auf die Sekunde und brachen ein ungeschriebenes Hotelgesetz, indem sie das Wort der Gäste über das der Mitarbeiter stellten. Das uralte, heilige Gesetz lautet so: *Wir* gegen *die*. Das *Hotel* gegen die *Gäste*. In einem Hotel geht es nicht zuvorderst um Service, sondern ums Geschäft, und dieses Geschäft gilt es zu verteidigen. Gegen jene Gäste, die lügen, betrügen und stehlen wie die Raben, jeden Tag aufs Neue versuchen, sich Vorteile zu verschaffen, uns zu linken und über den Löffel zu balbieren. Uns vom Empfang obliegt die Aufgabe, krummen Touren höflich den Riegel vorzuschieben, uns nicht einseifen und kein X für ein U vormachen zu lassen. Manager wissen das genau. Ihr Job besteht nicht zuletzt darin, uns zu flankieren und den Rücken zu stärken. Und genau damit war nun Sense im Bellevue. Die Manager stellten sich hinter die Gäste, die uns gerade wegen irgendetwas anbrüllten, massierten ihnen die Schultern, entschuldigten sich wortreich und schoben alles auf uns, das unfähige Personal.

Tja, und dann stellte sich auch noch heraus, dass allzu vieles bloß Fassade war. Bei der Renovierung der Zimmer war billigstes Material verwendet worden, und alle naselang fielen Spiegel von den Wänden, die auf dem dünnen Teppichboden zersplitterten, lösten sich Haltegriffe in den Duschen und knallten den Gästen auf die Füße. Die Designersofas waren schick, aber so hart wie Parkbänke und unsere neuen Uniformen schon nach vier Wochen so verschlissen, dass wir sie selbst nähen mussten.

Es gab keine Weihnachtspartys und auch keinen Mitarbeiter des Monats mehr. Wir sollten froh sein, dass wir einen Job hatten, und die Parole der Geschäftsleitung lautete: Wenn's dir hier nicht gefällt, kannst du dich gern verpissen. Sie warteten nur darauf, uns durch billigere Arbeitskräfte zu ersetzen.

Dunkle Tage standen uns bevor. Früher waren wir stolz auf unser Hotel gewesen. All das hatten sie uns genommen. Nun war es nur noch ein Job, um die Miete bezahlen zu können, und inzwischen waren uns auch die Gäste scheißegal.

Gott schütze die Gewerkschaft.

Und wir hielten durch. Aus einem ganz einfachen Grund. Wir würden ihnen das Feld nicht kampflos überlassen.

KAPITEL 11

Und so wurde ich ein wahrer Meister darin, anderen Leuten das Geld aus der Tasche zu ziehen.

Aber von vorn.

Allmählich fühlten wir uns im Bellevue wie auf Rikers Island, doch da nicht mal gute Führung belohnt wurde, hätten wir genauso gut Fusel auf der Toilette brennen können.

Es gab keinerlei Grund mehr, »alles und noch ein bisschen mehr« zu geben. Mit diesem strahlenden Dienstleistungsideal war endgültig Feierabend. Gleich in der ersten Woche kassierte ich einen Anschiss – weil ich meine Pause um zehn Minuten überzogen hatte. Tatsächlich war ich auf dem Weg in die Personalcafeteria von einer Dame aufgehalten worden – Gäste scheren sich eben nicht um Dienstpausen –, die sich darüber beschwerte, dass sie mit dem iDock in ihrem Zimmer nicht zurechtkam. Jemand hatte den Weckruf auf 5:00 Uhr morgens gestellt, und jedes Mal wurde sie um diese Uhrzeit aus dem Bett geschreckt. (Ich fragte mich, wie viele Gäste diese Störung zuvor klaglos hingenommen hatten. Wahre Helden.) Ich fuhr mit ihr hinauf in die 47. Etage, kämpfte mich zwischen ihren Fifth-Avenue-Einkaufstaschen hindurch, hockte mich neben den Nachttisch – sie entfernte noch schnell ihr Diamantarmband, nur für den Fall, dass es mir »im Weg« war – und versuchte den Weckruf auszuschalten, auch wenn ich selbst keine Ahnung hatte, wie man das machte. Die Zimmer waren auch mit Touchphones ausgerüstet, weshalb wir dauernd Anrufe von Gästen erhielten, die wissen wollten, wie man nachts das Hintergrundlicht dimmen konnte. Wir erzählten ihnen dann irgendwelchen Quatsch à la: »Ist da vielleicht irgendwo ein Knopf für Helligkeit? Oder ein kleines Sonnensymbol? Was passiert denn, wenn Sie auf Optionen gehen?« O ja! Wir boten wirklich einen Wahnsinnsservice! Wenn man sich mit einem der Touchphones vertraut machen wollte, musste das außerhalb der Pausen geschehen. Und nachdem ich meine Pause eigenmächtig verlängert hatte, um besagter Dame zu helfen, machte mir unser neuer Empfangschef unmissverständlich klar, dass er kein Interesse daran habe, sich meine »weitschweifigen Ausreden« anzuhören. Wie nett von ihm. Worauf ich zurückgab, dass er dann die Überwachungsvideos checken solle; sie würden klar beweisen, dass ich mit der Dame von der Lobby zu ihrem Zimmer hochgefahren bin.

»Vergiss es, Tom. Die Kameras sind hier nicht zu deinem Privatvergnügen installiert.«

Es hagelte einen Anschiss nach dem anderen, und natürlich schlug sich jede sogenannte Pflichtverletzung in meiner Personalakte nieder, die wahrscheinlich mittlerweile den Umfang eines historischen Romans angenommen hatte. Jede noch so kleine Verfehlung wurde schriftlich festgehalten, da sie mich als Gewerkschaftsmitglied nur feuern konnten, wenn ich nachweislich permanent gegen die Dienstvorschriften verstieß. Im alten Bellevue war es weit laxer zugegangen: Hatten etwa drei Dollar in der Kasse gefehlt, war der jeweilige Schichtleiter zwischendurch kurz »einen Schluck Wasser trinken« gegangen und hatte mir so die Chance gegeben, den Fehlbetrag aus meiner eigenen Tasche zu ersetzen, ehe er das Geld abermals gezählt hatte. Doch damit war jetzt ein für alle Male Schluss.

In der Zwischenzeit tätigten wir die üblichen kleinen Geschäfte, die immer größer und schmutziger wurden. Das lag auch an unserer neuen Klientel. Unsere Gäste wussten genau, dass sie mit einem Zwanziger an der Rezeption jederzeit Upgrades und andere Aufbesserungen abstauben konnten.

Und so war es auch ein Gast, der mir als Erster zeigte, wie einfach das Leben für uns beide sein konnte – ein vielgereister Geschäftsmann in einem olivgrünen Anzug. Kaum hatte ich ihn am Empfang begrüßt, reichte er mir auch schon wortlos seine AmEx-Platin-Kreditkarte. Erfahrene Hotelgäste wissen, dass der Check-in schneller und reibungsloser über die Bühne geht, wenn der Rezeptionist den Namen direkt von der Karte ablesen kann, statt womöglich wegen der Schreibweise nachhaken zu müssen.

Doch da war noch etwas: eine Fünfzig-Dollar-Note, die er um seine Kreditkarte gewickelt hatte. Und es bestand nicht der geringste Zweifel, dass dieser Fünfziger für mich bestimmt war. Wenn manche Gäste einen Zwanziger auf den Tresen legen, kann das auch bedeuten, dass sie den Schein lediglich gewechselt haben möchten. In diesem Fall aber war klar, dass er es auf ein Upgrade abgesehen hatte.

Tja, ich sag Ihnen eins: Die Nummer funktioniert, und wie. Reden wir einfach darüber. Die Leute versuchen alles, um Upgrades zu ergattern, liegen einem mit allem möglichen Unfug in den Ohren, um sich ein besseres Zimmer zu verschaffen. Aber Worte sind Schall und Rauch. In einem Hotel gilt immer: Wer zahlt, bestimmt auch die Musik. Fangen Sie gar nicht erst damit an, kommen Sie uns also bloß nicht mit irgendwelchem Schmus.

Wie, Sie haben Geburtstag? Mir doch schnurz.

Zum ersten Mal in New York City? Wen soll das kratzen?

Hochzeitstag? Ja und?

Sie wollen Eindruck bei Ihrer Kleinen schinden? Toll, aber was habe ich davon?

Es gefällt Ihnen hier so wahnsinnig gut? Schreiben Sie Ihrer Mutter eine Postkarte. Vielleicht interessiert sie das.

Sie haben noch nie ein Upgrade bekommen? Tja, das hat wohl seinen Grund. Und heute wird es leider wieder nichts, mein Freund.

Das Mantra der Pagen lautet so: »Mit einem warmen Händedruck lässt sich die Miete nicht bezahlen.«

Geld. Bar auf die Kralle. Und zwar direkt am Empfang. Viele Gäste begehen den Fehler, die Scheine in die falschen Hände wandern zu lassen. Mal ehrlich, wen sollten Sie schmieren, wenn Sie ein besseres Zimmer wollen? Den Pagen? Den Portier? Den Concierge?

Denken Sie mal so rum: Wer sitzt am Computer? Wer weist Ihnen das Zimmer zu? Wer codiert Ihre Schlüssel? Wer ist darüber im Bilde, welche Zimmer gerade frei sind? Ich. Der Held am Empfang, bei dem alle Fäden zusammenlaufen.

Und wenn Sie eh schon Bescheid wussten: *nada más.*

Okay, Sie betreten also den Dschungel des Foyers, den Portier im Nacken, der geil auf den Fünfer ist, den Sie noch nicht abgedrückt haben, und gleich da vorn lauert ein Page, der Ihnen noch einen weiteren Zehner abknöpfen will. Wilde Tiere, die sich vom Trinkgeld ernähren und so daran gewöhnt sind, richtig fette Scheine zugesteckt zu kriegen, dass Sie für Ihr Kleingeld wohl kaum mehr als ein mattes Lächeln und ein Dankeschön erwarten können.

Aber nun legen Sie einen Zwanziger auf den Empfangstresen. Na? Sie werden sofort merken, dass sich etwas verändert hat. Ab jetzt sind wir Ihnen etwas schuldig. Und genau das wurde mir klar, als ich besagten Fünfzig-Dollar-Schein von der Kreditkarte zog und beiläufig in meine Hosentasche gleiten ließ. Jetzt gehörte er mir. Im ersten Moment verspürte ich ein gewisses »Gefühl der Erleichterung«, um einen gewissen Roger-Daltrey-Fan zu zitieren, unmittelbar danach aber die *Verpflichtung*, die die kleine Transaktion mit sich brachte. Kein Empfangsmitarbeiter wird ein Trinkgeld einfach so einstecken und sich kalt lächelnd bedanken, jedenfalls keiner, der eine Seele hat (und die haben wir, die Jungs von der Nachtschicht ausgenommen). Kein Trinkgeld ohne Gegenleistung. Und so werde ich alles unternehmen, um Sie glücklich zu machen. Ein Page kann sich nicht mal in das System einloggen, das ich kontrolliere. Ich habe den Überblick. Und selbst wenn augenblicklich kein Upgrade möglich ist, werde ich Ihnen das beste Zimmer geben, das gerade zur Verfügung steht.

Fallen Sie niemals auf die Lüge herein, mit der Sie so mancher Rezeptionist abzuspeisen versuchen wird: »Im Großen und Ganzen sehen die Zimmer alle gleich aus, Sir.«

Unsinn. Es gibt immer ein Zimmer mit mehr Licht, größerem Flachbildschirm, geräumigerem Bad oder schönerer Aussicht, zum Beispiel auf den Hudson River, und sobald der Zwanziger in meiner Tasche steckt, werde ich für Sie auch ein solches Zimmer finden. Und selbst wenn gerade alles belegt ist, habe ich eine ganze Reihe anderer Optionen in der Hinterhand. Ein später Check-out ist immer problemlos drin, oder ich kann die Videos zu berechnen vergessen, die Kosten für die Minibar unter den Tisch fallen lassen oder Sie mit jeder Menge Gratisgeschenken verwöhnen. Ich werde Ihnen beweisen, dass ich mir Ihr Geld verdient habe, und sogar noch ein bisschen mehr für Sie tun – in der Hoffnung, dass wir uns demnächst wiederbegegnen.

Manche Menschen zögern, auf diese Weise in die Offensive zu gehen. Trauen Sie sich ruhig. Wir ziehen hier ja keinen Drogendeal durch. Und ehrlich gesagt wirkt es ziemlich verklemmt, wenn jemand einen Zwanziger herüberreicht, den er auf die Größe eines Lutschbonbons zusammengefaltet hat. Legen Sie den Schein einfach ganz locker auf den Tresen. Für jeden anderen sieht es aus, als wollten Sie bloß ein bisschen Geld wechseln. Und wir am Empfang wissen die Geste zu schätzen. Wir sind sogar *autorisiert*, Gästen bei besonderen Anlässen ein Upgrade zukommen zu lassen. Und der besondere Anlass ist auch schon klar, da ich ja gerade einen knackigen Zwanziger eingesteckt habe, mit dem ich mich später besaufen werde, sobald ich mein Namensschild abgenommen habe. Ganz abgesehen davon, dass es noch einen anderen besonderen Anlass gibt: diesen wunderbaren, großzügigen Gast, den ich jetzt erst mal in einem Top-Zimmer mit Blick auf den Central Park einquartiere, ohne dass er auch nur einen Cent mehr berappen muss.

Und schließlich verfeinerte ich das Spiel noch ein wenig. Statt darauf zu warten, dass mir die Profis unter den Gästen zielsicher einen Zehner herüberschoben, lernte ich, ihnen das Geld direkt aus dem Kreuz zu leiern, in ihnen buchstäblich das Bedürfnis zu wecken, mich mit einem großzügigen Trinkgeld zu bedenken. Gern wandte ich die Flüstertüten-Technik an, beugte mich zu dem jeweiligen Gast und raunte: »Ich hätte da was ganz Besonderes für Sie«, gerade laut genug, dass seine Frau oder die Nutte in seiner Begleitung es ebenfalls hören konnte. Wenn es mir gelingt, dem richtigen Gast das Gefühl zu geben, etwas ganz Besonderes zu sein, zückt er auch schon den Geldclip und drückt mir einen Hunderter in die Hand. Wir nennen das auch den »knisternden Handschlag«.

Die Trickserei ging mir regelrecht in Fleisch und Blut über. Je mehr Trinkgeld der Portier bekam, desto größer die Chance für mich, ebenfalls ein paar Scheine abzustauben. Wer den Portier schmiert, weiß, wie das Spielchen läuft.

Und ich, wie man Sonderwünsche erfüllt.

Schließlich erstellte ich sogar eine Liste unserer spendabelsten Stammgäste (die Pagen machten es genauso). Ich nannte sie Hochkaräter. Darüber hinaus entwickelte ich ein scharfes Auge dafür, welche Neuankömmlinge das größte Potential besaßen. Typen mit Sonnenbrille und Botox-Braut? Hochkaräter. Ein Italiener aus New Jersey auf Wochenendsause? Hochkaräter. Und die Megadicken machen seltsamerweise auch immer einen auf dicke Hose.

»Einen, der mir 'nen Zwanziger gegeben hat, vergess ich nie wieder«, sagte der Graue Wolf. Und dieser Devise blieb er stets treu. Erkundigte sich ein Page nach einem Check-in bei mir nach dem Namen eines Gasts, um ihn umgehend in sein Notizbuch zu kritzeln, war klar, dass er *mindestens* einen Zwanziger kassiert hatte. Anschließend sprach er den jeweiligen Gast stets mit Namen an, wenn dieser die Lobby betrat. Manche Pagen lassen sich tagtäglich eine Liste der Neuankömmlinge aushändigen, vergleichen den Computerausdruck mit den Namen auf ihren eigenen Listen und halten nach ihren Favoriten Ausschau, um im richtigen Moment an Ort und Stelle zu sein. Ein ums andere Mal baten sie mich sogar, mit ihnen gemeinsame Sache zu machen: Wenn ein Fünfzig-Dollar-Karäter in der Schlange am Empfang wartete, sollte ich den Check-in-Prozess entweder beschleunigen oder verlangsamen, damit sich der jeweilige Page in Stellung bringen konnte. Sie liebten mich dafür, dass ich stets mitspielte. Und mir machte es einen Mordsspaß. Außerdem profitierte ich natürlich auch von den Insiderinformationen, die ich von den Pagen erhielt. Wenn ein erwiesener Hochkaräter am Empfang stand, hatte ich die Gelegenheit, selbst ein kleines Zuckerl klarzumachen.

»Oh, wie ich sehe, sind Sie schon zum fünften Mal bei uns, Mr Hansen«, sagte ich dann etwa, während Ben mir ein Zeichen gab, fix in die Pötte zu kommen. »So viel Loyalität muss belohnt werden, so sehe ich das jedenfalls, Sir.« Upgrade. Ein knisternder Handschlag, und schon halte ich einen fetten Schein in den Fingern. Und schwupps, gehen die Schlüssel an Ben, der auf dem Zimmer seinen Fünfziger einsteckt.

Wir arbeiteten alle zusammen. »Mr Palay, Mario – unser Portier – hat mit mir gesprochen. Er freut sich ganz besonders, dass Sie wieder bei uns sind, und ich habe ein Zimmer mit Blick auf den Central Park für Sie reserviert. Darf ich Ihnen auf Marios Wunsch noch ein Fläschchen Wein aufs Zimmer kommen lassen?« Der Gast dreht sich irritiert zur Straße um, da er nicht die geringste Ahnung hat, wer dieser Mario sein soll. Aber Mario weiß, wer *er* ist. Ihm zufolge hat genau dieser Gentleman ihm grundlos und aus heiterem Himmel einen knackfrischen Hunderter in die Hand gedrückt. Hätte Mr Palay in jenem Moment in Marios Miene gesehen, wären ihm garantiert dessen zusammengekniffene Augen aufgefallen – sprich der Blick eines Menschen, der sich das Gesicht eines anderen nachhaltig einzuprägen versucht. Und nun, fünf Monate später, zahlte sich die kleine Gedächtnisübung aus, als Mr Palay durch das große Fenster des Foyers starrte und Mario ihm von draußen fröhlich zuwinkte.

»Wären Sie so freundlich, mir diesen Hunderter zu wechseln?«

»Wie hätten Sie's denn gern, Mr Palay?«

»Zwanziger. Und behalten Sie einen für sich selbst.«

»Vielen Dank, Sir.« Ich reichte ihm vier Scheine, während ich den fünften in meine Tasche gleiten ließ. Und während ich die Schlüssel codierte, trat Mr Palay durch die Drehtür, um Mario einen weiteren Zwanziger in die Hand zu drücken.

Im selben Moment war auch schon der Graue Wolf bei mir, der die ganze Transaktion selbstredend beobachtet hatte.

»Wie, spielt ihr hier Super-Mario, oder was? Tommy, du aalglatter Mistkerl! Du warst wie ein Sohn für mich! Und was bleibt jetzt für mich übrig?«

»Tja, Upgrade und Wein sind weg. Aber du kannst ja immer noch ein spätes Check-out aus dem Ärmel zaubern.«

»Da kommt er wieder. Stell mich mal vor.«

»Mr Palay, das hier ist mein Kollege Alan. Er bringt Sie jetzt auf Ihr Zimmer. Hier noch meine Visitenkarte – wenden Sie sich bitte jederzeit an mich, wenn ich etwas für Sie tun kann, Sir. Und nun noch einen angenehmen Aufenthalt!«

Mir läuft es jetzt noch kalt über den Rücken, wenn ich mich daran zurückerinnere. Was für eine geile Nummer.

Fünf Minuten später kam der Graue Wolf wieder herunter. Er grinste über beide Ohren und schob mir einen Fünfer rüber, der offensichtlich mein Anteil an einem Zwanziger war, aber genau weiß man es eben nie. Der Fünfer war sozusagen das Sahnehäubchen. Der Graue Wolf ließ stets ein kleines Dankeschön rüberwachsen, während andere Pagen meine Hilfe in Anspruch nahmen, dann aber zurückkamen und sagten: »Du wirst es nicht glauben, aber der Typ hat keinen Cent springen lassen.«

Und ich glaubte es wirklich nicht.

Sie finden das moralisch verwerflich? Betrachten Sie die Sache mal so herum: Der Gast hat insgesamt sechzig Dollar verteilt und dafür ein Upgrade, eine Flasche Wein und einen späten Check-out erhalten. Er ist hochzufrieden, wir sind hochzufrieden. Und was springt dabei für das Hotel heraus? Ich sag's an dieser Stelle noch mal: Das Regime des neuen Bellevue konnte mich mal am Abend besuchen. Fest stand aber auch, dass Mr Palay nie wieder irgendwo anders absteigen würde. Solche Gäste tingeln von einem Manhattaner Hotel zum anderen, immer auf der Suche nach einem Luxusschuppen, wo sie ihre Spesen verjubeln können. Aber jetzt hat Mr Palay ein Zuhause. Ab sofort wird er uns fünfzigmal im Jahr mit seinem Besuch beehren, eine ganz andere Hausnummer als seine bisherigen fünf Nächte. Damit haben wir gerade vierzigtausend Dollar Umsatz generiert. Und was hat es das Hotel gekostet? Ein Upgrade, das nicht weiter ins Gewicht fällt, weil die Reinigung eines Zimmers immer gleich teuer ist. Die Flasche Rotwein steht zwar zum Preis von fünfundsiebzig Dollar auf der Zimmerservicekarte, kostet aber tatsächlich gerade mal vier Dollar, da en gros eingekauft. Und das späte Check-out stört zwar die Abläufe des Housekeepings, stellt aber keinen Umsatzverlust dar.

Heißt also, dass wir gerade aus vier Dollar satte vierzigtausend gemacht haben.

Sehen Sie? Letztlich haben wir also *ganze Arbeit geleistet*. Mr Palay liebt das Bellevue. Er kann sich beim besten Willen nicht vorstellen, jemals wieder in einem anderen Hotel abzusteigen, und über kurz oder lang werden wir auch seine Frau, seine Kids und seine Geliebte kennenlernen. Er kann es kaum erwarten, uns wiederzusehen, ein paar Zwanziger zu verteilen, mit Mario über Sport zu fachsimpeln und sich mit dem Grauen Wolf sogar über Kindererziehung zu unterhalten.

Haben Sie's bemerkt? Inzwischen besaß ich eine Visitenkarte. Hatte Tremblay uns persönliche Visitenkarten spendiert, um unser Selbstvertrauen aufzupolieren und unseren Teamgeist zu stärken? Mitnichten. Es war bloß ein schnödes Bellevue-Kärtchen, auf dem ich meinen Namen plus E-Mail-Adresse handschriftlich notieren musste.

Nun aber konnte ich jederzeit eine Visitenkarte aus meiner Brusttasche ziehen und sagen: »Ich bin jederzeit erreichbar, falls Sie etwas benötigen sollten, Mr Uzzaman. Wenn Sie es wünschen, kann ich mich künftig schon im Vorfeld um

Ihre Reservierungen kümmern und die besten Preise für Sie herausholen. Sämtliche E-Mails landen sofort auf meinem Smartphone. Wenn Sie also eine Buchung in letzter Sekunde stornieren müssen oder ein Gratisfläschchen Wein möchten, geben Sie mir Bescheid – ich bin jederzeit für Sie da, selbst wenn ich gerade nicht im Dienst sein sollte.«

Tja, was wäre Ihnen solcher Service wert? Mir wurden jedenfalls mehr Scheine zugesteckt als einem Bauunternehmer. Dabei ging es mir gar nicht immer bloß ums Geld. Mancher Vorstandschefs nahm ich mich ganz besonders an, weil sie jede Menge Einfluss hatten und ... tja, man weiß ja nie, was sich aus solchen Kontakten ergeben könnte. Mein E-Mail-Adressbuch war gespickt mit den Nummern allmächtiger Industriebosse. Einmal wartete bei mir zu Hause sogar ein Riesenpaket mit Firmenlogo auf mich, in dem sich Hunderte von Kartoffelchipstüten befanden – sowie ein persönliches Schreiben des Firmenchefs, in dem er versprach, mich jederzeit mit Nachschub zu versorgen, an welchem Ort der Welt ich mich auch immer gerade befinden mochte. Verschiedenste Geschmacksrichtungen. Das schrie geradezu nach einer Party. Ich verkaufte sogar ein paar Tüten bei der Arbeit, je zwei für einen Dollar.

Darüber hinaus lernte ich auch ganz normale *stinkreiche* Leute kennen. Als ich die Bekkers zum ersten Mal im Bellevue begrüßte, waren wir uns auf Anhieb sympathisch. Zwei simple Umstände führten dazu, dass sich aus unserer Bekanntschaft eine richtige Freundschaft entwickelte. Zum einen verband uns die gemeinsame Liebe zu den Südstaaten. Mr Bekker und seine Verlobte hatten sich in North Carolina kennengelernt, einem Staat, mit dem ich schönste Kindheitserinnerungen verband. Inzwischen leben sie in Kapstadt, einer internationalen Metropole, die mich schon immer fasziniert hat. Mr Bekker ist gebürtiger Südafrikaner, was man seinem Akzent nach wie vor deutlich anhörte, seine Verlobte hingegen durch und durch Südstaatlerin. Ach ja, und der zweite Umstand? Mr Bekker warf buchstäblich mit Hundert-Dollar-Noten um sich.

So schnell kann man Freunde gewinnen.

Die Scheine flutschten ihm regelrecht aus den Fingern und von dort direkt in meine Gesäßtasche. Und wupp, hatte ich ihn und seine Süße beim nächsten Mal auch schon in einer unserer elegantesten Suiten in der sechzigsten Etage einquartiert. Wie von selbst fanden sich anschließend auch noch ein edler Rotwein, Trüffel und frisches Obst auf dem Esstisch ein – wobei nur die wenigsten Suiten überhaupt mit Esstisch ausgestattet sind.

Gar keine Frage, die großzügigen Trinkgelder taten ihr Übriges, doch tatsächlich mochte ich die beiden wirklich, und sie mich auch. Außerdem liebten sie sich über alles. Eines Herbstnachmittags erhielt ich eine E-Mail von Mr Bekker, in der er mich nach dem Rezept für einen bestimmten Cocktail fragte, der in unserer Lounge serviert wurde. Es war ein Notfall, weil seine Verlobte von besagtem Drink völlig hin und weg war und er sie und ihre gemeinsamen Gäste bei ihrer bevorstehenden Hochzeit im schönen North Carolina mit genau diesem Cocktail überraschen wollte. Er listete ein paar Zutaten auf, an die er sich erinnerte, und mit diesen Infos in der Hinterhand nahm ich unsere Barleute ins Kreuzverhör. Es handelte sich um einen Cocktail, der nur im Frühling angeboten wurde und nicht mehr auf der Karte stand. Daher musste ich eine Woche warten, bis unsere Chef-Barkeeperin aus dem Urlaub zurück war. Als ich sie endlich erwischte und ihr die Zutaten nannte, von denen ich erfahren hatte, notierte sie das Rezept kurzerhand auf einer Serviette. Und obendrein passte der Name des

Cocktails auch noch wie die Faust aufs Auge: *Belle of the Ball.* Perfekt. Ich bedankte mich und erzählte ihr nebenbei, dass genau dieser Cocktail bei einer feudalen Hochzeit als Entree gereicht werden sollte, um ihr mehr oder weniger durch die Blume zu sagen, mit was für Leuten wir es hier zu tun hatten.

»Na ja, alter Geldadel«, sagte sie schulterzuckend. »Ich komme aus South Carolina.«

Das saß. Mädels aus South Carolina können echt eiskalt sein. Sie fühlte sich nicht mal geschmeichelt, dass ihr Cocktail einen derart bleibenden Eindruck hinterlassen hatte. Es war eben bloß ihr *Job*, perfekte Drinks zu kreieren. Auch eine Art, sein Leben zu verschwenden. Und es nützte nicht mal, als ich versprach, sie den Bekkers demnächst mal vorzustellen.

»Es gibt Wichtigeres«, erklärte sie.

»Das sagst du. Der Mann ist *extrem* großzügig und wird dir wahrscheinlich direkt einen Hunderter in die Hand drücken, einfach bloß dafür, dass du mir das Rezept gegeben hast.«

Sie zuckte mit den Schultern. »Na toll.«

Frau Obercool ließ grüßen. Mir war es egal. Solange ich selbst trinkgeldmäßig nicht zu kurz kam. Ich schickte das Rezept per E-Mail nach Kapstadt, und beide waren völlig aus dem Häuschen. Nach der Hochzeit erhielt ich einen Brief – auf Büttenpapier mit Monogramm (was sonst?) – von der frischgebackenen Mrs Bekker, die sich mit herzlichsten Worten bei mir bedankte. Da sie wusste, dass ich leidenschaftlicher Südafrika-Fan bin, lud sie mich ein, so lange Gast in ihrem Haus zu sein, wie ich wollte. Klingt verlockend, oder? Was für eine reizende Geste, und diesmal überlegte ich wirklich, ob ich New York nicht den Rücken kehren sollte, vielleicht sogar endgültig. Ich schrieb ihr zurück, bedankte mich für ihr Angebot und erklärte, dass ich womöglich darauf zurückkommen würde. Tatsächlich teilte ich ihr sogar mit, dass ich mir vorstellen könne, ganz nach Kapstadt zu ziehen und dort von meinem Ersparten zu leben, so wie seinerzeit in Paris und Dänemark.

Einen oder zwei Monate später (Auslandspost dauert eben immer ein bisschen länger) erhielt ich Antwort von ihr: Sie war begeistert von meiner Idee, wollte mir sogar bei der Wohnungssuche helfen, und selbstverständlich könnte ich so lange bei ihnen unterkommen, bis ich eine adäquate Bleibe gefunden hätte.

Verdammt noch mal, ich liebe die Bekkers! Was für überaus bezaubernde, entgegenkommende Leute.

Und siehe da: Nun hatte ich einen *Fluchtplan*.

KAPITEL 12

Die Paparazzi. Was für ein Haufen von Vollidioten. Vor dem Eingang drängelte sich eine ganze Armee von ungewaschenen Gestalten, die ihre Kameras verzweifelt in die Luft reckten, in der Hoffnung, ein Opfer vor die Linse zu bekommen.

In unserem Foyer wimmelte es nur so von Promis. Über das, was dort abging, könnte ich ein weiteres 250-Seiten-Buch schreiben. Unter anderem hörte ich, wie sich ein junges, spindeldürres Mädchen und Nickelodeon-Superstar bei ihrer Mutter darüber beklagte, dass es am Set immer nur Gurkensandwiches zu essen gab. Whoa, die Kleine stand kurz vor dem Hungertod. Um ein Haar hätte ich ihr eine Tüte Chips über den Empfangstresen gereicht.

Und wer hatte uns weiterhin die Treue gehalten? Mein alter Freund Brian Wilson von den Beach Boys. Ich nahm an, weil ihn Ortswechsel stressten und er sich geistig auf das Bellevue eingestellt hatte. Und die saftig erhöhten Preise stellten für ihn ganz bestimmt kein Problem dar.

Das Hotel war komplett ausgebucht, weil Elton John seinen sechzigsten Geburtstag feierte und jede Menge seiner prominenten Freunde bei uns abgestiegen waren. In unserer Lobby sah es aus wie in einem ausgeflippten Zirkus, während Eltons Partygäste das Haus verließen. Wir beherbergten auch diverse C-Promis sowie reichlich schwule Typen aus Hollywood, die zur sogenannten Velvet-Mafia gehörten. Die Rücken ihrer Blazer zierten Strassmotive, glitzernde Löwenköpfe und schimmernde Anker.

Tja, und da kam mein Freund Brian. Dem Anlass entsprechend trug er einen Smoking und sah echt affenscharf aus. Nun ja, vielleicht doch eher wie ein Schulabgänger auf dem Weg zum Abschlussball, irgendwie schüchtern, aber gleichzeitig doch auch, als wüsste er bereits, dass es ihm irgendein heißes Girl später in einer dunklen Ecke der Schulcafeteria besorgen würde. Wie auch immer, auf dem Weg zum Ausgang hielten seine beiden Begleiter kurz bei mir am Empfang und baten um einen Extraschlüssel, wahrscheinlich für den Fall, dass Brian sein eigener irgendwo ins Klo fiel oder so.

Und dann passierte es.

Ich codierte drei neue Schlüssel, steckte sie in ein Mäppchen, und als ich sie über den Tresen reichte, lächelte Brian mich an, als würde er sich gerade an unsere letzte Begegnung erinnern – fünf Jahre war das nun her. Er trat einen Schritt vor, lächelte mich über seine schwarze Smokingfliege hinweg an und hielt seine Riesenpranke über den Tresen, als hätte er einen alten Freund erkannt. (»We've been friends now for so many years« – The Beach Boys)

Ich ergriff seine Hand, und er sagte: »Hi. Ich bin Brian Wilson.«

»Ich weiß, wer Sie sind, Mr Wilson.« Ich schüttelte seine Hand, die so schlaff blieb wie ein toter Fisch. »Gut sehen Sie aus, ganz hervorragend. Es ist mir eine Ehre, Sie als Gast in unserem Haus begrüßen zu dürfen.« Als ich seine Hand losließ, verdüsterte sich seine Miene einen Augenblick, doch dann schien er wieder ganz und gar eins mit sich selbst und der Welt zu sein. Ich sah regelrecht, wie ihn die Melodien in seinem Kopf mit tiefer Freude erfüllten, dass er richtig gut drauf war. Einer der beiden Begleiter nickte mir freundlich zu, ehe er Brian am Ellbogen packte und ihn zum Ausgang führte.

Nach und nach leerte sich die Lobby, bis nur noch ein durchdringender Geruch von Kölnischwasser an den Trubel erinnerte – und ein paar Strasssteinchen auf dem Boden, mit denen sich die Pagen bewarfen. Eins der Steinchen erwischte mich an der Kehle, und ich sah böse grinsend zu Trey hinüber.

»Wirf das Ding zurück, und ich brech dir das linke Bein«, zischte er.

Ich klaubte das Steinchen von meiner Tastatur und nahm es genauer in Augenschein. Hmm, dachte ich, vielleicht ist es ja ein echter Diamant, den ich für hunderttausend Dollar verscherbeln kann, genau die richtige Summe, um endgültig in den Sack zu hauen und ein kleines Anwesen in Südafrika zu erwerben.

Und dann ging mir ein Licht auf.

Brian hatte mich gar nicht erkannt. Ich hatte geglaubt, der traurig-glückliche Nebel in seinem Kopf hätte sich für einen magischen Moment gelichtet und er sich an mich erinnert. Pustekuchen. Wahrscheinlich hatten ihn seine Begleiter – oder waren es Pfleger? – auf dem steifen Designersofa in seiner Suite Platz nehmen lassen, ihm die Fliege gebunden und gesagt: »Hey, Brian, heute Abend gehen wir auf 'ne Party, okay? Wir bleiben nicht lange, aber einige Leute kennen dich und werden bestimmt hallo sagen. Keine Sorge, wir sind die ganze Zeit bei dir. Du musst bloß sagen: ›Hi, ich bin Brian Wilson.‹ Komm, das geht doch ganz einfach. Ja, genau so, super. Mehr brauchst du gar nicht zu tun, verstanden? Also, bleib locker, wir kriegen das hin. Und jetzt üben wir das Ganze noch mal, okay?«

»Hi. Ich bin Brian Wilson.«

Ich weiß, was mit dir los war, Brian. Sie hatten dich auf Party-Modus programmiert, stimmt's? Dabei warst du noch gar nicht dort, bloß hier im Foyer. Wie auch immer, ich hoffe, du hast dich gut amüsiert, und nicht zuletzt, dass sich alle, die dir die Hand geschüttelt haben, so geehrt gefühlt haben wie ich. Vielleicht sehen wir uns ja eines Tages wieder. Bis dahin: Danke, Brian.

* * *

Zwei Wochen später lernte ich Ginger Smith kennen.

Ginger Smith. Aus Gründen der Diskretion habe ich ihren Namen geändert, obwohl sie ohnehin stets unter falschem Namen bei uns abstieg. Auch irgendwie unglaublich, oder? Ginger, eine Brünette mit Modelmaßen, fast 1,80 Meter groß, kam stets in engsitzenden Business-Klamotten, Kostümen, die stets ein bisschen *zu* chic aussahen, ehrlich gesagt sogar ein bisschen pornomäßig. Jedenfalls ließen sie mich immer an Sex in der Chefetage denken. Sie war stets in Eile, ebenso wie stets ein Lächeln ihre Lippen umspielte.

Die Sache war merkwürdig. Zuerst einmal der falsche Name. Wenn jemand sie um ihren Ausweis bat (was ich ja bekanntlich nie tue), reichte sie stattdessen einen Zwanziger über den Tresen. Wenn das nicht funktionierte, stornierte sie die Buchung und verließ das Hotel. Manchmal legte sie eine Kreditkarte vor, bezahlte beim Check-out aber stets in bar. Und als wäre all das noch nicht seltsam genug, checkte sie immer am selben Tag ein *und* aus. Sie traf gegen 13:00 Uhr ein, und gegen 16:00 Uhr war sie wieder an der Rezeption und zog einen Stapel Hunderter aus der Handtasche, um ihre Rechnung zu begleichen.

Sie war immer auf dem Sprung, wartete nicht einmal auf

ihr Wechselgeld. Wenn die Rechnung 459 Dollar inklusive Steuer ausmachte, bezahlte sie mit fünf Hundertern, und die 41 Dollar Differenz wanderten unweigerlich in die Tasche des jeweiligen Empfangsmitarbeiters, da sie lediglich noch ein »Danke, Sweetheart« hauchte und dann bereits auf dem Weg zum Ausgang war.

Einmal beobachtete ich Ginger Smith dabei, wie sie an den Empfang trat und allen vier Empfangsmitarbeitern, die gerade Dienst hatten, nacheinander einen Zwanziger in die Hand drückte – ich habe in meinem ganzen Leben keine Aktion mit mehr Klasse gesehen, so überaus sexy und anmutig, dass sich alle nur so darum rissen, sie bedienen zu dürfen.

Miss Smith. Sie war / ist einfach hinreißend. Bei einem Gast dieses Kalibers besteht der erste Schritt darin, ihn sofort in Beschlag zu nehmen, zu seinem einzigen Ansprechpartner und Nutznießer seiner Großzügigkeit zu werden. Und ich gab mir alle Mühe. Jedes Mal wenn ich das Glück hatte, ihren Anruf entgegenzunehmen – für gewöhnlich traf sie dann etwa eine Stunde später ein –, leitete ich alles Erforderliche in die Wege. In ihr Schlüsselmäppchen steckte ich außerdem eine meiner Visitenkarten (mit E-Mail-Adresse *und* Telefonnummer) sowie einen Zettel, auf den ich schrieb, dass sie mich wegen ihrer Reservierungen jederzeit direkt ansimsen könne. Dennoch verstrichen Monate, ohne dass sie mich jemals persönlich kontaktierte. Als ich sie schließlich darauf ansprach, sagte sie, sie hätte meine Karte verloren, ich solle ihr doch bitte noch mal meine Handynummer notieren, damit sie mir notfalls eine SMS zukommen lassen könne.

»Miss Smith, geben Sie sie einfach in Ihr Handy-Adressbuch ein. Tom vom Bellevue. Am besten jetzt gleich. Dauert nur eine Sekunde, wirklich.«

Sie kam meiner Bitte nach. »Hier«, sagte sie dann, und

schon hielt ich den nächsten Zwanziger in den Fingern. »Sie sind ein Schatz.«

Sie war der Schatz. Und in der Woche darauf erhielt ich tatsächlich eine SMS.

: Komme heute – so gegen Mittag, mein Süßer!:

: Alles bereits erledigt, Ms Smith. Der Zimmerpreis beträgt 429,50 Dollar inklusive Steuer. Die Schlüssel liegen für Sie bereit! :

: Smiley :

Von nun an händigte ich ihr die Schlüssel aus, als würde ich einem Marathonläufer einen Energy-Drink reichen, wenn sie am Empfang vorbeifegte. Und schwupps, war sie auch schon wieder meinen Blicken entschwunden.

»War das nicht eben Miss Smith?«, fragte meine Kollegin Janelle, klar neidisch, dass sie die Reservierung nicht entgegengenommen hatte.

»Ja.«

»Hast du ein Abo auf die Frau, oder was? Lass auch mal jemand anders ran!«

»Ja, nächstes Mal.« Im Leben nicht. Ginger gehörte jetzt mir. Ich liebte einfach alles an ihr.

Nun ja, bis auf den Umstand, dass sie offensichtlich eine Prostituierte war. Schließlich lag das auf der Hand, oder? Ich konnte es drehen und wenden, wie ich wollte, und glauben Sie mir, ich hätte es gern anders gesehen. Sie nutzte ihr Zimmer stets maximal drei Stunden, zahlte grundsätzlich in bar und obendrein noch beim Check-out, was die Vermutung nahelegte, dass sie das nötige Kleingeld erst nach, nun ja, der Arbeit in der Tasche hatte. Aber genau weiß man es eben nie, und das traf auf ihren Fall erst recht zu. Manche Leute verjubeln ihr Geld einfach so, ohne besonderen Grund. Außerdem hatte ich im Lauf meiner Hotelkarriere durchaus mit der einen oder anderen Nutte zu tun gehabt. Und Nutten reservieren keine Zimmer. Darum kümmern sich ihre Freier, und die Zuhälter müssen den Mädels nur noch Hotel und Zimmernummer nennen.

Wie auch immer, nach einem Jahr exklusiver »Zusammenarbeit« wechselten wir gelegentlich ein paar mehr oder weniger belanglose Worte am Empfang, ehe sie flugs das Hotel verließ und sich wieder in den Manhattan-Trubel stürzte. Einmal behauptete sie, ihr Bad zu Hause würde gerade renoviert, weshalb es für sie am einfachsten sei, bei uns im Bellevue zu duschen. Ein andermal, als ich sie freiheraus fragte, womit sie eigentlich ihre Brötchen verdiene, antwortete sie, sie arbeite für einen Hedgefonds-Manager, der sie meist nur morgens und dann wieder für irgendwelche Dinner-Partys benötige, weshalb sie also quasi dauernd auf Abruf sei und ihr Chef ihr deshalb das Geld für ein Hotelzimmer gebe, damit sie nicht extra nach Hause fahren müsse (sie wohnte gerade mal zwanzig Blocks, also etwa eine Meile entfernt, was zehn Dollar mit dem Taxi gekostet hätte). *Aha.* »Und warum der falsche Name?«, fragte ich. Worauf sie erwiderte, sie hieße tatsächlich Ginger, aber ihr Nachname sei osteuropäischer Herkunft und derart kompliziert, dass sie sich schlicht das ewige Buchstabieren ersparen wolle.

Also, war sie eine Nutte? Tja. ICH WEISS ES NICHT! Sie war so ausnehmend charmant und großzügig und … Nun ja, machen Sie sich Ihren eigenen Reim auf die Sache, wenn Sie wollen. Aber ich kapiere es bis heute nicht. Warum sollte ein noch so teures Callgirl höchstpersönlich für sein Hotelzimmer aufkommen? Und auf diese Frage habe ich nie eine Antwort gefunden.

Ich beschloss, mich für ihre Großzügigkeit zu revanchieren. Nachdem sie wieder einmal gerade das Bellevue verlassen hatte, suchte ich unseren Empfangschef auf und erklärte ihm, welchen Umsatz Miss Smith uns brachte, dass sie ihre Räumlichkeiten stets blitzblank hinterließ und wir die Zimmer doppelt belegen konnten, da sie nie länger als drei Stunden blieb. Jedenfalls schlug ich vor, ihr nur den halben Zimmerpreis zu berechnen, da ihr Zimmer im Handumdrehen wieder in Schuss gebracht und frisch belegt werden konnte.

»Geht okay«, sagte der diensthabende Empfangschef.

Ich schickte Ginger umgehend eine SMS und schrieb, dass ich ihren Zimmerpreis um die Hälfte reduziert hätte und ihr dementsprechend gern zweihundert Dollar von ihrem letzten Aufenthalt zurückerstatten würde. Sie antwortete:

:Sie sind ein echter Schatz! Bitte behalten Sie das Geld. Ich bestehe darauf!:

Mal ehrlich, schreibt so eine Nutte? Zweihundert Dollar, einfach mal so für mich?

Jedenfalls ging ich an jenem Tag mit fetten zweihundertfünfzig Dollar nach Hause. Und den Löwenanteil davon hatte Miss Smith gespendet.

Lässt sich irgendwie ausdrücken, wie sehr sie mir ans Herz gewachsen war? Ja, in Zahlen: Zwanzig, vierzig, sechzig, achtzig, HUNDERT!

Vierzehn Tage später kam sie wieder, und nachdem sie das Bellevue verlassen hatte, berechnete ich ihr erneut nur die Hälfte des Zimmerpreises, nachdem ich mit dem Empfangschef – diesmal einem anderen – Rücksprache gehalten hatte. Unser SMS-Austausch lief diesmal so:

: Behalten Sie das Geld! :

: Keinesfalls. Es gehört Ihnen. :

: Behalten Sie es. Ich bitte Sie! :

: Unter keinen Umständen. Ich hinterlasse das Geld in einem Umschlag am Empfang. Kaufen Sie sich lieber ein hübsches Kleid! :

: Wie süß von Ihnen! Ich hole das Geld dann nachher ab. :

Ende der Diskussion. Bis ich eine weitere Nachricht von ihr entdeckte, als ich eine Stunde später wieder mein Handy checkte:

: Wie reizend von Ihnen! Ich hoffe, Sie haben eine nette Freundin. Das haben Sie nämlich verdient. :

Ich war gerade unterwegs in die Cafeteria, und ihre Worte ließen mich abrupt auf den Treppenstufen innehalten. Was wollte sie mir damit sagen? Ich hatte keine nette Freundin. Tatsächlich hatte ich mich erst zwei Wochen zuvor von Julie getrennt. Zwar hatten wir uns nur mehr oder weniger unregelmäßig gesehen, doch in dieser Stadt der Einsamen und Anonymen hob uns das weit aus der Menge heraus, und irgendwie waren wir schließlich abhängig von unseren Dates geworden. Ja, es fühlte sich gut an, dass es einen anderen Menschen gab, der wusste, wie mein Schlafzimmer aussah, an meinen Geburtstag dachte und verstand, warum gerade dieser Mensch aus mir geworden war. Ja, ich hatte unsere Beziehung durchaus ernst genommen, und die Trennung war mir alles andere als leicht gefallen. Nächtelang hörte ich Elton-John-CDs und fühlte mich hundeelend. Hand aufs Herz, ich liebte Julie immer noch, konnte sie einfach nicht vergessen. Und nun erhielt ich diese ungewöhnliche SMS. Von dieser außergewöhnlichen Frau, die hoffte, dass ich eine nette Freundin hatte.

: Leider nicht mehr. Aber ich hoffe, Sie haben einen netten Mann. :

: Bin auch wieder solo. (Zwinkergesicht) :

Ich hockte mich auf die Treppenstufen und wartete, ob noch etwas nachkam. Und tatsächlich schickte sie noch eine SMS hinterher.

: Wir könnten ja mal was zusammen trinken! :

Tja, Tommy, fragte ich mich, bist du wirklich sicher, dass sie keine Nutte ist?

Ich schrieb zurück:

: Okay!! :

Cool.

Wir verabredeten uns am Columbus Circle, in einer Bar mit Blick auf den Central Park. Ich hatte mich schwer in Schale geworfen, trug die schicksten Klamotten, mit denen sich ein Empfangsheini in der Öffentlichkeit blicken lassen darf. Eine Viertelstunde später huschte sie durch die Tür, erspähte mich in der Ecke und eilte zu mir herüber. Ich konnte mir nicht vorstellen, dass sie ruhig neben mir sitzen und sich mit mir unterhalten würde. Sie war wie ein Hai, immer in Bewegung, doch nun nahm sie tatsächlich neben mir auf dem Sofa Platz. Ihr braunes Haar war ein kleines bisschen zerzaust, und auf ihrer Stirn standen ein paar reizende Schweißperlen.

Wahnsinn. Sie saß wirklich still.

Dann begannen wir zu trinken. Jeden meiner Jack Daniels auf Eis konterte sie mit einem Martini. Sie trank *sieben* gottverdammte Martinis, ziemlich rekordverdächtig, wie ich fand. Drei Stunden nach Beginn unseres Wettsaufens ging ich für kleine Jungs, und als ich zurückkam, hatte sie bereits die Rechnung übernommen (nicht, dass ich Einwände erhoben hätte; für sieben Jacks und sieben Martinis in dieser Gegend wäre mein kompletter Wochenlohn draufgegangen).

Minuten später spazierten wir – sie schwankte leicht und hielt sich an meinem Arm fest – am Südrand des Central Park entlang, unterwegs zu einer anderen Bar, in der man rauchen konnte. Ja, es gibt tatsächlich eine Bar in Midtown, in der ganz legal geraucht werden darf, auch wenn ich die Adresse für mich behalte – diese Location bleibt mein Geheimnis. Als ich ihr auf einen Hocker an der Bar half, spiegelte sich blanker Neid auf den Mienen der fetten alten Kerle, die an den Tischen ihre Zigarren schmauchten. Nuttenneid.

Sie nahm ihre mit Diamanten besetzte Rolex ab und schob sie zu mir hinüber. »Die habe ich mir gekauft, weil sie mich immer daran erinnert, dass Geld nichts bedeutet.« Die Rolex war ziemlich zerkratzt, schimmerte aber dennoch regelrecht majestätisch im gedämpften Licht der Bar. »Nimm sie, Tom. Du kannst sie haben.«

»Wie? Du gibst mir deine Rolex?«

»Vorübergehend. Trag sie einfach eine Zeitlang, okay?«

Ich streifte mir die Rolex über das rechte Handgelenk. Nun trug ich zwei Uhren, eine rechts, eine links. Wir bestellten die nächste Runde Drinks, und sie kramte ihr iPhone hervor, um mir Bilder von dem Hund ihrer Eltern zu zeigen.

Während sie langsam mit dem Finger über den Bildschirm fuhr, bekam ich auch ein paar Nacktfotos von ihr zu sehen. Ein paar zeigten sie nackt auf einer Liege in einem Solarium. Aufgrund der Lichtverhältnisse zogen sich gelbe und grüne Schlieren über ihren Körper, der dennoch ungeheuer sexy war. Dann begann sie endlich aufzutauen, auch wenn sie mich über ihren Beruf weiterhin im Dunkeln ließ. Unter anderem vertraute sie mir an, dass sie psychische Probleme hatte, die sich auch körperlich auswirkten, unter anderem dadurch, dass sie zwanghaft mit Pinzetten an ihrer Brust herumfuhrwerkte, bis es blutete.

Und ich hatte gedacht, *ich* hätte Probleme.

Und so bestellten wir die nächste Runde.

* * *

Im Bellevue wurde die Stimmung schlechter und schlechter. Ich kassierte fast jede Woche neue Einträge in meiner Personalakte, und meinen Kollegen am Empfang erging es keinen Deut besser. Keiner von uns war mehr motiviert, und niemand sah einen Grund, sich noch ein Bein auszureißen.

Von meiner Servicebereitschaft war nichts mehr übrig. Ich war flapsig und kurz angebunden. Wenn ich kein Trinkgeld bekam, konnte mich der jeweilige Gast mal. Ich war hier, um Geld zu verdienen. Jemand, der mehr über unser Haus wissen wollte? Steht alles in den Unterlagen auf Ihrem Zimmer.

Nächster Gast, bitte.

Und allmählich bereiteten mir auch meine kleinen Nebengeschäfte buchstäblich Bauchschmerzen. Es war schmutziges Geld, das ich in schmutzige Martinis investierte, um mein schlechtes Gewissen zu betäuben. Ich ekelte mich vor mir selbst, und während sich die Hunderter auf meinem Konto höher und höher stapelten, begann ich zu überlegen, ob ich mir nicht doch lieber mal eine Auszeit nehmen sollte.

Kapstadt. Ich könnte nach Kapstadt fliegen, mein Geld verjubeln und dann wieder ganz von vorn anfangen.

Doch dann kam mir einmal mehr New Orleans in den Sinn. War ich dort nicht wahrhaft glücklich, ein viel ausgeglichenerer Mensch gewesen? Wie hatte ich es in New York überhaupt so lange aushalten können? Unter normalen Umständen hätte ich die Stadt wahrscheinlich schon vor langer Zeit verlassen, doch irgendwie hatte mich der Big Apple in seinen Bann gezogen und nicht mehr losgelassen. New York übte eine geradezu magische Anziehungskraft auf mich aus, und stets hatte ich das Gefühl, mich am Nabel der Welt zu befinden.

Und dann war da noch das ganze Geld. Der Grund Nummer eins, warum eine Hure stets eine Hure bleibt: Die Hunderter flogen einem hier regelrecht zu, und es kostet einen verdammt viel Überwindung, sich selbst den Geldhahn abzudrehen, speziell in einer Großstadt, in der es so viel Armut gibt. Meine Gedanken schweiften zurück zu dem Apartment in New Orleans unweit der Bahnstrecke, zu dem dazugehörigen kleinen Garten, um den ich mich nie gekümmert hatte, und plötzlich begann sich mein innerer Kreisel wieder zu drehen. Nabel der Welt am Arsch. Ich musste hier weg. Zurück nach New Orleans.

KAPITEL 14

(Hotels haben keine dreizehnte Etage, also gibt's hier auch kein dreizehntes Kapitel.)

Die Hotelleitung verweigerte mir kurzerhand den beantragten Urlaub. Mittlerweile aber war ich lange genug im Bellevue angestellt, um Anspruch auf freie Wochenenden zu haben. Den meisten meiner Empfangskollegen war diese Regelung völlig unbekannt, ja, sie hassten mich sogar dafür, dass ich eine Extrawurst gebraten haben wollte. Noch so ein Grund, warum ich dringend eine Auszeit benötigte: Die Kollegen gingen mir inzwischen gehörig auf den Keks. Meine Anfrage beim Management wurde ebenso abschlägig beschieden. Also nahm ich mir das freie Wochenende auf eigene Faust, buchte meinen Hinflug für Donnerstag und den Rückflug für den darauffolgenden Dienstag – also inklusive zweier Tage, die ich eiskalt blaumachen würde. Inzwischen war mir alles scheißegal. Klar, dass es den nächsten Personalakteneintrag geben würde. Bei diesem Gedanken musste ich unwillkürlich grinsen: Den hatte ich mir dann redlich verdient.

Kaum waren wir in Louisiana gelandet, fühlte ich mich auch schon ruhiger, gelassener, einfach besser. Ich holte mein Gepäck, und kurz darauf empfing mich die schwüle Hitze wie eine feuchtwarme Umarmung. Das Taxi fuhr über die I-10, dann durch Metairie, und trotz der verheerenden Sturmschäden schien alles wieder in bester Ordnung. Das French Quarter roch so wie immer. Die Einheimischen waren trinkfreudig wie immer. Alles wirkte so locker, so wohltuend, dass ich mir urplötzlich Sorgen darüber machte, was für ein Mensch aus mir geworden war. Hier kam es jedenfalls nicht in Frage, jemanden aufzufordern, den Schwanz seiner Mutter zu lutschen. Oben im Norden galt so was als lustig, und ich hatte mitgemacht. Und der New Yorker Wahnsinn setzte sich über mein Smartphone weiter fort: Ständig erhielt ich E-Mails, die ich meinen Nebengeschäften verdankte. Etwa von einem Typen, der dauernd mit seinen Geliebten bei uns abstieg, immer saftig Trinkgeld abdrückte und wegen eines Rabatts nachfragte. Dem Chef einer sterbenden Videotheken-Kette, der sich ein spätes Check-out sichern wollte, und nicht zuletzt von Ginger Smith, die mir schrieb, dass sie gegen 12 Uhr eintreffen würde. Ich rief kurz im Bellevue an und machte alles klar, meine liebe Freundin Ginger hätte ich niemals hängenlassen.

Danach allerdings schaltete ich mein Handy aus und betrat die Alibi-Bar, und da wartete er auch schon auf mich.

»Mann, Alter, das ist ja 'n Ding.«

Er stand auf, und wir schüttelten uns erst mal die Hände, musterten uns von oben bis unten und lächelten.

»Du hast dich kein bisschen verändert, Tommy.«

»Nur äußerlich, Perry. Du siehst echt super aus, alter Freund.« Tatsächlich war er doch ein wenig in die Jahre gekommen. Sein Blick war nicht mehr so scharf wie früher und sein Haar von weißen Strähnen durchsetzt. Er trug eine Mütze mit dem Logo der New York Yankees, ein Detail, das mir früher nie aufgefallen wäre.

»Fang du an«, sagte er.

»Nein, du.«

»Komm schon, Tommy, lass knacken.«

»Nein. Alles okay mit deiner Familie?«

»Alles bestens. Und jetzt leg schon los.«

»Womit, Perry? Ich habe nichts zu erzählen. *Du* bist der Mann mit den Geschichten.«

»Dann lass uns erst mal 'nen Drink bestellen.«

Wir gingen an den Tresen, und der Barkeeper servierte Perry wortlos ein Heineken, ehe er sein Kinn in meine Richtung hob. Perry bestellte mir einen Hennessy, aus welchem Grund auch immer.

»Willkommen zurück, Tommy.«

»Mann, du glaubst gar nicht, wie ich mich freue, wieder zu Hause zu sein.«

»Freut mich zu hören. Was meinst du genau mit zu Hause?«

»Na ja, es fühlt sich jedenfalls so an. Also, deiner Familie geht es gut. Und was machen die Jungs und Mädels vom Hotel?«

»Oh. Wen meinst du genau?«

»Na, alle natürlich. Wie geht's Debra?«

»Sie hat zwischendurch ausgesetzt, aber jetzt ist sie wieder da. Ihre Mutter ist gestorben, war 'ne harte Nummer, besonders für ihren Kleinen. Erinnerst du dich noch an ihren Sohn? Ihm ist das furchtbar zu Herzen gegangen.«

»Und was macht Roy?«

»Ist immer noch bei uns. Und gaga wie eh und je. Hat sich neulich ein neues Tattoo stechen lassen.«

»Von wegen Katrina?«

»Quatsch. Wieder mal 'ne Knarre. Direkt auf seinen Unterarm! Voll bescheuert, wenn du mich fragst.«

»Sanford?«

»Oh, Mann, der ist nicht mehr da.«

»Und was macht er jetzt?«

»Er ist tot, Tommy. Hat sich auf der Rampart Street ein paar Kugeln eingefangen. Noch vor dem Hurrikan.«

»Was ist passiert?«

»Tja, du weißt ja, wie's ist, die Cops erzählen einem ja nichts. Vielleicht war er in irgendwas Unkoscheres verwickelt, die Cops meinten, er hätte selbst 'ne Waffe dabeigehabt, aber Waffen haben viele Leute, vielleicht ist er auch bloß irgendwie zwischen die Fronten geraten. Wie auch immer, es war eine wirklich schöne Beerdigung, schade, dass du nicht dabei sein konntest. Wir haben uns würdig von ihm verabschiedet, und alle haben getanzt. Die Blaskapelle habe ich bezahlt, wirklich erstklassig, die Jungs. Also, wenn ich mal sterbe, kümmerst du dich um die Mucke, okay? Ist doch wohl Ehrensache, oder?«

Schweigend saßen wir zusammen am Tresen. Wir waren durchaus nicht die Einzigen in der Bar, und doch herrschte eine seltsame Stille. Die Sturmflut hatte lauter Inseln des Schweigens hinterlassen, bevölkert von Menschen, die, fortgerissen von der Strömung ihrer Erinnerungen, stumm über ihren Drinks saßen, bis sie irgendwann blinzelten, ihre Umgebung wieder wahrnahmen und den nächsten Schluck tranken.

Ich verbrachte das lange Wochenende mit Perry und meinen anderen Freunden. Wie ein Tourist bestaunte ich die Stadt, verliebte mich in jede Bar, jeden vollgepinkelten Winkel. Die ausladende und verschnörkelte französische Architektur bildete einen scharfen Kontrast zu den hoch aufragenden, schimmernden Wolkenkratzern New Yorks, zog mich einmal mehr in ihren Bann. Ich ertappte mich dabei, wie ich vom Gehsteig auf die Straße wechselte, um trödelnde Passanten zu überholen, und erst am Sonntag hatte ich meinen inneren Turbo weit genug gedrosselt, um die sanft-schwüle Hitze und den süßen Duft von Müll und exotischen Blumen wieder richtig genießen zu können. Obwohl der Hurrikan eine Schneise der Verwüstung hinterlassen hatte, waren das French Quarter und die Innenstadt wieder völlig intakt. Obendrein waren viele Gebäude frisch gestrichen worden und erstrahlten in kräftigen, bunten Farben. Und zum ersten Mal hörte ich Leute Spanisch sprechen, drangen Mariachi-Klänge an meine Ohren. Die Mexikaner, die man geholt hatte, um beim Wiederaufbau zu helfen, fügten sich aufs trefflichste ins Stadtbild, in all das Leben, das hier pulsierte.

An meinem letzten Abend nahm ich mir eine Flasche Whiskey mit an den Mississippi und setzte mich auf eine Bank. Ich wollte allein sein, beobachtete die Frachtkähne, die sich durch die braune Brühe mühsam den Strom hinaufkämpften. Mit einem lauten Tuten legte die *Mississippi Queen* ab. Die Fähre transportierte Pendler und Touristen zwischen den Ufern hin und her. Die Passagiere lehnten an der Reling, alle wirkten bester Laune, schienen entweder frisch verliebt oder zumindest angetrunken zu sein. Obdachlose schlurften vorbei und nickten mir lächelnd zu. Radfahrer flitzten vorbei, während Jazztrompeter mit langsamen Melodien gegen das Rauschen des trägen Flusses anspielten. Sie spielten nicht einmal für Geld, nur zu ihrem eigenen Vergnügen und für ihre Stadt.

Und natürlich für mich.

Aber ich musste ja nach New York zurück, nicht wahr? Schließlich hatte ich Gäste, die auf mich angewiesen waren wie mein Geldbeutel auf sie. Ich musste an Julie denken. Mir fehlten unsere gemeinsamen Abende in all den Rooftop-Bars, wo wir mit sündteuren Cocktails in der Hand das Treiben in den Straßenschluchten beobachtet hatten, umgeben von lauter Wolkenkratzern, die um uns herum in den dunklen Himmel ragten. In dieser Hinsicht vermisste ich New York tatsächlich, auch wenn mir klar war, dass ich dort nicht den Rest meines Lebens verbringen würde.

New Orleans, die Sturmflut, Perry, der Mississippi: All das rief mir einmal mehr in Erinnerung, dass nichts selbstverständlich ist und schon gar nichts ewig währt. Die Zeit spült am Ende alles fort, und wir werden unweigerlich mitgerissen. Wenn wir also festen Boden unter den Füßen spüren und der Himmel licht und klar über uns steht, sollten wir so tief einatmen wie nur eben möglich und die Luft so lange in unseren Lungen halten, bis uns schwindelig, ja, endlich bewusst wird, welches Privileg wir genießen – das Privileg zu leben, das Privileg, ein Mensch zu sein.

Und während ich überlegte, ob ich nicht endgültig zurück nach New Orleans ziehen sollte, kam mir gleichzeitig in den Sinn, wie New York mich verändert hatte. Bei meiner Ankunft war ich eine halb vollendete Skulptur, meine Persönlichkeit noch lange nicht entwickelt. Die Stadt hatte mich geformt, wie sie jeden formte, alles weggemeißelt, was nicht wichtig war, meine Gefühle und meinen Charakter geglättet und ausgestaltet, mich so perfekt modelliert wie eine Statue von Rodin. Es war faszinierend, ja einmalig, was New York mit einem anstellte. Doch wer zu lange verweilte, wurde weiter geschliffen, verbraucht und schließlich entstellt – bis zur Unkenntlichkeit.

KAPITEL 15

»Hätten Sie Lust auf ein kleines Spielchen, Ma'am? Also, ich habe Sie in einem Zimmer mit einer dreistelligen Nummer untergebracht. Diese Nummer ist auch Telefonvorwahl einer Stadt. Wenn Sie mir sagen können, um welche Stadt es sich handelt, schenke ich Ihnen eine Flasche Rotwein. Na, was halten Sie davon?«

»Oh, wirklich? Na klar! Legen Sie los.«

»Ihr Zimmer hat die Nummer 504.«

»Hmm … ich weiß es nicht. Verdammt. Houston?«

»Schade! Sie waren ganz nah dran. Fünf null vier ist die Vorwahl von New Orleans.«

»New Orleans!«, platzte sie heraus. »Ich liebe New Orleans, aber da wäre ich nie drauf gekommen.«

»Sie lieben New Orleans? Dann kriegen Sie den Wein trotzdem! Willkommen im Bellevue, und genießen Sie Ihren Aufenthalt.« Ich übergab ihren Schlüssel Ben, der mich mit einem missbilligenden Stirnrunzeln musterte.

Ein paar Minuten später stand er wieder bei mir am Empfang.

»Was ist denn mit dir los, Tom?«

»Ich bin gut drauf.«

»Das sieht man. Wird Zeit, dass du dich wieder in den Griff kriegst.«

»Man wird sich ja wohl noch mal erholen dürfen, oder?«

»Warmduscher.«

Darüber mussten wir beide herzlich lachen. Doch es dauerte nicht lange, bis der Job wieder anfing, an meinen Nerven zu zerren, mich herunterzuziehen und in den Wahnsinn zu treiben. Etwa drei Stunden, um genauer zu sein.

Und da war auch schon der erste Gast, ein Geschäftsmann, der mir sofort die Hölle heißmachte.

»Soll das ein Witz sein, oder was? Ich steige hier zehnmal im Jahr ab, und damit gehöre ich ja wohl zu Ihren Topkunden. Ich will jetzt das Zimmer, das Sie mir fest zugesagt haben, oder Sie kriegen gehörigen Ärger!«

Leider irrte sich der Mann ganz gewaltig. Eine Garantie auf bestimmte Zimmer gab es bei uns nämlich grundsätzlich nicht. Jemandem ein bestimmtes Zimmer zu versprechen ist einer der größten Fehler, die man als Empfangsmitarbeiter begehen kann. Schlicht deshalb, weil alles Mögliche passieren kann: Ein Gast verlängert seinen Aufenthalt, es gibt einen Wasserrohrbruch, vielleicht geschieht sogar ein Mord in besagtem Zimmer – tja, und natürlich wäre denkbar, dass mir ein anderer Gast kurz zuvor einen Zwanziger in die Hand gedrückt hat und nun selbst die schöne Aussicht genießt.

»Sie sehen mich hier nie wieder, das ist Ihnen hoffentlich klar! Ab jetzt lasse ich mein Geld im Plaza. Na, wie schmeckt Ihnen das?«

Ich konnte es natürlich nicht aussprechen, aber ich dachte so ziemlich genau das: »Tja, Sir, Sie glauben gar nicht, wie sehr mir Ihre Problemchen am Arsch vorbeigehen! Ja, verziehen Sie sich ins Plaza, und bitte ganz schnell – vielleicht können Sie sich ja dann dort weiter als Graf Kotz aufspielen. Solange ich Ihre dämliche Visage nicht zu sehen brauche, soll's mir nur recht sein.«

Einen Empfangsmitarbeiter anzuschnauzen bringt Ihnen

gar nichts. Nun ja, das ist nicht ganz wahr. Ein derartiges Verhalten verschafft Ihnen nämlich ruckzuck ein schlechteres Zimmer. Selbst wenn schon ein besonders tolles Zimmer reserviert worden ist, pflege ich Leute, die mir dumm kommen, eiskalt umzuquartieren. Sie werden nie erfahren, dass ursprünglich ein Zimmer mit Blick auf den Central Park oder mit einem schön geräumigen Bad für sie vorgesehen war. Und manchen Mistkerlen gebe ich einfach ein schlechteres Zimmer, weil sie ihre Frau anraunzen oder sonst wie den Macker heraushängen lassen.

Es ist kein angenehmes Thema, aber wir müssen darüber reden. Einfach deshalb, weil ich Aberdutzende von Möglichkeiten habe, Sie zu bestrafen. Ich bin Richter und Henker zugleich, und die Strafe folgt stets auf dem Fuß. Nicht nach vier oder sechs Wochen, sondern sofort, postwendend, gnadenlos. Wenn jemand einen rassistischen Spruch über einen Taxifahrer absondert, ist er fällig, und schwulenfeindliche Witzchen pflege ich ebenfalls kurz und schmerzhaft zu ahnden.

Por ejemplo: In der zwölften Etage befindet sich ein bestimmtes Zimmer, das schon so manchen Stinkstiefel das Fürchten gelehrt hat. Tja, was ist so schlimm an diesem Zimmer? Erst einmal gar nichts, da es ganz und gar nichts auszusetzen gibt. Wenn ich Sie aber in diesem Zimmer – es hat die Nummer 1212 – unterbringe, wird Ihr Telefon klingeln, bis der Arzt kommt. Und zwar deshalb, weil es einer erstaunlichen Anzahl von Gästen nicht in den Kopf geht, dass man in unserem Hotel von jedem Zimmer aus grundsätzlich die 9 vorwählen muss, wenn man irgendwo außerhalb des Hauses anrufen will. Und glauben Sie mir, den ganzen Tag und die ganze Nacht (!) über werden Sie Anrufe von Dutzenden anderer Gäste erhalten, die versuchen, irgendwelche New Yorker Nummern zu erreichen, die allesamt mit 1-212 beginnen. Welche Ziffern danach noch eingetippt werden, spielt keine Rolle, da die Anrufer ja bereits Zimmer 1212 angewählt haben – was zur Folge hat, dass Sie um drei Uhr morgens aus dem Schlaf gerissen werden und plötzlich irgendein Besoffener in ihr Ohr nölt: »Hallo? Hallo? Wer is'n da?«

»Was? Wie spät ist es überhaupt? Was wollen Sie von mir?«

»Ich würde gern einmal Chicken Szechuan bestellen. Hallo? Ist da der Happy Family Palace?«

Na, dann noch viel Vergnügen. Und zufällig weiß ich auch, dass die elektrischen Vorhänge in Zimmer 3217 nicht funktionieren und Ihnen frühmorgens bereits die Sonne in die Augen sticht. Ich wünsche eine geruhsame Nacht.

Ach ja, und als ich neulich mit Perry telefonierte, weihte er mich in eine kleine Story ein, die ihm ein befreundeter Page aus einem anderen Hotel erzählt hatte. Es handelte sich um die vielleicht ultimative Vergeltungsaktion im Gastgewerbe. Und damit sie richtig authentisch herüberkam, spulte Perry sie auch noch im O-Ton seines Kumpels ab.

»Also, dieser Arsch hatte satte vierzehn Koffer und Taschen dabei. Ich musste dreimal hoch- und runterfahren, aber kein Problem, der Typ ist 'ne echte Sportlegende und obendrein noch dick im Filmgeschäft – also kohlemäßig eigentlich 'ne klare Sache. Aber dann, als ich die letzte Tasche abgestellt habe und mir erst mal den Schweiß von der Stirn wische, schüttelt er mir bloß freundlich die Hand, speist mich allen Ernstes mit 'nem scheißwarmen Händedruck und 'nem Walt-Disney-Strahlerlächeln ab, und um ein Haar hätte ich die Fassung verloren. Dann hat er mir die Tür vor der Nase zugemacht. Na schön, ich hatte schon gehört, dass er kniepig sein soll, aber ich hab's nicht geglaubt, vor allem nicht, nachdem ich mich mit seinem Gepäck halb totgeschleppt hatte. Ich habe dann gewartet, bis er wieder herunterkommt, der Kerl ist ja nicht zu übersehen, und außerdem wusste ich, dass er wegen seinem Auftritt im Superdome erst mal vier Stunden nicht wieder auftaucht. Ich also rauf auf sein Zimmer, und dann habe ich mich erst mal in seinem Bad umgesehen. Seinen Schamott hatte er schon ausgepackt, und ich habe ich mit dem Gedanken gespielt, mir seine Zahnbürste ein paarmal durch die Arschritze zu ziehen … Aber urplötzlich kam mir 'ne viel bessere Idee, wupp, aus heiterem Himmel. Der Wichser hat nämlich 'ne eigene Parfümmarke und trägt das Zeug auch noch selbst. Also schraube ich kurzerhand den Deckel ab und gieße ein bisschen was aus dem Fläschchen ins Waschbecken. Anschließend habe ich das Fläschchen natürlich frisch aufgefüllt. Und zwar mit meiner Pisse. Passte farblich haargenau. Dann noch den Flakon ein bisschen geschüttelt, ein paar Wölkchen versprüht und mich vom Acker gemacht. Kam obergeil, als er am Abend durch die Lobby stolzierte, voll aufgestylt und fett mit Pagenpisse eingenebelt. Mann, diese Profisportler sind echt knauserige Arschlöcher.«

Also. Benehmen Sie sich, und hüten Sie sich vor Angestellten, die kein Namensschild tragen. Solche Jungs führen irgendetwas im Schilde und wollen nicht identifiziert werden.

* * *

Ich hatte gehofft, in New Orleans auftanken und eine Weile davon zehren zu können, doch kaum war ich zurück, befand ich mich schon wieder mitten im Auge des Sturms. Nachdem ich ein paar externe Telefonate geführt hatte, gab es gleich den nächsten Eintrag in meine Personalakte, und obendrein vermiesten mir Dutzende von unangenehmen Gästen das Leben.

Darüber hinaus hatte Tremblay eine tolle neue Vorschrift eingeführt. In unserer Branche ist es gang und gäbe, dass zufriedene Gäste sich bei besonders zuvorkommenden Empfangsmitarbeitern gelegentlich mit einer Flasche Wein oder auch etwas Hochprozentigerem bedanken. Vielleicht haben wir Sie wieder einmal großzügig mit Upgrades bedacht, Ihre Flitterwochen zum Himmel auf Erden gemacht oder uns einfach nur mit keinem Wimpernzucken anmerken lassen, dass Sie zum x-ten Mal ein verbotenes Wochenende mit Ihrer Sekretärin bei uns verbringen. Wie auch immer, dafür kann man sich schon mal erkenntlich zeigen, nicht wahr? In Hotels aber gilt eine eherne Regel: Es ist uns strengstens untersagt, das Gebäude mit alkoholischen Getränken zu verlassen, die auch bei uns *verkauft* werden. Sonst wäre es schlicht zu simpel, eine Flasche aus der Bar mitgehen zu lassen und vorzugeben, es handele sich um ein kleines Dankeschön von dem netten Pärchen von Zimmer 912. Und mit dieser Regelung wird es zum Problem, eine Flasche aus dem Gebäude zu schmuggeln. Wenn ich, sagen wir, ein Fläschchen Jack Daniels geschenkt bekomme, packe ich es zuerst in eine Tüte, die ich dann wiederum in einen Pullover einwickle und so verpackt in eine weitere Tragetasche stecke, ehe ich noch ein paar dreckige Socken dazustopfe und alles zusammen dann in meinem Rucksack verstaue. Anschließend versuche ich schnellstmöglich an unseren Sicherheitskräften vorbeizukommen, indem ich so tue, als würde ich sonst meinen Bus nach Hause verpassen. Selbst wenn sie mich aufhalten, um einen Blick in meinen Rucksack zu werfen, werden sie meine schmutzigen Socken ganz bestimmt nicht anfassen, sondern stattdessen die Nase rümpfen und sagen: »Sieh zu, dass du Land gewinnst. Und wirf mal wieder die Waschmaschine an.«

»Hatte ich vor, Jungs.«

Aber so oder so sollte es nicht gleich generalstabsmäßige Schmuggelaktionen erfordern, um eine Flasche Wein mit nach

Hause nehmen zu können. Da es Zehntausende verschiedener Weine gibt, besteht nur eine äußerst geringe Wahrscheinlichkeit, ausgerechnet an eine Marke zu geraten, die auch im Hotel ausgeschenkt wird, ganz abgesehen davon, dass unsere Sommeliers für gewöhnlich 500-Dollar-Jahrgangsweine entkorken und keine Billigplörre wie den Yellow Tail, den mir erst neulich ein Gast in die Hand drückte. Wie auch immer, normalerweise informieren wir den diensthabenden Empfangschef darüber, dass wir eine Flasche Wein geschenkt bekommen haben. Der kennzeichnet dann die Flasche mit einem roten, von unserem Sicherheitschef abgezeichneten Schildchen, und fertig ist die Laube. Wir könnten einen 50-Zoll-Flachbildfernseher an den Sicherheitskräften vorbeischleppen, solange darauf das rote Schild klebt.

Doch auch wenn nirgendwo ein offizielles Memo aufgetaucht war, hatten sich offenbar die Richtlinien geändert. Ich erfuhr davon, weil Kayla in unserem kleinen Büro saß. Und weinte. Was ihr überhaupt nicht ähnlich sah – sie war eine von denen, die sich mit Zähnen und Klauen zur Wehr zu setzen pflegten, wenn ihnen etwas nicht in den Kram passte. Doch da stand sie an der Wand mit unseren Dienstplänen und heulte wie ein Schlosshund. Ihre Arme hingen schlaff herab, sie machte sich nicht einmal die Mühe, ihre Tränen und die zerlaufene Wimperntusche zu verbergen. Du lieber Himmel. Sie war völlig am Boden zerstört.

»He, Baby, was ist denn los? Kayla?«

»Dieser Ort ist verflucht, Tommy. Manchmal, wenn ich mich unten umziehe, läuft es mir kalt den Rücken runter, als hätten sie das Hotel auf einem alten Indianerfriedhof gebaut.«

Al steckte den Kopf zur Tür herein und sagte: »Ich komme jeden Tag aus Massapequa hierher. Das ganze Scheißland ist auf 'nem Indianerfriedhof gebaut.«

»Auch wieder wahr, Wolf«, erwiderte ich, während er schon wieder auf dem Weg in die Lobby war. Ich wandte mich wieder an Kayla: »Was ist passiert, Süße? Hast du einen Anschiss kassiert?«

»Ja, das auch. Aber darum geht's nicht, inzwischen kriege ich ja jede Woche einen. Nein, sie haben mich bestohlen!«

»Was? Ich verstehe kein Wort.«

»Du kennst doch auch die Howells, das alte weiße Ehepaar, oder? Ich habe von ihnen noch nie ein Dankeschön bekommen. Trotzdem bin ich ihnen jederzeit behilflich, und Mrs Howell mag mich wirklich gerne. Na ja, und neulich habe ich nebenbei erwähnt, dass wir es gerade wirklich nicht leichthaben, mein Mann und ich, nachdem wir ja noch mal Nachwuchs bekommen haben. Worauf Mrs Howell meinte, nach einer guten Flasche Wein würde man so manches anders sehen, und nach zwei guten Flaschen wäre die Welt gleich wieder in Ordnung.«

»Nett von ihr.«

»Fand ich auch. Jedenfalls hat sie mir gestern zwei Flaschen Wein mitgebracht, ich habe zwar keine Ahnung von Wein, aber sie sahen echt teuer aus. Ich konnte sie aber nicht direkt mitnehmen, weil ich noch ins Fitnessstudio gegangen bin, um was gegen meinen dicken Hintern zu tun. Deshalb habe ich meinen Namen KLAR UND DEUTLICH auf die beiden Flaschen geschrieben und im Büro unseres Managers deponiert. Und mein Mann hat sich gleich einen Tag freigenommen und unsere vier Kids bei der Oma untergebracht – wir wollten es uns mal wieder richtig schön machen, lecker kochen, gepflegt die Flaschen leeren, dann eine Runde vögeln und uns vielleicht dabei filmen, so wie am letzten Valentinstag.«

»Klingt großartig.«

»Ich weiß.« Erneut begann sie zu schluchzen. »Aber als ich heute zur Arbeit kam, waren die Flaschen verschwunden, und die Mistkerle haben mir gesagt, es gäbe jetzt andere Vorschriften. Ab sofort dürfen überhaupt keine alkoholischen Getränke mehr aus dem Hotel mitgenommen werden. Ich habe sogar noch das Dankeskärtchen von Mrs Howell, aber sie wollten mir den Wein trotzdem nicht geben.«

Und das brachte mein inneres Fass zum Überlaufen. Tränen liefen ihr über die Wangen, und als ich meine Arme um sie schloss, schluchzte sie noch heftiger, doch dann beruhigte sie sich allmählich wieder. Als sie sich schließlich von mir löste, war mein Hemd über und über mit Wimperntusche verschmiert. Nicht, dass mir das irgendetwas ausgemacht hätte. Meine Kehle war wie zugeschnürt, weil ich ein paar lange Augenblicke nichts als Hass empfand.

Und ehe ich mich's recht versah, war ich auch schon unterwegs in die Chefetage, zum Büro unseres Direktors. Ich war so aufgebracht, dass ich im Lift vor Erregung bebte, während ich die Ziffern auf der Etagenanzeige im Blick behielt und dem lieben Gott dankte, dass sich kein Gast mit mir im Aufzug befand, der mich womöglich noch mit irgendwelchen blöden Fragen behelligt hätte.

Als ich oben ausstieg, hatte ich unsere fette Aubergine von Hoteldirektor direkt im Visier. Er stand vor seinem Büro, zusammen mit – was für ein Zufall – unserem riesenhaften neuen Sicherheitschef, neben dem er aussah wie dessen innere Matrjoschka. Perfekt! Schnurstracks marschierte ich auf die beiden russischen Holzpuppen zu, während ich nur darauf wartete, dass einer von ihnen den Mund öffnete, damit ich ihm direkt das Wort abschneiden konnte.

»Was machen Sie denn …«

»Wieso haben sich die Vorschriften geändert? Seit wann ist es nicht mehr erlaubt, eine Flasche Wein mit nach Hause zu nehmen?«

»Seit vier Monaten. Haben Sie das nicht mitbekommen? Oder kriegen Sie nie was geschenkt?«

»Jede Woche mehr als Sie in Ihrem ganzen Leben, Mr Tremblay«, gab ich zurück. Was für ein Arschloch. Trotzdem hätte ich mir meine Bemerkung sparen sollen – ein echter Profi genießt und schweigt. »Wie auch immer, Kayla ist völlig verzweifelt, weil zwei Weinflaschen verschwunden sind, die sie im Büro des Empfangschefs deponiert hatte. Wären Sie so freundlich, mir zu sagen, wo ich die Flaschen auftreiben kann?«

»Es ist nicht länger gestattet, das Hotel mit alkoholischen Getränken zu verlassen«, raunzte mich der Sicherheitschef an. Wir nannten ihn alle nur »die Qualle«.

»Das hatten wir bereits geklärt. Meine Frage lautet: Wo sind die Flaschen?«

»Was meinen Sie damit?«

»Also«, sagte ich, und allmählich war ich auf hundertachtzig, »stehen die Flaschen jetzt auf unserer Weinkarte? Bereichern Sie sich auf Kosten Ihrer Angestellten? Oder hat sich etwa einer von Ihnen beiden die Flaschen reinlaufen lassen? Es ist eine Unverschämtheit, einer Mitarbeiterin mit zehn Jahren Betriebszugehörigkeit ein Präsent zu stehlen, das sie für ihren erstklassigen Service erhalten hat, einen Service, mit dem sie nicht zuletzt Kunden an unser Haus bindet. Wer von Ihnen hat die Flaschen mit nach Hause genommen? *Wer von Ihnen hat Kaylas Wein getrunken?*«

Du lieber Himmel. Ich war kurz davor, den Arschgeigen an die Gurgel zu gehen.

Tremblay durchbohrte mich mit seinem Blick. Man konnte über ihn sagen, was man wollte, aber so schnell machte er sich nicht in die Hose. Die gesamte Belegschaft hasste ihn wie die Pest, selbst die Manager, die ihm bei jeder Gelegenheit meterweit in den Anus krochen. Wobei ihn die allgemeine Abneigung kein bisschen zu kratzen schien.

»Alle alkoholischen Getränke, die Mitarbeiter des Hauses geschenkt bekommen«, erwiderte er so langsam, als wollte er sich die Worte auf der Zunge zergehen lassen, »werden konfisziert und schnellstmöglich entsorgt.«

»Wie bitte? Sie lassen erstklassige Weine einfach in den Müll wandern?«

»Exakt, Thomas. Genau so läuft es hier jetzt.« Und dann lächelte er mich an, mit einem fetten, triumphierenden Grinsen, für das ihm andere Leute kurzerhand eine Bierflasche in die Visage geschmettert hätten.

Da stand er, der Herr Hoteldirektor, log mir unverfroren ins Gesicht und grinste sich auch noch eins.

Wo bist du nur, Chuck Daniels? Erinnerst du dich noch an den kleinen Tommy Jacobs?

Was, zum Teufel, würdest du an meiner Stelle unternehmen? Was würdest *du* tun?

Ich wandte mich um, fuhr hinunter ins Foyer, trat hinter den Empfang und ließ den Blick über die wartenden Gäste schweifen. Und alle erwarteten sie absoluten Spitzenservice von mir.

Ich loggte mich ein und rang mir ein Lächeln ab. »Willkommen in unserem Hause. Was kann ich für Sie tun?«

* * *

Womit wir zum nächsten Tag in meinem Leben kommen. Und nicht bloß irgendeinem Tag, sondern jenem Tag, an dem mir schließlich der Kragen platzte.

Schwer verkatert wachte ich auf, nachdem ich die halbe Nacht mit ein paar meiner Kollegen von der Pagenfront in diversen New Yorker Clubs verbracht hatte, die inzwischen von der Bildfläche verschwunden sind. Im Meatpacking District ging schwer die Post ab. Nach dem Desaster in der Chefetage wollte ich mich einfach nur ordentlich besaufen, und wenn man sich schwer und hemmungslos die Kugel geben will, zieht man am besten mit einer Horde Pagen los. Die Jungs hatten Schotter ohne Ende, die Taschen voll mit fetten Zwanzigerbündeln, und für gewöhnlich waren sie auch noch zusammen mit dem Betreiber des Clubs aufgewachsen (oder zumindest dem Barkeeper oder dem Türsteher).

Tja, und was tut man gegen einen echt schlimmen Kater? Keine Ahnung, aber auf jeden Fall sollte man nicht am Empfang stehen, während gerade Aberdutzende von Gästen auschecken. Dazu addierten sich natürlich noch die üblichen Beschwerden und Reklamationen. Allein am frühen Morgen musste ich wenigstens fünfhundert Dollar an Minibar-Kosten stornieren, und dann tauchte kurz vor halb elf auch noch ein außerordentlich unangenehmer alter Sack auf, der von mir einen Frühstücks-Voucher wollte. Als ich ihm erklärte, dass er beim Einchecken bereits einen Voucher erhalten habe und ich nicht berechtigt sei, ihm einen weiteren auszuhändigen (es war schließlich möglich, dass er den Voucher an jemanden weitergab, der sich auf unsere Kosten im Frühstücksraum den Bauch vollschlagen wollte), fing er erst an zu diskutieren, ehe er wutentbrannt auf sein Zimmer zurückging. Kurz darauf stand er wieder bei mir am Empfang, hielt mir den Original-Voucher unter die Nase und herrschte mich an, er wolle sofort den Manager sprechen. Worauf ich unsere neue Empfangschefin anrief – Sara hieß sie –, die sofort aus ihrem Büro kam und den Alten diskret ans andere Ende des Foyers lotste.

Zwei Stunden später lehnte sich ein Mafioso-Typ aus Jersey an den Empfangstresen, ließ den Daumen über ein erstaunlich dickes Bündel Hunderter gleiten und fragte, ob ich vielleicht etwas für ihn tun könnte. Und nachdem der Tag derart beschissen begonnen hatte, eigentlich schon die ganze Woche katastrophal gelaufen war, empfand ich die Aussicht auf einen fetten Hunderter als überaus verlockend – vielleicht würde ich mir einen netten Lunch gönnen, statt wie üblich den Fraß in unserer Personalcafeteria hinunterzuwürgen. Ich gab ihm eine VIP-Suite, die eigentlich bereits für einen berühmten Schauspieler reserviert war, den ich aber schon seit jeher für ziemlich überschätzt hielt – in seinem Rollenleben war stets Halloween. Ein saftiges Hundert-Dollar-Upgrade, und auch noch für vier Übernachtungen. Ich ließ mich wirklich nicht lumpen, ganz abgesehen davon, dass besagter Hollywood-Star nun ohne Bleibe war. Doch als ich dem Mafioso-Typen die Schlüssel übergab und dem Grauen Wolf winkte, damit er sich des Gepäcks annahm, steckte er das Bündel Scheine einfach wieder ein und hielt mir die leere Hand hin, um sich per Handschlag bei mir zu bedanken. Verdammte Scheiße, ich hätte es ahnen müssen: Er hatte von vornherein viel zu offensichtlich mit den Hundertern herumgespielt, mich nach allen Regeln der Kunst ausgetrickst und verarscht. Ich wandte mich ab, um Mittagspause zu machen, und ließ seine Hand einfach in der Luft hängen. Er wusste genau, warum.

Dann aß ich erst mal einen Happen, allerdings nicht ohne zuvor den Timer meines Smartphones einzuschalten, um rechtzeitig zurück zu sein. Seit neuestem checkte das Management sogar mittels der Sicherheitskameras, ob wir unsere Pausen überzogen; die Kamerabilder konnten inzwischen von jedem beliebigen Computer aus verfolgt werden, und es wurde sogar gemunkelt, dass Tremblay uns selbst von zu Hause im Auge behielt.

Und der Preis für das Wohlfühlambiente des Jahres geht an … Hotel 1984.

Nach dem Mittagessen hatte ich meinen Frust wieder einigermaßen weggesteckt, doch nur wenige Minuten später tauchte dieses kleine reiche Arschloch auf. Der Bursche war ungefähr siebzehn, trug ein pinkfarbenes Poloshirt und redete mit mir, als wäre ich die arme Sau, die sonst für das Reinigen seines Swimmingpools zuständig war. Verdammt, der Junge ließ einfach nicht locker. Offensichtlich hatten er und seine Mutter via Expedia ein Zimmer mit zwei Doppelbetten gebucht. Und er bestand darauf, exakt ein solches Zimmer zu bekommen.

Wieder mal Expedia, ein Unternehmen, dem wir die Zusammenarbeit bereits zweimal aufgekündigt hatten. Wie auch immer, schließlich schnauzte er mich lauthals an, jetzt sei Schluss mit dem Gelaber, er und seine Mutter hätten einen Anspruch auf zwei Doppelbetten, und basta. Es gab bloß ein kleines Problem: Im Bellevue existieren nämlich keine Zimmer mit derartiger Ausstattung, *nicht ein einziges*, und außerdem war ich nicht bereit, mich von ihm wie ein Fußabstreifer behandeln zu lassen. An einem anderen Tag hätte ich ihm seine Graf-Rotz-Tour vielleicht durchgehen lassen, doch als er meine freundlichen Erklärungen damit quittierte, dass er seine flachen Bübchenhände, die noch nie mit echter Arbeit in Berührung gekommen waren, kurzerhand auf den Empfangstresen klatschen ließ, um mir abermals das Wort abzuschneiden, hatte ich die Nase gestrichen voll. Ich warf seiner Mutter sogar noch einen flehentlichen Blick zu, doch sie vermied es, ihn zu erwidern.

Ich blieb höflich, aber meine Stimme troff geradezu vor Sarkasmus, als ich anbot, ihm gern *eigenhändig* ein Zimmer der Größe zu bauen, die er sich vorstellte, wenn er sich denn freundlicherweise auf zwei klitzekleine Monate Wartezeit einstellen könne. Erneut sah ich zu seiner Mutter hinüber, und im selben Moment wurde mir klar, was Sache war: Die Frau hatte Angst – und zwar vor ihrem eigenen Sohn. Ihre Miene war undurchdringlich, doch meinte ich, in ihrem Blick so etwas wie eine Entschuldigung zu erkennen. Doch im selben Moment wandte sich der Flegel zu ihr um, fixierte sie mit einem Blick, in dem sich blanke Weißglut spiegelte, und keine Sekunde später bat sie auch schon darum, mit einem Manager sprechen zu können. Das kleine Arschloch verschränkte die Arme triumphierend vor der Brust und verzog höhnisch die Lippen. Ich hatte es bereits gewusst, nachdem der Alte sein Affentheater wegen des Frühstücks-Vouchers abgezogen hatte: Es war einer dieser Tage, an denen das Unheil einfach in der Luft liegt, man es buchstäblich *riechen* kann. Und heute wehte ein besonders eisiger, nahezu teuflischer Wind, der mich regelrecht frösteln ließ.

Im selben Augenblick trat auch noch Sara an den Empfang, die den Ärger nachgerade zu *wittern* schien. Ich überließ ihr den hochnäsigen Bengel und seine Mutter und widmete mich dem nächsten Gast. Er hatte die Auseinandersetzung komplett mitbekommen und warf mir einen aufmunternden Blick zu, der in etwa besagte: »Hey, Sie hatten doch völlig recht! Das ist ja ein Horrorjob – aber keine Angst, von *mir* haben Sie nichts zu befürchten.«

Zwei Stunden später stempelte ich mit einem langen Seufzer aus. Als ich meine ID-Card wieder einsteckte und mich zum Gehen wandte, stieß ich um ein Haar mit Sara zusammen. Sie war erst zwei Monate bei uns, und in dieser kurzen Zeit hatte sie sich bereits etwa minus zwanzig Freunde geschaffen.

Sara war die perfekte Erfüllungsgehilfin der Chefetage. Die Direktion hatte sie vom Trump International Hotel abgeworben, und erst neulich hatte sich für mich die Gelegenheit ergeben, ein bisschen Recherche zu betreiben. Julie und ich -

die alte On-off-Beziehung – waren wieder zusammen, und sie schmiss mal wieder eine so richtig extravagante Geburtstagsparty, diesmal aber im Trump. Jedenfalls bat sie mich, sie zu begleiten, mich um den Check-in zu kümmern und dafür zu sorgen, dass alles glattlief. Anschließend wollten wir erst mal das Bett einweihen, bevor ihre Freundinnen eintrafen. (Tatsächlich vögelten wir uns dann im Badezimmer die Seele aus dem Leib. Ich kam ich mir vor wie in Versailles, alles Gold und Marmor, und zwischendurch glaubte ich allen Ernstes, Fanfaren zu hören!) Zu jenem Zeitpunkt arbeitete Sara erst seit einer Woche bei uns, stets die Freundlichkeit in Person, während sie sich mit ihrer neuen Umgebung vertraut machte, so ähnlich wie ein neuer Sergeant, der gerade in Vietnam gelandet ist und erst mal alles in Ruhe abcheckt, ehe er seine Knarre durchlädt und die Bäume unter Beschuss nimmt.

Während ich jedem Empfangsmitarbeiter, der auch nur in meine Richtung sah, einen Zehner in die Hand drückte (womit ich uns das größere Badezimmer, ein edles Tröpfchen und – höchst vorteilhaft – einen späten Check-out sicherte), erkundigte ich mich nebenbei danach, wie Sara als Empfangschefin denn so gewesen sei.

»Oh, einfach wunderbar! Wir finden es immer noch schade, dass sie nicht mehr bei uns ist!«

Was, zum Teufel, ging hier ab? Hatte ich nicht erwähnt, dass ich selbst am Empfang arbeitete?

»Ah, ja«, erwiderte ich und schob noch einen Zehner über den Tresen. »Irgendwas, worauf ich ein Auge haben sollte?«

Die Rezeptionistin, mit der ich gerade sprach, lächelte so starr wie eine Puppe. Was stellten sie hier mit den Empfangsleuten an? War diese Frau mit Elektroden verbunden, die ihr jedes Mal einen satten Stromstoß verpassten, sobald sie ein negatives Wort von sich gab? Ich hakte nicht weiter nach, weil mir ihre maskenhafte Miene einen kalten Schauer über den Rücken jagte.

Ob wir einen Pagen für unsere Sachen benötigten, fragte sie dann. Aber gerne, erwiderte ich.

»Aber du hast doch gar kein Gepäck, Thomas«, sagte Julie leise.

»Ich weiß. Ist bloß ein Vorwand.«

Auf dem Weg zum Lift erwähnte ich dem Pagen gegenüber, dass ich am Empfang im Bellevue arbeitete. Im Aufzug erklärte ich ihm außerdem, dass ich Gewerkschaftsmitglied sei, und erkundigte mich, wie stark die Gewerkschaft in ihrem Haus vertreten war. Oben angekommen, fragte ich ihn freiheraus, was er von Sara halte. Er antwortete einsilbig, er hätte nichts gegen sie. Woraufhin ich ihm einen Zwanziger gab und sagte: »Jetzt rück schon raus mit der Sprache, Mann. Mit der Frau stimmt doch was nicht, oder?«

Den Wagen mit Julies Taschen im Schlepptau, blieb er stehen und sah mir in die Augen. »Lassen Sie sich nicht von ihrem Lächeln täuschen. Der Schlange würde ich keinen Meter über den Weg trauen.«

Aha.

Und jetzt, zwei Monate später, bat sie mich, umgehend mit dem für mich zuständigen Betriebsrat in ihrem Büro zu erscheinen.

»Was? Ich habe Feierabend für heute, und außerdem ist Freitag.«

Sie starrte mich nur wortlos an.

»Na schön«, sagte ich. »Bis gleich.«

Und so saß ich ein Viertelstündchen später mit zwei Frauen im Verschlag der Empfangschefin. Zwei Frauen, die ganz die Ruhe weghatten.

Die eine war Orianna, die meine Interessen als Arbeitnehmer vertreten sollte; ausgerechnet die lahme Orianna, die nie den Arsch hochkriegte. Kurz nachdem wir der Gewerkschaft beigetreten waren, hatten wir unseren Betriebsrat gewählt. Für solche Posten bewerben sich oft Menschen wie Orianna, die es vor allem auf die Vorteile dieser Position abgesehen haben. Zunächst einmal arbeitet man als Gewerkschaftsbeauftragter viel weniger als andere Kollegen, weil man alle naselang in der Personalabteilung hockt, um Konflikte zu schlichten oder Kollegen vor Repressalien zu schützen. Zweitens geht man als Betriebsrat oder Betriebsrätin komplett auf Nummer sicher. Man ist nämlich praktisch unkündbar, und auch im Fall eines Personalabbaus sind Gewerkschaftsbeauftragte als Allerletzte betroffen. Und genau darauf hatte es Orianna von Anfang an abgesehen: auf eine Position, die ihr Gehalt sicherte und dafür sorgte, dass sie weiterhin reichlich Pampers für ihr Gewerkschaftsbaby kaufen konnte.

Und diese Frau sollte sich jetzt für meine Interessen starkmachen.

Die andere Frau war Sara: die neue Empfangschefin, die hier als Einpeitscherin eingestellt worden war und uns alle zum Strammstehen bringen sollte. Und nun hatte sie sich offenbar auch noch vorgenommen, den weißen Wal zu disziplinieren.

Der weiße Wal, das war ich.

Ich war schon ewig hier, und sie erst zwei Monate.

Für wen hielt sich diese Kuh eigentlich?

Sie sagte es mir direkt ins Gesicht. Dass mein Service deutlich zu wünschen übrig lasse. Aha. Dafür sollte ich jetzt also zu Kreuze kriechen. Sie unterstellte mir schlechten Service, weil sich ein alter Querulant und ein Teenager-Lackaffe über mich beschwert hatten?

Zugegeben, Scheiße zu fressen ist Teil des Jobs, ach was, es *ist* der Job. Früher hatte es mir nichts ausgemacht. Aber das war in New Orleans gewesen und *zehn Jahre her*. Jetzt lebte ich in New York. Im Zentrum Manhattans. Warum konnte ich den Wahnsinn nicht länger ertragen?

Ich versuchte ihr meine Sicht der Dinge darzulegen. Bezüglich der Sache mit dem Frühstücks-Voucher hatte ich mich lediglich an die Vorschriften gehalten – wie konnte sie mir schlechten Service vorhalten, nachdem zwei Wochen zuvor ein Memo herumgegangen war, dass grundsätzlich der Original-Voucher im Frühstücksraum vorgelegt werden musste? Ganz abgesehen davon, dass eine endlose Schlange anderer Gäste am Empfang darauf gewartet hatte, endlich an die Reihe zu kommen – und sich womöglich beim nächsten Mal für ein anderes Hotel entschieden hätte, in dem ein etwas effizienterer Service geboten wurde.

Ach ja, und die Nummer mit dem jungen Flegel. Ich äußerte mich nur kurz und knapp dazu. Was konnte ich dafür, dass ein pubertierender Country-Club-Teenager seine Egoprobleme an mir ausließ? Und Fakt war doch, dass ich ihm und seiner Mutter kein Zimmer geben konnte, das gar nicht existierte. Hätte ich das verdammte Zimmer aus dem Hut zaubern sollen, oder was?

»Sara, du weißt genau, dass ich schon seit einer halben Ewigkeit hier arbeite. Von den geschätzt 500 Gästen, mit denen ich heute zu tun hatte, waren 498 mit Sicherheit zufrieden oder sogar mehr als zufrieden. Und weil sich ein unreifer Bengel beschwert und ein alter Nörgler mich zwingen will, gegen die Vorschriften zu verstoßen, soll ich jetzt die nächste Abmahnung kassieren? Dir ist doch ebenso klar wie mir, dass mir damit die Kündigung droht. Findest du das angemessen, nachdem ich mich zehn Jahre lang jeden einzelnen Tag mit Leib und Seele in den Dienst unseres Hauses gestellt habe? Findest du das fair, Orianna?«

Orianna sah auf, als sie ihren Namen hörte. Dann richtete sie den Blick wieder auf ihre manikürten Fingernägel, ganz offensichtlich heilfroh, dass sie während des üblichen Freitagsansturms nicht am Empfang stehen und einen Schlüssel nach dem anderen über den Tresen reichen musste.

»Tom«, erwiderte Sara an ihrer Stelle. »Deine Einstellung muss sich gründlich ändern. Wir wollen hier jeden einzelnen Gast begeistern, ihn *glücklich machen*. Wir haben das Gefühl, dass du nur noch Dienst nach Vorschrift schiebst, dir keine Mühe mehr gibst, dich immer mehr hängenlässt. Um es kurz zu machen: Du bist schroff, rüde, unhöflich, und so geht das nicht weiter. Wenn du keine Lust mehr hast, wird es uns *eine Freude sein*, einen motivierteren Mitarbeiter für den Empfang zu finden.«

Mir war, als hätte mir diese Frau gerade die Brust aufgerissen, als würden sich ihre Finger in mein Herz krallen, während mir jäh das Blut brennend heiß durch die Adern schoss. Vielleicht war das der Grund, warum mir urplötzlich die Hände zitterten.

Langsam hob ich die Rechte und griff in die Innentasche meines Jacketts. Ich hatte mich vorbereitet, wollte ihr beweisen, was ich wirklich draufhatte, wie gut ich tatsächlich in meinem Job war.

Zum Beispiel war da der Dankesbrief von Mr Palay, einem Hochkaräter par excellence, den wir durch unsere kleinen Gefälligkeiten zum Stammgast des Bellevue gemacht hatten. Sein Brief war aus dem Nichts gekommen und enthielt nicht zuletzt einen fetten, auf meinen Namen ausgestellten Scheck. Er schrieb, einen Service dieses Kalibers hätte er noch nie erlebt, und bedankte sich überschwänglich dafür, dass ich ihm meine persönliche E-Mail-Adresse gegeben hatte und jederzeit für ihn erreichbar gewesen war. Wie sich herausstellte, war er der

Vorstandsvorsitzende einer großen Investmentfirma. Er habe sich entschlossen, fuhr er in seinem Brief fort, demnächst ein Zimmerkontingent für sich und seine Mitarbeiter in unserem Hause zu buchen. Hundertfünfzig Zimmer. Das bedeutete satte fünfundsiebzigtausend Dollar Umsatz! An einem Tag! In einem zweiten Schreiben an den Hoteldirektor bedankte er sich nochmals für meinen außergewöhnlichen 24-Stunden-Service. Dass er dabei unsere E-Mail-Korrespondenz erwähnte, hatte allerdings ungeahnte Folgen. Mr Tremblay ließ mir über den stellvertretenden Empfangschef ausrichten, dass es mir künftig streng untersagt sei, meine persönliche E-Mail-Adresse an Gäste weiterzugeben. Offenbar war das gegen die Vorschriften.

Fette fünfundsiebzigtausend Dollar, und ich durfte mir wegen einer derartigen Lappalie einen satten Rüffel abholen? Wenn es in diesem Geschäft nicht mehr um Geld ging, worum dann? Wie, um Himmels willen, sollte ich diese Leute jemals zufriedenstellen?

Und dann waren da natürlich noch die Briefe von den Bekkers. Der Brief, in dem sie mir anboten, bei ihnen zu wohnen, bis ich ein hübsches Domizil in Kapstadt gefunden hatte. Der Brief, in dem sie sich dafür bedankten, dass ich ihre Hochzeit zu einem unvergesslichen Erlebnis gemacht hatte. Und dann der Brief, in dem sie mich nochmals nach Südafrika einluden, mir schrieben, ich sei jederzeit bei ihnen willkommen. Es war schon einige Zeit her, doch ich erinnerte mich genau, wie mir bei diesen Worten warm ums Herz geworden war.

Ja, ich hatte stets alles für das Bellevue gegeben, und die Briefe in meinen zitternden Fingern waren der beste Beweis dafür. Sara musterte mich kühl, während die eine Hand auf ihrem Oberschenkel ruhte und die andere auf meiner Personalakte. Ein Eintrag mehr, und ich war Geschichte. Womöglich hatte Tremblay sogar einen Pokal für den Manager ausgelobt, dem es gelingen würde, mich endgültig zu feuern.

Fest stand jedenfalls, dass sie mich ein für alle Mal loswerden wollten. Aber, verdammt noch mal, ich liebte dieses Hotel. Das Bellevue war mein Zuhause. Ich konnte einfach nicht akzeptieren, dass es nicht mehr dasselbe Hotel war.

Ich bin nicht stolz darauf, doch in jenem Augenblick blieb mir nur noch eine letzte Option. Sie bestand darin, die beleidigte Leberwurst herauszulassen, der Schnalle vor mir kurz und bündig klarzumachen, was sie an mir verlieren würden.

»Du willst mich feuern, Sara, mir miesen Service unterstellen?«, brüllte ich sie an. *»Mein Service war noch nie etwas anderes als* ERSTKLASSIG, *und wenn du's nicht glaubst, kannst du ja mal den Kram hier lesen!«*

Und mit diesen Worten schleuderte ich das Bündel Briefe in die Luft.

Die Konsequenzen lagen auf der Hand. In meiner Erinnerung flattern die Briefe in Zeitlupe durch das Büro, hängen einen kurzen Moment in der Luft wie Blätter an einem unsichtbaren Baum und trudeln dann langsam, quälend langsam auf uns herab.

Das war der Anfang vom Ende.

Mir ist durchaus bewusst, dass ich es mir allein zuzuschreiben habe. So ist das eben im Hotelgeschäft. Wer sich nicht zusammenreißen kann, fängt besser noch mal als Kellner an. Ich erinnerte mich an Keith und Walter, die beiden Parkhilfen, daran, wie sie damals aus heiterem Himmel übereinander hergefallen und sich *auf Leben und Tod* an die Gurgel gegangen waren. Vielleicht hatten sie einfach die Nase voll davon gehabt, noch weitere tausend Jahre irgendwelche Limousinen ins Parkhaus zu fahren. Und dann erinnerte ich mich an meinen alten Kollegen Chip. Als wäre es gestern gewesen, sah ich vor meinem inneren Auge, wie er die zwei im Sonnenlicht schimmernden Vierteldollarmünzen mit einem gezielten Tritt über den Asphalt kickte, und ebenso deutlich erinnerte ich mich an seinen Gesichtsausdruck. Blanke Wut hatte sich in seiner Miene gespiegelt, Frust, Entschlossenheit und Irrsinn. Und eine unendliche Traurigkeit.

Nun verstand ich endlich. Ende, aus. Vielleicht hatte ich ebenfalls genug.

KAPITEL 16

Ich gönnte mir erst mal ein langes Wochenende und meldete mich sogar noch für Montag und Dienstag krank. Ich brauchte einfach Zeit. Dringend. Eine selbstverordnete Auszeit, um zu mir selbst zu kommen.

Ich rief Julie an, die ich auch schon wieder vier Wochen lang nicht gesehen hatte, und wurde von ihr prompt zum Abendessen eingeladen. Wir schlemmten Kaviar, schaufelten ihn mit winzigen Löffeln in unsere Münder und tranken Siebzehn-Dollar-Cocktails, die man in jeder nur denkbaren Farbe bestellen konnte. Ich entschied mich für Blau.

»Jetzt hör endlich auf, dich hängenzulassen.«

»Ich bin deprimiert.«

»Dann trink noch einen, Baby. Aber nimm mal eine fröhlichere Farbe. Wie wär's mit Orange? Orange hat echt Power.«

»Orange. Na gut.«

»Okay, du hasst also deinen Job, Thomas. Dann tröste dich mit der universellen Wahrheit, dass alle ihre Arbeit hassen. Aber es steht dir ja frei, dich nach einer neuen Stelle umzusehen. Jederzeit.«

Ein Empfangsjob in einem anderen Hotel schied für mich aus. Ganz abgesehen davon, dass ich zunächst unweigerlich bei der Nachtschicht landen würde, konnte ich es mir schlicht nicht leisten, wieder mit einem Anfangsgehalt einzusteigen. Seit ein paar Jahren wohnte ich nicht mehr in einer WG, sondern in einer eigenen Bude, was mein Leben einerseits zwar erheblich vereinfachte, mich andererseits aber auch doppelt so viel Miete kostete. Es gab also nur zwei Optionen: entweder im Bellevue zu bleiben oder New York ein für alle Mal den Rücken zu kehren.

»Wie wär's, wenn wir zusammen nach L. A. ziehen, Julie?«

Sie stellte ihr Cocktailglas vorsichtig auf die Serviette, die als Untersetzer diente. Ihr Drink war gelb. Uringelb. Ich fragte mich, ob das auch eine echte Powerfarbe war.

»Unsinn«, sagte sie leise.

Wir hatten schon früher das eine oder andere Mal überlegt, ob wir nicht zusammen wegziehen sollten. Julie hätte überall einen neuen Job gefunden, und mich kennen Sie ja inzwischen: Sobald ich ein Hotel sehe, bin ich Feuer und Flamme und fange gleich am nächsten Tag an.

»Glaubst du wirklich?«

»Ja, Thomas.« Sie nannte mich immer noch Thomas, so wie beim ersten Mal, als sie meinen Namen von dem Schildchen an meinem Revers abgelesen hatte. »Aber es wäre eine Möglichkeit. Wer weiß, vielleicht würden wir uns ja richtig glücklich machen.«

Tja, hier saß ich und erwartete, dass eine Frau mein Leben rettete, die schon des Öfteren Gast in unserem Hotel gewesen war. Es war eine Schnapsidee, und Ben hatte sich folgendermaßen dazu geäußert: »Lass dich nie mit einem Hotelgast ein, du Vollpfosten. Knall die Tusse auf der Minibar, aber dann ist auch gut, kapiert? Mit so einer wirst du nie auf derselben Stufe stehen. Nimm dir lieber 'n russisches Zimmermädchen. Die wissen genau, wie man's einem richtig besorgt, Alter.«

An dem Abend trank ich mich quer durch alle Regenbogenfarben.

Und dann war auch schon Freitag. Eine ganze Woche war

vergangen, seit es in Saras Büro Dankesbriefe geregnet hatte. Während meiner zwei verbliebenen Schichten war ich extrem vorsichtig gewesen, hatte mich fast *zu sehr* um die Gäste bemüht und versucht, mein Fehlverhalten der vorigen Woche wiedergutzumachen. Und da ich keine weiteren Zusammenstöße mit Querulanten riskieren wollte, verteilte ich Frühstücks-Voucher, als wären es Gratisbroschüren.

Ich wollte gerade Feierabend machen, als ich darüber informiert wurde, dass man mich in der Personalabteilung zu sehen wünschte. Was mir aber keine größeren Sorgen bereitete: Ich nahm an, dass Sara unser Gespräch, das ich letzte Woche so jäh unterbrochen hatte, in Gegenwart unserer Personalchefin zu Ende führen wollte. Dann aber erfuhr ich von Jay, dass Orianna »meinen Fall abgegeben« hatte.

»Was? Ausgerechnet jetzt lässt sie mich hängen?«

»Es sieht nicht gut für dich aus, Mann.«

Unten wurde ich einem gewissen Teo vorgestellt, einem Gewerkschaftsbeauftragten aus dem Housekeeping, den ich noch nie zuvor zu Gesicht bekommen hatte: weder im Foyer noch in der Cafeteria oder sonst wo. Fest stand nur, dass er des Englischen kaum mächtig war. Egal, dachte ich, bringen wir's einfach hinter uns. Ich würde meinen Widerstand aufgeben, einen Kotau machen und mein beschissenes kleines Leben weiterführen wie bisher.

Die Personalchefin höchstpersönlich nahm sich meines Falls an. Offenbar wollte sie noch einmal ganz genau wissen, was vorgefallen war, doch an ihrem permanenten »Und dann?« merkte ich, dass sie möglichst schnell zu der Sache mit den Briefen kommen wollte. Doch obwohl ich mich noch lang und breit über die Voucher-Vorschriften ausließ, konnte ich dem eigentlichen Thema des Gesprächs schließlich nicht länger ausweichen.

»Die Empfangschefin hat zu Protokoll gegeben, dass Sie ihr ein Bündel Briefe ins Gesicht geschleudert haben.«

»Ins *Gesicht?* Das ist nicht wahr! Ich habe nichts, aber auch gar nichts in ihr …«

»Ihre Rechtfertigungen können Sie sich sparen, Thomas. Wie auch immer …«

Im selben Moment fragte ich mich, wieso Sara nicht da war.

Die Personalchefin räusperte sich. »Wir haben beschlossen, das mit Ihnen bestehende Arbeitsverhältnis mit sofortiger Wirkung zu beenden.«

»Was? Ich bin gefeuert?«

»So ist es. Ich muss Ihnen leider fristlos kündigen.«

Eine schier endlos lange Pause entstand. Ich spürte, wie mir das Blut aus dem Gesicht wich.

»Ich bin noch nie in meinem Leben entlassen worden. Wie soll es denn jetzt weitergehen?«

Meine Stimme klang wie die eines kleinen Jungen, der alle Hoffnung verloren hatte.

»Packen Sie Ihre Sachen zusammen. Und dann verlassen Sie bitte umgehend das Hotelgelände.«

Das klang kinderleicht. Ja, das war doch die einfachste Sache der Welt: seine Klamotten zu packen und schleunigst zu verschwinden. Wie versteinert saß ich da, während Teo mich anstarrte wie einen Krebskranken. Oder vielleicht doch eher wie einen Aussätzigen.

Plötzlich packte mich jemand an der Schulter. Es war Mike, einer unserer Sicherheitsmänner – groß, aggressiv und immer schlecht gelaunt.

»Komm schon, Tom. Wir holen jetzt deine Sachen, und dann bringe ich dich vor die Tür.«

»Bin ich wirklich entlassen? Kann ich mich wenigstens von meinen Kollegen verabschieden?«

»Das wird leider nichts. Wir holen jetzt einfach dein Zeug. Und komm bloß nicht auf die Idee, hier ’nen Aufstand zu machen.«

Von wegen, dachte ich. Als Mike mich, die Hand an meinem Ellbogen, durch die Lobby lotste, brüllte ich so laut, dass alle – Pagen, Portiers, Concierge und natürlich die anwesenden Gäste – mich hören konnten: »SIE HABEN MICH GEFEUERT. FRISTLOS ENTLASSEN. SIE HABEN MICH AUF DIE STRASSE GESETZT!«

Und der Witz daran? Dass alle dachten, ich wolle sie verarschen. Alle grinsten und schüttelten den Kopf, als wollten sie sagen: »Oh, Tommy. Er kann’s einfach nicht lassen.«

Zwanzig Minuten später schob mich Mike mit sanftem Nachdruck durch den Personalausgang auf die Straße hinaus. Sie hatten mir zwei Wäschesäcke gegeben, damit ich meinen Kram abtransportieren konnte: Briefe, Fotos, Anstecker und Federhalter, ein Buch über Bob Dylan, das mir der Graue Wolf geschenkt hatte, ein paar Deoroller, alte und frische Socken – die Geschichte eines Arbeitslebens, die sich jäh in zwei Säcke *Müll* verwandelt hatte.

Es war Freitag. 17:30 Uhr.

Happy Hour.

Ich schleppte die Säcke über die Straße und in eine Bar an der Ninth Avenue. Zuvor hatte ich nie einen Fuß in den Laden gesetzt. Natürlich kannten wir die Bars in der Gegend wie unsere Westentasche, doch dieser Schuppen war ausschließlich Touristen vorbehalten. Trotzdem steuerte ich genau diese Bar an. Vielleicht, weil sie am nächsten lag, vielleicht auch, weil ich dort ganz sicher keinem meiner Kollegen über den Weg laufen würde. Dort kannte mich kein Mensch. Ich stellte die Wäschesäcke an die Bar, setzte mich auf einen Hocker und bestellte erst mal einen Tequila und ein Bier. Und als ich den

Tequila und das halbe Bier hinuntergespült hatte, bestellte ich mir das gleiche Gedeck noch mal.

Nach der dritten Lage wurde mir seltsam leicht ums Herz. Vor meinem inneren Auge ließ ich das Leben im Hotel an mir vorbeiziehen, dachte an die krummen Touren und Abzockereien, die Hahnenkämpfe und Eifersüchteleien, den täglichen Kampf gegen das Management. Endlich musste ich mich nicht mehr extra abmelden, um aufs Klo gehen zu können; ich musste mich nicht mehr mit Nutten und aufgedonnerten Zicken herumplagen und mich von Gästen nerven lassen, die mir Plastikbeutel mit »Kakerlaken« unter die Nase hielten, bei denen es sich in Wahrheit um einen schnöden Sonnenblumenkern oder Ähnliches handelte.

Und nicht zuletzt musste ich kein Namensschild mehr tragen. Das lag jetzt irgendwo ganz unten in einem der beiden Wäschesäcke. Genauso gut hätte ich es gleich in die nächste Mülltonne werfen können.

Dann fiel mir plötzlich siedend heiß ein, dass man hier – gleich um die Ecke vom Times Square – für ein Tequila-Bier-Gedeck satte vierzehn Dollar hinlegen musste. Und aus irgendeinem Grund war an diesem Freitag kein Bargeld in meine Taschen geflossen. In meiner Brieftasche steckte lediglich ein einsamer Fünf-Dollar-Schein. Tja, meine Tage als Cash-Freibeuter waren vorbei. Aber immerhin konnte ich ja mit meiner Kreditkarte bezahlen, auch wenn ich mich absurderweise plötzlich dafür schämte.

Das war die erste wirkliche Erkenntnis, die mich überkam: Jemand hatte ein Loch in meinen schönen großen Geldballon geschossen. Er zischte, schrumpfte, sank mit jeder Sekunde und brachte mich unausweichlich auf den Boden der Tatsachen zurück.

Aber ich hatte ja noch reichlich Reserven in der Hinterhand.

In gewisser Weise hatte ich New York durchaus gemeistert. Ich war mit leeren Taschen hierhergekommen, und doch war es mir gelungen, diese dreckige, diebische Hure von Großstadt selbst nach allen Regeln der Kunst auszutricksen. Abertausende von Dollars hatte ich aus ihrem Handtäschchen gestohlen, und jetzt war es an der Zeit, sich nach anderen Jagdgründen umzusehen.

Ich dachte an Julie und an Los Angeles. Ich dachte an die Bekkers und ihre Villa in Kapstadt. Ich fragte mich, was Julie von einem Trip nach Südafrika halten würde.

Wenn ich mich recht erinnere, hatte ich eigentlich nie in einem Hotel arbeiten wollen, stimmt's? Nun war ich gezwungen, mein Leben zu ändern, mich endlich zu verbessern. Mittlerweile hatte ich fünf Tequila und fünf Bier gekippt, und wissen Sie was? Ich fühlte mich richtig, richtig gut. Ich förderte mein Smartphone zutage und legte es neben mich auf den Tresen, um später die günstigsten Südafrika-Flüge zu checken. Vielleicht war ich bloß betrunken (ehrlich gesagt schon schwer besoffen), doch ein Gedanke wollte mich einfach nicht loslassen: Selbst in dieser kalten, scheißteuren Touristenbar schien die Sonne auf mich. Na schön, hier in New York hatte sich der Sommer bereits verabschiedet, und Schnee lag in der Luft, doch am anderen Ende der Welt zog gerade der Frühling ins Land. Und bald würde auch mein eigenes Leben in vollster Blüte erstrahlen.

EPILOG

*»Herzlich willkommen am Empfang.
Sie möchten auschecken?«*

Und? Ist alles so gelaufen, wie ich es mir erträumt habe? Schreibe ich diese Zeilen auf einer Veranda mit Moskitonetz, während eine glutrote Sonne am südafrikanischen Horizont untergeht, neben mir ein Buch, dessen Seiten sich in der sanften Dschungelbrise leicht bewegen? Tut mir leid, liebe Gäste. Ich wohne immer noch hier in Bushwick, Brooklyn. Ich trage ein Namensschildchen, während ich auf die Tastatur vor mir einhämmere. Ich habe heute Frühschicht und bin schon eine halbe Stunde zu spät dran.

Tja, was so ein kleines gelbes Gewerkschaftskärtchen alles ausrichten kann. Wie auch immer, nachdem sie mir den Laufpass gegeben hatten, platzte mein Smartphone vor Voicemails und SMS-Botschaften aus allen Nähten. 95 Prozent davon bestanden aus Krokodilstränen und anderen Unehrlichkeiten. Zum Zeitpunkt meiner Entlassung war ich der am drittlängsten Beschäftigte im Bellevue, und meine mehr als zehnjährige Betriebszugehörigkeit verschaffte mir eine Menge Vorteile. Zum Beispiel hatte ich Anspruch auf freie Wochenenden, und auch zu Weihnachten konnte ich zu Hause Däumchen drehen – was vielen meiner Kollegen ganz und gar nicht in den Kram passte, insbesondere weil ich weder verheiratet war noch Kinder hatte. Und anlässlich der frohen Kunde von meiner Entlassung hatten sich all die Geier versammelt, um das Fell des Bären zu zerlegen und meine hart erkämpften Vorzugsschichten unter sich aufzuteilen. Sie freuten sich ein Loch in den Bauch, weil ich weg vom Fenster war. Und dann sprachen sie mir anschließend auf die Voicemail, wie sehr sie mich doch bedauerten, wie mies, rücksichtslos und hinterhältig mit mir umgesprungen worden sei.

Aber das waren bloß die Kollegen vom Empfang. Den Pagen und Portiers hingegen passte mein Abgang überhaupt nicht. Sicher, mit einigen pflegte ich echte Freundschaften, aber für die meisten war entscheidend, dass ich ihnen mit meiner Effizienz die Taschen gefüllt hatte. Während andere Empfangsmitarbeiter für einen simplen Check-in satte zehn Minuten verdaddelten (und damit die anderen wartenden Gäste auf die Palme brachten, was wiederum die Trinkgelder minimierte), winkte ich die Herrschaften durch wie ein Verkehrspolizist die wartenden Fußgänger: Los, los, los.

Eine Stunde nachdem ich gefeuert worden war, erhielt ich eine E-Mail von Mario dem Portier, aus der ich beinahe seinen schweren italienischen Akzent heraushören konnte: »Mann, wie bescheuert bist du eigentlich, du Pfeife? Aber mach dir keine Sorgen. Nächsten Dienstag bist du wieder am Start, meine Kumpels von der Gewerkschaft wissen schon Bescheid. Und sauf nicht so viel übers Wochenende, du Pappnase.«

Ich war echt gerührt.

Leider gelang es mir nicht, seinen Ratschlag zu beherzigen. Nach der Happy Hour fuhr ich nach Hause und entledigte mich der beiden Wäschesäcke, doch anschließend ging ich gleich wieder auf die Piste. Seine mafiamäßige E-Mail verführte mich dazu, eine unweit meines Apartments gelegene Mafia-Kneipe aufzusuchen. Bislang hatte ich nie den Mut dazu aufgebracht, weil der Laden so aussah, als würde man ihn nicht lebend verlassen. Diesmal aber war ich betrunken genug, um mich in die Höhle der Cosa Nostra zu wagen.

Und zugegeben, die ersten zwei, drei Drinks lang wollte sich tatsächlich kein echtes Wellness-Feeling bei mir einstellen, doch nachdem ich den Barkeeper bei jeder neuen Bestellung mehr als großzügig mit Trinkgeld bedacht hatte, fragte er mich schließlich, wie mein Freitag so gelaufen sei. Ich gab zurück, ich hätte gerade meinen Job verloren. Worauf er meinte, das täte ihm echt leid, und ich erwiderte, ich sei schon lange zahlendes Gewerkschaftsmitglied.

Das schien ihm zu gefallen. »Gute Sache«, sagte er. »Der Whiskey hier geht auf mich. Und falls du noch was vom Schneemann ballern willst, sag einfach Bescheid, okay, mein Freund?«

»Ja, danke«, sagte ich und kippte den Whiskey. *Was vom Schneemann?* Ich hatte keine Ahnung, wovon er redete.

Zwei Runden später lag ein kleiner Beutel neben meinem Bier. Ein kleiner Beutel mit weißem Pulver drin.

Aha.

Jetzt fiel es mir wie Schuppen von den Augen. Na klar. Ich war x-mal dabei gewesen, wenn sich andere das Zeug in die Nasen gezogen hatten, zuletzt im alten Ziegfeld Theatre, als ich mir mit ein paar Pagen eine Wiederaufführung von *Saturday Night Fever* angesehen hatte. Während sie sich schier auf dem Boden gewälzt hatten vor Lachen, war ich doch lieber beim Wodka geblieben. Damals hatte ich einfach zu viel zu verlieren gehabt.

Jetzt war mir alles egal. Und Julie hatte mich auch nicht zurückgerufen. Ja, leckt mich doch alle. Ich stand auf und verzog mich auf die Toilette.

Erst mal einen ballern.

Ich war einunddreißig Jahre alt, und nun stand ich hier vor dem Waschbecken in einer Mafia-Toilette, schaufelte Koks auf die Key-Card zu meiner Bude und sog mir das Zeug metertief in die Nasenschleimhaut, während ich mir im Spiegel dabei zusah. So weit hatte mich die Hotelbranche gebracht.

Am nächsten Tag fühlte ich mich so richtig zum Kotzen. Ständig klingelte das Telefon, weil mir irgendein Heuchler sein Beileid aussprechen wollte, aber ich ging nicht dran. Die konnten mich alle mal. Vorerst wollte ich nichts weiter als allein sein und allein bleiben. Später würde ich mir Gedanken über meine Zukunft machen; vielleicht in vierzehn Tagen.

»Mach dir keine Sorgen. Nächsten Dienstag bist du wieder am Start, meine Kumpels von der Gewerkschaft wissen schon Bescheid.«

Tja, und gleich nach dem Wochenende war jäh Schluss mit meiner selbstgewählten Isolation. Warum? Weil die Gewerkschaft mit Zähnen und Klauen um meinen Job kämpfte. Am Montag rief mich ein Gewerkschaftsvertreter zu Hause an, wo ich gerade im Pyjama und mit einer New-Orleans-Saints-Kappe auf dem Sofa saß und Heineken zum Frühstück trank. Er informierte mich darüber, dass bereits ein Termin für ein Personalgespräch angesetzt sei, an dem ich, er und die Personalchefin des Bellevue teilnehmen würden. Am Dienstag, Punkt 9:00 Uhr.

Und wie sich herausstellte, hatten sie so gut wie nichts gegen mich in der Hand. Da Orianna »meinen Fall abgegeben« hatte, gab es keine Zeugen für das Gespräch zwischen Sara und mir, womit Aussage gegen Aussage stand. Zudem hatte Orianna sich geweigert, sich schriftlich zu den Vorfällen zu äußern. Braves Mädchen.

Sie hatte sich allerdings *mündlich* dazu geäußert. Böses, böses Mädchen. Doch als mein Gewerkschaftsvertreter spitzkriegte, dass die Geschäftsleitung Oriannas mündliche Aussage handschriftlich hatte transkribieren lassen, damit sie wie eine schriftliche aussah, war sie sofort vom Tisch. Kurioserweise hatten Sara und Orianna zufällig auch noch dieselbe Handschrift. Und damit war die Sache gegessen.

Und so ließ der Teufel tatsächlich ein neues Namensschildchen für mich rüberwachsen.

Wenn auch unter der einen oder anderen Bedingung.

Ab sofort galt in Sachen Unmut, Frust und Wut die Devise: null Toleranz. Wenn mir nun versehentlich ein Kugelschreiber aus der Hand fiel, benötigte ich einen Zeugen, der bestätigen konnte, dass ich den Kuli nicht quer durch die Lobby gefeuert hatte. Obendrein – und jetzt nimmt die ganze Angelegenheit wirklich absurde Dimensionen an – brummte mir die Personalchefin ein halbes Jahr Antiaggressionstherapie auf. Ich war verpflichtet, sechs verdammte Monate lang jeden Dienstag an einer Gruppensitzung teilzunehmen und zweimal im Monat Einzelgespräche mit einem Psychotherapeuten zu führen. Und nicht zuletzt musste ich mich einer allgemeinen psychologischen Evaluation unterziehen. Die ich mit links hinter mich brachte, schönen Dank auch.

In Sachen Aggressionsbewältigungstherapie könnte ich gleich die Fortsetzung dieses Buchs dranhängen. Der nackte Wahnsinn.

Haben Sie eine Ahnung, was eine Kinokarte in Manhattan kostet? Die Gruppentherapie, das war sozusagen meine eigene preisgekrönte Fernsehserie. An den Gruppensitzungen nahmen ausschließlich Hotelangestellte teil, deren Jobs »stark gefährdet« waren. Und jetzt stellen Sie sich mal vor, wie ich von dem Eklat mit den fliegenden Briefen erzähle, nachdem ein Portier gerade zum Besten gegeben hat, wie er … Ganz ehrlich, Sie würden es nicht für möglich halten. Langeweile kommt dabei jedenfalls nie auf.

Tja, das bin ich, der Typ mit dem gesenkten Kopf, ganz »Ja, Sir« und »Nein, Sir«, so wie McMurphy am Ende von *Einer flog über das Kuckucksnest*, nur dass kein freundlicher Indianer Erbarmen mit mir hat und mir so lange ein Kissen aufs Gesicht drückt, bis ich mich nicht mehr rühre.

Ich ziehe meinen Stiefel an der Rezeption durch; unter den Empfangskollegen habe ich keine Freunde mehr, da sie meine Schichten bereits inoffiziell unter sich aufgeteilt hatten und alles andere als begeistert waren, mich so unverhofft wiederzusehen. Und einmal die Woche gehe ich zur Gruppentherapie; mittlerweile habe ich so viele Sitzungen hinter mir, dass ich den Respekt der anderen Teilnehmer genieße und voll integriert bin.

Und? Bin ich wieder so richtig motiviert, bereit, mein Allerbestes für die Gäste zu geben?

Ähm, nein.

Meine Motivation gilt nur einer Sache: bloß nicht gefeuert zu werden.

Oh, Hotels.

Ihr habt mich zur Hure gemacht und dann für mein Hurendasein bestraft. Und ich bin anscheinend nicht in der Lage, der Branche den Rücken zu kehren. Ich habe Ihnen ja gesagt, warum eine Hure stets eine Hure bleibt: Weil es so verdammt viel Überwindung kostet, sich selbst den Geldhahn abzudrehen.

Was die Gewerkschaften angeht: Die können vielleicht unsere Rechte, aber nicht unseren Stolz wahren – das müssen wir schon selbst in die Hand nehmen.

Die Armen werden immer den Reichen dienen.

An meine Kollegen überall auf der Welt: Ich hab's für uns getan.

Und liebe Gäste, wir sehen uns bestimmt bald wieder: an der Rezeption. (Wobei Sie mir lieber nicht auf den Keks gehen sollten, okay? Sie wissen ja, wie leicht ich explodiere.)

ANHANG

Dinge, die ein Gast niemals sagen sollte

»Wie, meine Kreditkarte wird nicht akzeptiert? Unmöglich. Versuchen Sie's bitte noch mal.«

Mann, kommen Sie mir nicht auf die Tour. Wenn Ihre Kreditkarte einmal nicht akzeptiert wird, funktioniert es garantiert auch beim zweiten Mal nicht. Ihre Karte ist kein zerknitterter alter Dollarschein und das Lesegerät kein Glücksspielautomat. Rufen Sie Ihre Bank an. Und nein, nicht von meinem Telefon.

»Man hat mir gesagt, ich soll nach einem Upgrade fragen.«

Man? Wer soll das sein? Mir hat man gesagt, Sie sollen erst mal ein paar Scheine rüberwachsen lassen.

»Sie erinnern sich nicht an mich?«

Lassen Sie mich mal kurz nachdenken ... Also, ich bediene am Tag ungefähr fünfhundert Gäste, und Sie sind zuletzt vor zwei Jahren bei uns abgestiegen. Macht summa summarum *eine satte Viertelmillion* Gäste, die seither meinen Service in Anspruch genommen haben. Aber Moment – warten Sie mal! Nein, doch nicht. Da klingelt überhaupt nichts bei mir.

»Muss ich wirklich schon wieder meinen Ausweis vorzeigen? Ich habe doch erst vor einer Stunde eingecheckt. Ist doch nicht mein Problem, dass Sie vorhin nicht da waren.«

Grrrrrrrrr. Zeit, dass ich mal wieder zur Gruppentherapie gehe. Es gehört zu meinem Job, Sie um Ihren Ausweis zu bitten, und jetzt legen Sie das verdammte Ding endlich vor, statt hier diesen Zirkus abzuziehen.

Dinge, die ein Gast niemals tun sollte

Führen Sie keine Handygespräche während des Check-ins.

Haben Sie eine Vorstellung, wie erniedrigend es ist, Teil der Multitasking-Operationen einer anderen Person zu sein? Eines Menschen, der gerade in einen endlosen Dialog vertieft ist, sich den Wolf labert und mir zwischendurch den einen oder anderen Blick zuwirft, die Augenbraue hochzieht oder desinteressiert nickt, ehe er vielleicht die Gnade besitzt, das Handy einen Moment lang vom Ohr zu nehmen und mir fünf Prozent seiner Aufmerksamkeit zu schenken? Ich hasse es, wie ein Check-in-Automat behandelt zu werden, und dafür kriegen Sie auch die Quittung. In Form des schlechtesten Zimmers, das mir gerade zur Verfügung steht. Und einen falsch codierten Schlüssel bekommen Sie obendrein.

Keine Angebertouren mit der Kreditkarte.

Sie wissen genau, was ich meine. Diese Herrenmenschennummer, die Karte leicht zurückzubiegen und dann – *schnack!* – laut und gebieterisch auf den Tresen knallen zu lassen. Aber nur zu, wenn Sie schon immer mal so richtig verabscheut werden wollten.

Lassen Sie nicht vor lauter Political Correctness die Volkszugehörigkeit eines Menschen unerwähnt, wenn genau diese zur Problemlösung beitragen kann.

»Also, ich habe einem Pagen meine Gepäckmarke gegeben, aber bis jetzt ist er nicht wieder aufgetaucht.« »Wie sieht er denn aus?« »Na ja … Er war so mittelgroß, vielleicht etwas kleiner. Und ich glaube, er hatte keinen Bart. So Mitte dreißig, würde ich schätzen. Er trug eine Uniform, aber das bringt Sie jetzt wahrscheinlich auch nicht weiter. Ähm, also, er war ungefähr so groß wie Sie, wenn ich mich recht erinnere.« »Ma'am, war er weiß, schwarz, Asiate?« »Oh, es war ein Asiat, jetzt, wo Sie's sagen.« »Okay, das war Jeremy. Ich frage gleich mal nach bei ihm.«

Keine Äußerungen über das tolle Wetter da draußen.

Ich arbeite drinnen, oder haben Sie das noch nicht mitbekommen? Manche Urlauber vergessen leider, dass nicht die ganze Welt gerade Ferien macht und sich in der Sonne aalen kann. »Oh, wie wunderbar! Gibt es einen schöneren Tag, um den Central Park so richtig zu genießen? Schauen Sie doch mal!! Was für ein TRAUMHAFTER Tag!!!« Wollen Sie mir die Laune verderben? Oder mich bloß verarschen? Sie sehen doch selbst, dass sich meine ganze Aussicht aufs Foyer beschränkt, mal ganz abgesehen davon, dass ich mir nichts mehr wünschen würde, als jetzt ebenfalls freizuhaben. Wie wär's, wenn ich während meines nächsten Urlaubs mal bei Ihnen im Büro vorbeisehe und Ihnen vorschwärme, wie geil doch das Leben draußen an der frischen Luft ist – na, was halten Sie davon?

Bitten Sie Ihren Mann nicht darum, mich um etwas zu bitten, wenn ich direkt vor Ihnen stehe.

Die Nummer kotzt mich seit jeher endlos an. »Oh, Schatz,

frag ihn doch bitte, ob wir ein paar Extrahandtücher bekommen könnten.« Für gewöhnlich sieht mich der Ehemann dann schweigend an und hebt die Augenbrauen. Und wenn ich mal wieder die Nase voll davon habe, mich wie ein Mensch dritter Klasse behandeln zu lassen, starre ich ebenso wortlos zurück. Die Alte soll mich gefälligst selber fragen.

Halten Sie nicht die ausgestreckte Hand über den Empfangstresen, während Sie auf Ihr Wechselgeld warten.

Ihnen ist hoffentlich klar, dass Sie ausgesprochen ungeduldig – und leicht bescheuert – wirken, während Ihre Hand in der Luft schwebt wie ein unbekanntes Flugobjekt. Mal ganz abgesehen davon, dass es völlig sinnlos ist, mit einer derart behinderten Geste zu unterstreichen, dass Sie noch etwas herausbekommen. Ich bin noch beim Zählen, Mann. Ehrlich, Sie sehen aus wie ein Fünfjähriger, dem dringend mal jemand auf die Finger hauen sollte.

Die gängigsten Lügen aus dem Mund eines Rezeptionisten

1. Alle unsere Zimmer sind mehr oder weniger gleich groß.
2. Selbstverständlich erinnere ich mich an Sie! Willkommen zurück!
3. Leider nein. Da lässt sich wirklich nichts machen.
4. Ganz herzlichen Dank für Ihre Rückmeldung.
5. Es tut mir wirklich leid, dass der Page Sie derart bedrängt hat. Ich werde umgehend das Management informieren.
6. Ich wollte Ihnen nicht zu nahe treten. So war das überhaupt nicht gemeint.
7. Ich werde das sofort weiterleiten.
8. War mir ein Vergnügen!

9. Dafür möchte ich mich aufrichtig bei Ihnen entschuldigen.
10. Wir hoffen, Sie bald wieder bei uns begrüßen zu dürfen!

Kleiner Fragebogen

1. Wie wurden Sie am Empfang aufgenommen?
   A. Desinteressiert.
   B. Schroff.
   C. Mit schlüpfrigen Witzen.
   D. Der Typ hat meine Frau angemacht.

2. Wie würden Sie Ihren Pagen beschreiben?
   A. Einschüchternd.
   B. Wie ein Stinktier, das sich von Geld ernährt.
   C. Desinteressiert, schroff, schlüpfrig – und dann hat er auch noch meine Frau angemacht.
   D. Ich benötige keinen Pagen. Die Kerle sollen mir von der Pelle bleiben.

3. Genügte die Sauberkeit der Zimmer Ihren Ansprüchen?
   A. Na ja, mit Möbelpolitur geht alles besser.
   B. Immerhin nirgends Blutflecken.
   C. Ganz wie im Rotlichtmilieu.
   D. Außen hui, innen pfui.

4. Wie wird das Hotel Ihrer Meinung nach geführt?
   A. Wie ein Gefangenenlager.
   B. Wie ein Puff.
   C. Wie eine Mischung aus Gefangenenlager und Puff.
   D. Wie ein polnischer Puff anno 1976.

5. Würden Sie uns wieder beehren?
   A. Nein danke.
   B. Lieber nicht.
   C. In tausend Jahren nicht.
   D. Wenn's sein muss. Scheiß drauf, und dann bis nächste Woche.

DANKSAGUNG

Mein Dank geht zuvorderst an Farley Chase von der Chase Literary Agency, der mein Projekt auf brillante Weise in Form gebracht und das Geschütz auf die richtige Festung gerichtet hat.

Mein ewiger Dank gilt Hannah Wood von Doubleday, die mir stets mit Anmut, Humor und gnadenloser Intelligenz zur Seite stand – und mir im Frühstadium meines Projekts einen Rüffel verpasste, den ich so schnell bestimmt nicht vergessen werde.

Es war mir mehr als nur eine Ehre, mit Gerry Howard von Doubleday zusammenarbeiten zu dürfen – ein Mann mit Adleraugen, der mich nachdrücklich davor bewahrt hat, in unnötige Schwafeleien zu verfallen.

Ein großes Danke auch an die bisherigen Stationen meines Lebens: In Kalifornien bin ich geboren, in North Carolina aufgewachsen, und in New Orleans habe ich das Leben gelernt. In Paris und Kopenhagen bin ich erwachsen geworden, und New York City hat mich hart wie einen Diamanten gemacht.

Außerdem gilt mein Dank:

Dem New York Hotel und dem Motel Trades Council.

Unserer Autoren- und Geschichten-Website Short Story Thursdays sowie selbstredend allen assoziierten Mitgliedern (www.shortstorythursdays.com).

All meinen Freunden in Partysburg, Brooklyn, die mich

während der Arbeit an diesem Buch unterstützt und ertragen haben.

Jedem Gast, der mir jemals Bargeld in die Hand gedrückt hat.

Und jedem einzelnen Kollegen in der Welt der Hotellerie, der jemals auch nur einen einzigen Tag zum Dienst erschienen ist.

Von Herzen danke ich meiner Familie: David, Nan und Sarah Tomsky.